会計事務所職員のための

別表4・5のしくみと決算書とのつながりがわかる本

税理士
田中康雄［著］

税務経理協会

はじめに

わが国では、法人税を申告する際、各種別表を使用することになりますが、その中でも課税所得を計算するうえでメインとなるのが別表4、別表5（1）そして別表5（2）ということになります。

実務上では、課税所得の計算は税務ソフトを利用するのが一般的です。ただし、税務ソフトを使うと自動計算されて数字が連動するため、各別表間で整合性が保たれるものの、網羅的にリンクしきれているとは限りません。これは、別表4、別表5（1）、別表5（2）の各相互間においても同じことがいえますが、これらの別表間で整合性に問題があると検証差額などのエラーメッセージが表示されます。このとき、力業の数字合わせによってエラー表示を消そうとするのではなく、一度立ち止まって、なぜ？　どうして？　を追求することが、本当の別表の役割を理解することにつながるといえるでしょう。そして、そのためには、各別表相互間の整合性だけではなく、会計上の数字との関連性も理解しておくことが重要になります。

そこで、本書では、まず第1章において主な別表の全体像と、そのうち別表4、別表5（1）、別表5（2）のそれぞれの役割や別表上の各項目の内容について確認します。第2章では、さらにこれら3つの別表が課税所得の計算において相互に深く関連していることに着目し、それぞれの関係性を確認します。また、クライアントの決算時には別表を使いながら未払法人税を算定し、これを決算書に反映させることが会計事務所としては決算業務への大きな役割の1つとなります。しかし、赤字の会社ばかり担当していると、税金計算をする必要がある場面に出くわしたとき、未払法人税の算定に手間取ってしまうことにもなるでしょう。こうした実務上の悩みを少しでも解消できるように、第3章において、別表4、別表5（1）、別表5（2）の各別表の数字と決算報告書との間におけるチェックポイントについて理解を深めるとともに、第4章では、税金計算に関して実務上よくあるケースをいくつか事例として取り上げ、実務にも役立つように、未払法人税を計上する直前の前T/Bをスタートとして、別表を使った税金計算の方法と、これによって算定された未払法人税を計上するまでの流れを確認していきます。

本書は、税金計算の方法や流れをつかみたい経験の浅い会計事務所の職員、税金計算のおおまかな仕組みを理解したい会社の経理担当者のほか、これから実務に飛び込む税理士試験の科目合格者などの実務書として活用いただければ幸甚です。

最後に、本書の発行に当たり、校正や紙面のレイアウトなど懇親丁寧なアドバイスをいただいた税務経理協会の中村謙一氏にこの場を借りて厚く御礼申し上げます。

令和5年12月

税理士　田中　康雄

CONTENTS

SECTION 4
別表５（２）の役割と明細書の全体像

第２章 別表４と別表５（１）と別表５（２）のそれぞれの関係

SECTION 1
別表４と別表５（１）の関係

SECTION 2
別表４と別表５（２）の関係

SECTION 3
別表５（２）と別表５（１）の関係

第3章 決算報告書と別表4・別表5（1）・別表5（2）の関係

SECTION 1
損益計算書と各種別表との関係

SECTION 2
貸借対照表と各種別表との関係

SECTION 3
株主資本等変動計算書と各種別表との関係

第4章 事例を使った別表の作成手順と税金計算

事例 1
欠損事業年度が続いているケース

事例 2
欠損年度に未払法人税等を少なく計上してしまったケース

事例 3
欠損年度に未払法人税等を多く計上してしまったケース

事例 4
欠損年度の翌年度に課税所得が生じるケース

事例 5
中間納付があった事業年度のケース

第1章

別表4・別表5（1）・別表5（2）の全体像

SECTION 1

申告で使われる主な別表と税法上の用語

法人税では、国税庁が提供する「別表」と呼ばれる明細書を使って税金計算をし、これを申告書として税務署に提出します。こうした申告のために使われる別表にはさまざまな種類のものがありますが、その中でも必ずといってもよいほど登場するのが**【図表 1-1】**に掲げるものになります。

また、これらの別表の中でも、別表1から別表5 (2) は申告において必ず使われる明細書になりますが、税金を計算するうえで特に重要な位置付けになるのが、本書のテーマとなる別表4、別表5 (1)、別表5 (2) ということになります。

【図表 1-1　主な別表とその名称】

各種別表番号	各種別表の名称
別表1	各事業年度の所得に係る申告書
別表1次葉	各事業年度の所得に係る申告書（次葉）
別表2	同族会社等の判定に関する明細書
別表4	所得の金額の計算に関する明細書
別表5（1）	利益積立金額及び資本金等の額の計算に関する明細書
別表5（2）	租税公課の納付状況等に関する明細書
別表6（1）	所得税額の控除に関する明細書
別表7（1）	欠損金の損金算入等に関する明細書
別表8（1）	受取配当等の益金不算入に関する明細書
別表15	交際費等の損金算入に関する明細書
別表16（1）	旧定額法又は定額法による減価償却資産の償却額の計算に関する明細書
別表16（2）	旧定率法又は定率法による減価償却資産の償却額の計算に関する明細書

1　各種別表の関係

【図表 1-1】に掲げる各種別表のうち、別表4は税金計算の基礎となる課税所得を算定するシートになります。そのため、別表4は別表の中でも申告において特に中心的な存在になります。

法人税は、1年間の会社の利益に法人税率を掛け合わせて計算しますが、課税の対象となるものは会計上の利益の額とイコールになるわけではありません。こうした課税の対象となるものを法人税では課税所得といいますが、この課税所得は会計上の利益を使って計算することになります。ただし、税務的な観点からは、会計上の処理方法が課税所得を計算するうえですべて認められているわけではありません。そのため、一定の調整が必要になってきます。

このような調整を行うのが別表4ということになりますが、そういった意味では、別表4は、会計上の利益を課税所得に変換するための役割を担っているといえます。申告に向けて課税所得を計算するためには、**【図表1-2】**にあるように、さまざまな別表で計算されたそれぞれの金額が、別表4へと集約されてきます。

【図表1-2　主な別表の関係図】

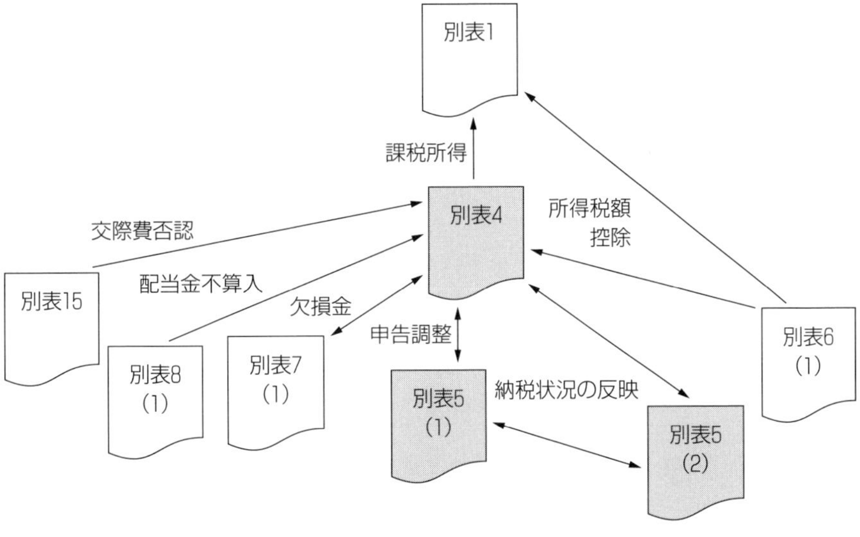

その中でも、別表5（1）や別表5（2）は別表4と特に密接な関係にあり、別表5（1）と別表5（2）との関係も含め、これら3つの別表はそれぞれお互いに深く関わり合っているといえます。そのため、法人税の申告をミスしないためにも、これら3つの別表の役割をしっかりと理解しておく必要があります。

2　税務上の用語

法人税の申告書は、**【図表 1-2】**のように、別表間での関係を意識しながら完成させていく必要があります。そのため作成するのが難しいイメージがあるかもしれませんが、何よりも苦手意識を持ってしまう原因の１つに、法人税特有の言い回しにあるといえます。

特に会計事務所の業界や会社の経理の職場では、最初に簿記などの会計分野の知識が求められるため、「収益」や「費用」といった会計用語が税法の用語よりも先行して身に付いてしまっているでしょう。それだけに、「益金」だとか「損金」といった税務用語や、「損金算入」・「益金不算入」などといった税務上特有の表現に抵抗を感じてしまうことが多いかもしれません。

しかし、申告書を作成していく中ではこうした言葉の壁をクリアし、税務申告の中で使われる用語にしっかりと慣れて、これを使いこなせるようになる必要があります。

そこで、まずは、法人税の申告書を作成するうえで、実務の中でも頻繁に使われる税務上の用語について確認しておきましょう。

(1)　課税所得

その事業年度の法人税は、申告書でいえば別表１というシートの中で計算されますが、その計算方法は**【算式 1-3】**のとおり、課税所得に法人税率を掛け合わせて計算します。この算式からもわかるように、「課税所得」とは、法人税の金額を計算するためにその対象となるものをいいます。

【算式 1-3　法人税の税額計算】

法人税額＝課税所得の金額×法人税率

そして、この課税所得は別表４によって算定されることになりますが、その計算方法は**【算式 1-4】**のとおり、その事業年度の益金の額から損金の額を控除した金額となります。ちなみに、会計上の当期純利益は、その事業年度の収益の額から費用の額を控除した金額となるため、これら２つの計算構造はほとんど同じといえます。

【算式 1-4　課税所得の計算】

課税所得＝その事業年度の益金の額－その事業年度の損金の額

しかし、税務と会計との間では必ずしも「益金＝収益」あるいは「損金＝費用」となるわけではありません。ただし、中小企業の場合、ほとんどの会計処理において、「益金≒収益」あるいは「損金≒費用」となります。

いずれにしても、税務上の益金や損金と会計上の収益や費用とは「＝」ではなく「≒」（あくまでもイコールではない）となることが、会計人にとって税務をとっつきにくい印象を与える原因の１つになっているといえるかもしれません。

⑵　益金（益金算入・益金不算入）

【算式 1-4】の中で登場した「益金」とは、税金計算の基礎となる課税所得を増加させるものとなります。これに対し、収益というのは会計上の用語で、利益を増加させるものになるため、ほとんど同じようなイメージになるでしょう。

ただし、益金と収益とではその範囲が異なっています。**【図表 1-5】**のとおり、会計上で認識される収益の中には、税務上独自のルールによって益金には当てはまらない部分が含まれています。

会計上収益として認識されたものでも税務上益金として認められない部分は、課税所得の計算の中からは除外されることになりますが、税務上ではこれを「益金不算入」という表現をします。

【図表 1-5　益金と収益の範囲】

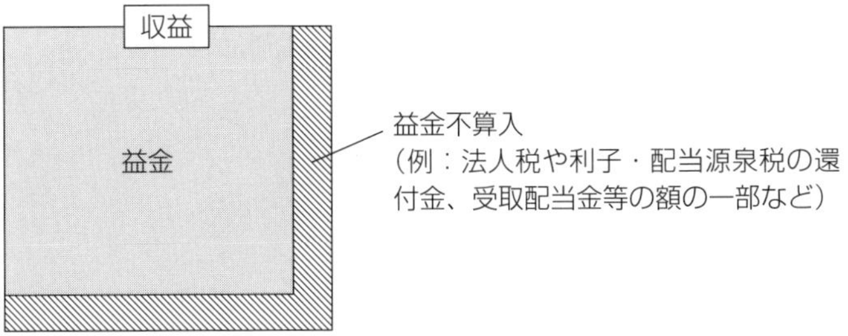

益金の範囲は、**【図表1-5】**のとおり、基本的には会計上の収益の範囲の中にあり、その範囲は超えません。ただし、収益の範囲を超える益金の存在として考えられるものの１つは、例えば、修正申告などによって売上の計上漏れなどが発覚するようなケースです。しかし、これは税務調査などによって発覚する部分となるため、日常の処理の中ではあまり考えられないケースということになります。

⑶　損金（損金算入・損金不算入）

益金と同じように、**【算式1-4】**の中で課税所得の計算要素となる「損金」とは、税金計算の基礎となる課税所得を減少させるものをいいます。これに対し、費用というのは会計上の利益を減少させるものになります。

税務上の損金と会計上の費用についても、益金と収益のように、その範囲は異なります。**【図表1-6】**のとおり、会計上で認識される費用のうち、そのほとんどは税務上の損金になりますが、会計上処理される費用は会社の判断によって恣意性が介入する余地があります。そのため、課税の公平性を重視する税務上の考え方からすれば費用のすべてを損金として認めるわけにはいきません。

【図表1-6】のように、会計上費用として処理されたものであっても、税務上損金として認められない部分は課税所得の計算から除外することになります。税務上ではこれを「損金不算入」という表現をします。

また、損金については益金の場合とは異なり、その事業年度において会計上費用処理されていないものであっても、税務上では損金として認められるものも存在します。これらは、申告書の中で損金算入の処理が行われます。

【図表1-6　損金と費用の範囲】

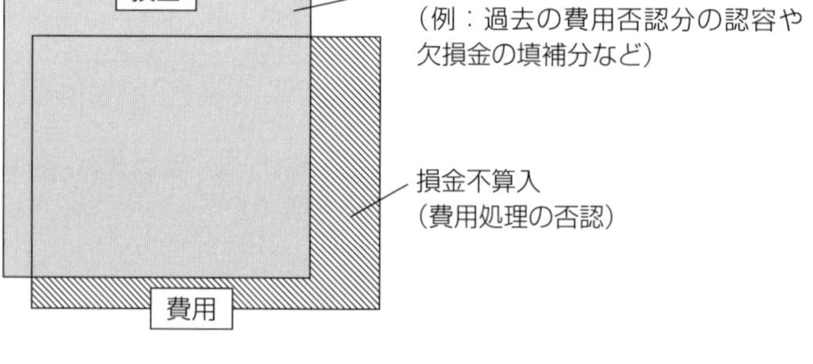

⑷ 損金経理

法人税の中では「損金経理」という用語が使われます。損金という税務上の表現と経理という会計寄りの表現が組み合わされた用語になっていますが、この用語は、「法人がその確定した決算において費用又は損失として経理することをいう」と法人税法の中で規定されています。

例えば、減価償却費は、会計上の費用といえますが、これは税務上の損金にもなります。しかし、申告で損金として認められる部分は、法人税法の中で定められた償却限度額の範囲内であることが要件となりますが、それとともに会計上費用として「損金経理」されていることが求められています。

つまり、減価償却費が税務上において損金として認められるためには、会計上において費用処理しておくことが求められており、この会計上で行われる費用処理を損金経理といいます。

⑸ 否認・認容

会計上費用として処理されたものであっても、税務上これが損金として認められないもの、つまり損金不算入となるものは、課税所得を計算するシートとなる別表4の中で加算調整しなければなりません。これを「否認」といいます。

なお、このときの加算とは、会計上の当期純利益の金額に加算するということを意味しています。つまり、会計上の当期純利益を計算するためには収益から費用を差し引くことになりますが、この収益から控除された費用を申告において「否認」する（＝取り消す）処理が加算という行為になります。

例えば、決算整理仕訳の中で貸倒引当金を設定したとします。このとき会計上ではこれを計上するに当たって金額に制限はありません。つまり、会計上では貸倒引当金を、売掛金の10％だとか、20％だとか、あるいは100％でも繰り入れることができます。これが、会計上の恣意性ということになります。

これに対し、法人税でも中小企業の場合には貸倒引当金の計上が認められていますが、税務上では課税の公平性の見地から、業種ごとに貸倒引当金として繰り入れることができる金額に制限が設けられています。そのため、こうした限度額を超えて会計上で貸倒引当金を計上したとしても、税務上ではその超える部分（超過分）は加算調整、つまり「否認」する必要があります。

また、当期に計上した貸倒引当金は、会計上では翌期になればこれを戻入れ処理（＝洗替処理）しますが、この戻入れ処理によって前期に計上した貸倒引当金は相殺されます。このとき、前期に税務上の制限を超えて否認された超過分は、翌期以降の会計上の戻入れ処理によって相殺されたことに合わせて税務上も相殺処理を行わなければなりません。このためには別表４において前期に加算調整したものを当期において減算調整することになるわけですが、こうした減算調整することを「認容」といいます。これが**【図表 1-6】**でいうところの、「（申告書上のみの）損金算入」ということになります。

⑹　納税充当金

納税充当金とは、会計上の「未払法人税等」のことをいい、税務上特有の表現といえるでしょう。

実務上、決算整理仕訳の中では、法人税をはじめ、法人住民税や法人事業税等を含めた、事業年度終了の日から２か月以内に納付する確定法人税等の実額を未払法人税等として計上するケースが多いかもしれません。しかし、税務上の考え方としては、たとえ未払法人税等として計上した金額が翌期になって納付すべき法人税等の税金と一致していたとしても、税務上では納税充当金として、あくまでも決算時点における見積額でしかありません。

そのため、納税充当金と未払法人税等とは同義にはなりますが、納税充当金は未払法人税等の見積額でしかありません。そういう意味では、納税充当金は、決算で確定した本来の未払法人税額等の実額と必ずしも一致させる必要はありません。

⑺　資本金等の額

資本金等の額という用語も、税務上特有の用語ということになります。資本金の額については、税法の中で定義されているわけではなく、会計上あるいは会社法上で使われる資本金や出資金の考え方と一致します。

これに対し、資本金等の額というのは、株主が拠出した部分の金額をいい、資本金の額と資本金の額以外のものから構成され、会計上の資本金と資本剰余金に相当します。

また、資本金等の額を増加させたり減少させたりする取引は、税務上では資本等取引といい、この取引は課税所得の計算に直接反映されることはありません。そのため、法人税の申告という側面からはそれほど重要視すべき部分ではありませんが、地方税の均等割の金額判定などの基準となるため、金額の動きには十分に注意する必要があります。

(8) 利益積立金額

利益積立金額という用語も税務上の用語となり、会計上の利益準備金や繰越利益剰余金などの会計数値と一致するものではありません。税務上の用語である利益積立金額は、すでに課税済みの所得金額を集約したもので、その事業年度の所得金額のうち法人内部に金銭などの何らかの形で資産として残っているもの、つまりこれを留保といいますが、留保された金額から法人税や都道府県民税、市町村民税を控除した部分をいいます。なお、詳細は、この章の **SECTION 3** の別表５（1）の全体像の中で確認することにします。

SECTION 2

別表４の役割と明細書の全体像

ここからは、別表の中でも法人税の申告の主役となる別表４、別表５（1）、別表５（2）の３つのそれぞれの役割と別表上の項目の内容について確認します。

まずは、法人税の税額計算の基礎となる、課税所得を計算するための別表４について確認していきます。

別表４は「所得の金額の計算に関する明細書」という名称になります。

1 別表４の役割

法人税は、そもそも会社の儲けに対して課税されることになりますが、その課税の対象となるのは、正確にいうと会計上の当期純利益ではなく、税務上の課税所得になります。

しかし、申告のためだけに、新たな計算手法があるわけではなく、納付すべき法人税を計算するための基礎となる課税所得は、損益計算書に計上された会計上の当期純利益をスタートに計算していくことになります。

ただし、会計上の利益の算定方法と税務上の課税所得の算定方法とではルールが異なっています。なぜ異なるのかというのは、すでにSECTION 1の中で確認しましたが、会計では会社の判断によって一定の恣意性を反映させることができるのに対し、税務上では課税の公平性が求められているため、個々の会社の恣意性を税金計算の中に反映させることは認めないというのが大きな要因となります。

そのため、申告のために計算する課税所得は、会計上の費用あるいは収益のうち、損金不算入となるものあるいは益金不算入となるものを、それぞれ当期純利益に加算あるいは減算をして計算していくことになります。

こうして会計上の当期純利益（損失）の額を出発点として、そこから法人税を計算するための課税所得の額に変換するためのシートが別表４ということになります。別表４は、そのシート上の計算構造から見て、申告上の損益計算書といわれています。

別表４で計算された最終値がプラス、つまり所得金額が生じた場合には、法人税が課税されることになり、計算結果がマイナス、つまり税務上ではこれを欠損といいますが、こうして欠損となった場合には、法人税が課税されることはありません。

2　別表４の全体像

次に、別表４の全体像ついて確認していきます。国税庁から提供されている別表４は**【図表1-7】**のとおりです。

別表４は２種類あり、**【図表1-7】**の右上に記載されている『別表四（簡易様式)』と、括弧書きのない『別表四』があります。特殊な取引による特別控除などがない場合には、簡易様式の方が使いやすいため、一般的には簡易様式が多く使われています。本書でもこの簡易様式を使用していきます。

なお、別表４の仕組みのイメージを簡単に図式化すると**【図表1-8】**のようになります。

ここからは、**【図表1-8】**を使って、別表４にすでに印字されている各項目のうち主要な箇所を中心に、会計仕訳とともに税務上の取扱いも含めて確認していきます。

【図表 1-7　別表 4 全体のイメージ】

所得の金額の計算に関する明細書（簡易様式）

事業年度	・　・ ・　・	法人名	

別表四（簡易様式）　令五・四・一以後終了事業年度分

	区分			総額	処分 留保	処分 社外流出	
				①	②	③	
(1)・・・・	当期利益又は当期欠損の額		1	円 ×××	円 ×××	配当 その他	円
	加算	損金経理をした法人税及び地方法人税（附帯税を除く。）	2	1,000,000	1,000,000		
		損金経理をした道府県民税及び市町村民税	3	100,000	100,000		
		損金経理をした納税充当金	4	1,810,000	1,810,000		
		損金経理をした附帯税（利子税を除く。）、加算金、延滞金（延納分を除く。）及び過怠税	5	10,000		その他	10,000
		減価償却の償却超過額	6	40,000	40,000		
		役員給与の損金不算入額	7	900,000		その他	900,000
(2)・・・		交際費等の損金不算入額	8	300,000		その他	300,000
		通算法人に係る加算額（別表四付表「5」）	9			外※	
			10				
		小計	11			外※	
	減算	減価償却超過額の当期認容額	12	250,000	250,000		
		納税充当金から支出した事業税等の金額	13	350,000	350,000		
		受取配当等の益金不算入額（別表八（一）「5」）	14	20,000		※	20,000
		外国子会社から受ける剰余金の配当等の益金不算入額（別表八（二）「26」）	15			※	
		受贈益の益金不算入額	16			※	
		適格現物分配に係る益金不算入額	17			※	
(3)・・・		法人税等の中間納付額及び過誤納に係る還付金額	18	(390,000)	〈還付の場合〉		
		所得税額等及び欠損金の繰戻しによる還付金額等	19	(30,630)	〈還付の場合〉	※	
		通算法人に係る減算額（別表四付表「10」）	20			※	
			21				
		小計	22			外※	
	仮計 (1)＋(11)－(22)		23			外※	
	対象純支払利子等の損金不算入額 （別表十七（二の二）「29」又は「34」）		24			その他	
	超過利子額の損金算入額 （別表十七（二の三）「10」）		25	△		※	△
	仮計 ((23)から(25)までの計)		26			外※	
	寄附金の損金不算入額 （別表十四（二）「24」又は「40」）		27			その他	
	法人税額から控除される所得税額 （別表六（一）「6の③」）		29	15,315		その他	15,315
	税額控除の対象となる外国法人税の額 （別表六（二の二）「7」）		30			その他	
(4)	分配時調整外国税相当額及び外国関係会社等に係る控除対象所得税額等相当額 （別表六（五の二）「5の②」）+（別表十七（三の六）「1」）		31			その他	
	合計 (26)＋(27)＋(29)＋(30)＋(31)		34			外※	
	中間申告における繰戻しによる還付に係る災害損失欠損金額の益金算入額		37			※	
	非適格合併又は残余財産の全部分配等による移転資産等の譲渡利益額又は譲渡損失額		38			※	
	差引計 (34)＋(37)＋(38)		39			外※	
	更生欠損金又は民事再生等評価換えが行われる場合の再生等欠損金の損金算入額（別表七（三）「9」又は「21」）		40	△		※	△
	通算対象欠損金額の損金算入額又は通算対象所得金額の益金算入額（別表七の二「5」又は「11」）		41			※	
	差引計 (39)＋(40)±(41)		43			外※	
	欠損金等の当期控除額 （別表七（一）「4の計」）＋（別表七（四）「10」）		44	△　×××		※	△　×××
	総計 (43)＋(44)		45			外※	
	残余財産の確定の日の属する事業年度に係る事業税及び特別法人事業税の損金算入額		51	△	△		
(5)・・・・	所得金額又は欠損金額		52	×××	×××	外※	×××

㊟簡

【図表1-8　別表4のイメージ】

		税引後当期純利益（T/B）	・・・(1)
加算調整	(＋)	→ **損金不算入（否認）** ・P/Lに計上されている法人税等の額 ・会計上、費用処理されたもののうち、税務上の制約によりその限度額を超える部分 ・会計上、費用処理されたもののうち、そもそも税務上損金として認められないもの ・その他、自己否認するもの	・・・(2)
減算調整	(△)	→ **損金算入（認容）** ・P/Lに反映されなかった事業税等の納付分 ・前期以前に加算（否認）したもののうち、当期に損金としての処理が認められるもの → **益金不算入** ・P/Lに計上されている「受取配当金」の一部 ・P/Lに計上されている法人税等の還付金	・・・(3)
	(＋)	寄附金の損金不算入	(4)
	(＋)	税額控除を選択した場合の所得税額	(4)
	(△)	欠損金等の当期控除額	(4)
		課税所得（所得金額又は欠損金額）	・・・(5)

(1)　当期利益又は当期欠損の額（別表4「1」欄）

別表4は、必ず損益計算書の最終値となる「当期純利益」(残高試算表でいえば、「(税引後）当期純利益」の額になります）がスタートになります。この時点では、会計上の費用はすべて損金算入されており、また会計上の収益はすべて益金算入されていることになります。

なお、税務署に提出する別表4のスタートとなるこの部分の数字は、損益計算書の当期純利益と必ず一致し、例外はありません。ここは大事なチェックポイントの1つになります。

(2)　加算調整

加算調整とは、課税所得を計算するために、損益計算書で計算された当期純利益をさらに増加させることをいいます。

こうした加算調整すべきものとしては、会計上の当期純利益を算定する際にその控除項目である費用のうち、その一部又は全部が税務上のルールによって損金として認められないものがほとんどになります。これらは「損金不算入」として取り扱われます。

また、これとは逆に、その事業年度の中で損益計算書から簿外となってしまった収益を所得金額に反映させるために「益金算入」しなければならないものもあります。

後者の益金算入の例としては、税務調査などによって、売上の計上漏れが指摘された場合などが考えられます。すでに確定した損益計算書の数値は遡って修正することができないため、申告書の中で計上漏れとなった売上高を益金算入（加算調整）することで課税所得を増やすことになります。このように、益金算入すべきものとしては、修正申告などで収益の計上漏れが確認され、課税所得が過少と認められた場合に処理することがほとんどで、通常の申告の中で損益計算書に計上し忘れた収益を、別表４の中でのみ益金を認識するようなことは、あまり考えられません。

そこで、ここでは会計上費用として認識されたもののうち、税務上でこれを否認するために「損金不算入」として取り扱うこととなる代表的なものを中心に確認していきます。

①　損金経理をした法人税及び地方法人税

別表４には、『損金経理をした法人税及び地方法人税（附帯税を除く。）』による加算調整の項目がすでに表記されています。ここでは、損益計算書に計上された法人税等（ここでいう「法人税等」とは、法人税、地方法人税、法人道府県民税、法人市町村民税、法人事業税及び特別法人事業税の総称をいいます）のうち、国税に限定した法人税と地方法人税がその範囲となります。地方税である法人道府県民税や法人市町村民税、法人事業税及び特別法人事業税は含まれません。

そして、ここには、法人税及び地方法人税のうちその事業年度中に中間納付したものや、修正申告等によって追加で納税したものが計上され、会計上、期中で「法人税、住民税及び事業税」（以下、仕訳の中では「法人税等」の勘定科目を使用します）として費用処理されたものがこれに該当します。

例えば、中間納付によって次に掲げる法人税等の税金を納税した場合について考えてみましょう。

【納税一覧表（1)】

＜中間納付した法人税等＞

- ▶ 法人税及び地方法人税……………………1,000,000
- ▶ 法人道府県民税…………………………　20,000
- ▶ 法人市町村民税…………………………　80,000
- ▶ 法人事業税及び特別法人事業税………　300,000

合計　1,400,000

これら中間納付をした**【納税一覧表（1)】**の法人税等の税金のうち、法人税及び地方法人税だけに着目すると、以下のような仕訳になります。

（法人税等）1,000,000　／　（現預金）1,000,000　：法人税及び地方法人税

この仕訳の中にある「法人税等」は、損益計算書上では費用科目になります。そのため、この仕訳によって、法人税及び地方法人税は会計上では損金経理されていることになります。

そもそも法人税等の税金は、会計の世界では「税金費用」と呼ばれることもあるように、会計上では費用扱いされます。

しかし、会計上税金費用として扱われる法人税及び地方法人税であっても、税務上では損金算入することが認められない費用になります。そのため、課税所得を計算するうえでは、これらの法人税及び地方法人税を『損金経理をした法人税及び地方法人税』として取り扱い、費用処理した部分を取り消すイメージで会計上の当期純利益に加算します。

② 損金経理をした道府県民税及び市町村民税

同じように、別表4には、『損金経理をした道府県民税及び市町村民税』による加算調整の項目がすでに表記されています。これらは、損益計算書に計上された法人税等の税金のうち、地方税部分の法人都道府県民税と法人市町村民税がその範囲となります。同じ地方税の仲間でも法人事業税及び特別法人事業税（以下「法人事業

税等」として1つにまとめます）はここには含まれません。

法人都道府県民税や法人市町村民税についても、法人税や地方法人税の国税部分と同じように、中間納付した場合や修正申告等によって追加納税した場合のものがここに該当することになります。**【納税一覧表（1)】**の数字を使って仕訳を考えると、以下のように会計上は損金経理され、損益計算書に反映されます。

（法人税等）20,000　／　（現預金）20,000　：法人道府県民税
（法人税等）80,000　／　（現預金）80,000　：法人市町村民税

これにより、法人都道府県民税や法人市町村民税についても、会計上では税金費用として費用処理されたことになりますが、これらも法人税や地方法人税の国税部分と同じように税務上では損金算入することができない費用になります。そのため、課税所得を計算するうえでは、これらの法人都道府県民税や法人市町村民税についても、『損金経理をした道府県民税及び市町村民税』として加算調整することになります。

法人事業税及び特別法人事業税について

法人事業税等についても、これを中間納付した場合には、他の法人税等の税金と同じように、以下のような仕訳によって損金経理することで損益計算書に費用として反映されます。

（法人税等）300,000　／　（現預金）300,000　：法人事業税等

しかし、法人事業税等については、税務上、損金算入することができる費用として取り扱うことになっているため、こうして損金経理をして当期純利益から控除された法人事業税等は、会計上の当期純利益を計算するうえですでに損金算入が実現しているため、わざわざ別表4で調整することはありません。

③　損金経理をした納税充当金

別表4には、『損金経理をした納税充当金』についても加算調整すべき項目として

すでに表記されています。

納税充当金とは、会計上の勘定科目でいえば「未払法人税等」に相当します。未払法人税等は、通常、その事業年度の決算整理仕訳において、翌期に納付すべき当期の確定した法人税等の税額を計上することが多いかもしれませんが、例えば、次の**【納税一覧表（2）】**に掲げる確定した法人税等の税金を「未払法人税等」として未払計上した場合について考えてみます。

【納税一覧表（2）】

＜未払法人税等として計上した法人税等＞

▶ 法人税及び地方法人税……………………1,300,000

▶ 法人道府県民税…………………………　25,000

▶ 法人市町村民税…………………………　85,000

▶ 法人事業税及び特別法人事業税………　400,000

合計　1,810,000

（法人税等）1,810,000　／　（未払法人税等）1,810,000　：確定法人税等

決算整理仕訳では、この仕訳のように一括で合計して未払法人税等を計上することも考えられますし、それぞれ税目ごとに個別に計上することもあります。いずれにしても、「法人税等」が納税充当金に相当する「未払法人税等」を相手勘定として費用処理（＝損金経理）されているため、この仕訳によって『損金経理をした納税充当金』を会計上計上したことになります。

また、この仕訳は決算整理仕訳の中で、その事業年度の確定税額を計上していますが、税務上の考え方としては、あくまでも概算計上でしかないという捉え方をします。

概算税額の計上とはいえ、実務上では実際の確定税額を計上するケースがほとんどです。それでもこの段階での「未払法人税等」はあくまでも税務上の捉え方としては未確定債務になります。実際、会計上でも未払法人税等を計上するに当たり、正確な税額計算まで求めているわけではありません。そのため未払法人税等には会社の恣意性が介入する余地が十分にあるといえます。

こうした観点から、未払法人税等を相手勘定に損益計算書に概算計上される「法人税等」については、申告上では『損金経理をした納税充当金』として加算調整することになります。

なお、決算整理仕訳で計上した未払法人税等の中には未払計上をした法人事業税等も含まれています。そのため、法人事業税等だけでも損金算入できるのではないかと考えるかもしれません。しかし、法人事業税等については、原則として納付が完了している部分だけしか損金算入することが認められていません。つまり、未払法人税等の一部として計上された未払いの法人事業税等については、期末の時点では納税が完了していないため、他の法人税等の税金と同じように、そのすべてが損金不算入となり加算調整の対象となります。

④　損金経理をした附帯税・加算税・延滞金及び過怠税

さらに、別表４では、『損金経理をした附帯税（利子税を除く。）、加算税、延滞金（延納分を除く。）及び過怠税』についても加算調整すべき項目としてすでに表記されています。

税務申告や納税にはそれぞれ期限が定められていますが、この期限を超えてしまうと延滞税や加算税が課されることになります。また、税務調査等で修正を求められ追加で納税することになれば、同じように加算税などが課されます。これらは総じて「附帯税」と呼ばれています。

こうした税務上のペナルティとして課された附帯税を納付する際には、会計上の処理の１つとして以下のような仕訳が考えられます。

（雑損失）10,000　／　（現預金）10,000

この仕訳では「雑損失」という営業外費用の科目を使いましたが、こうした附帯税を処理する場合の科目については、実務上も特に定まってはいません。そのため、会社の任意で「租税公課」や特別損失の科目のほか、「法人税等」を選択することもあるかもしれませんが、結局、損益計算書上では費用科目で処理することになります。

なお、申告上別表５（2）において、これらの附帯税を全般的に「租税公課」として取り扱っています。その処理の方法などは SECTION 4 で改めて確認することにします。

このように、税務上のペナルティである附帯税は、会計上では費用として処理されることになりますが、税務上ではこれに損金性を認めていません。そのため、損益計算書に費用として計上された附帯税については、『損金経理をした附帯税（利子税を除く。）、加算税、延滞金（延納分を除く。）及び過怠税』としてここで加算調整します。

カッコ書きによって加算項目から除外されている利子税・延滞金（延納分）

法人税の申告は、その事業年度終了の日から2か月以内が原則となりますが、定款の中で定時株主総会の開催を事業年度終了の日から3か月以内としている会社もあるため、申告期限の延長が認められています。

こうして例外的に認められた期間（1か月間）を対象に課せられる延滞税は、国税では「利子税」と呼ばれ、損金算入することが認められています。また、地方税では、国税の延滞税に相当する部分は延滞金といいますが、利子税のように用語によって区分されているわけではなく、申告書の中では、「延滞金（延納分）」として表記されています。この延滞金（延納分）部分も損金算入が認められているため、これらは別表4において加算調整する部分からは除かれます。

損金不算入となる過怠税

会社に対する税務上のペナルティの1つに「過怠税」というものがあります。過怠税は印紙税に関するペナルティに該当しますが、収入印紙が必要な契約書に貼付漏れが発見されると、本来貼付しなければならない印紙税の額の3倍が過怠税として課されます。

例えば、1,000円の収入印紙の貼付漏れの場合には、その3倍の3,000円のペナルティが課されることになりますが、その内訳は本来貼付すべき収入印紙1,000円＋過怠税2,000円となるわけではなく、本来貼付すべき収入印紙の額を含めた3,000円が過怠税となります。つまり、3,000円全額が損金不算入の対象となり加算調整することになります。

なお、収入印紙の貼付漏れは、通常、税務調査などによって発覚しますが、単なる貼付漏れや貼付金額の不足などの場合は、「印紙税不納付事実申出書」という書面を提出することで、税務調査で発見された場合であっても過怠税は3倍から1.1倍に軽減されます。しかし、偽モノの印紙を貼付していたケースなど、悪質な印紙税逃れが認められるときには、こうした軽減措置はありません。

⑤　減価償却の償却超過額

ここまでは、加算調整の項目の中でも税金費用についてそれぞれ見てきましたが、ここからは、通常、損益計算書や製造原価報告書上の販売費及び一般管理費や売上原価などに含まれる、経費関連の加算調整を確認していきます。

このような経費関連の加算調整の項目として代表的なものの1つとして挙げられるのが、別表4にすでに表記されている『減価償却の償却超過額』ということになります。

減価償却とは、会社の業務用に使われる固定資産に対し、時の経過とともに減少する部分を、その使用期間にわたって分割して費用化していくことをいいます。税務上ではこうした使用期間は法定耐用年数として定めており、**【図表1-9】**のとおり、例えば、会計上で法定耐用年数よりも短い期間で償却した場合、税務の側面からは償却をし過ぎていることになるため、これを償却超過という考え方で加算調整することになります。

【図表1-9　償却超過の考え方】

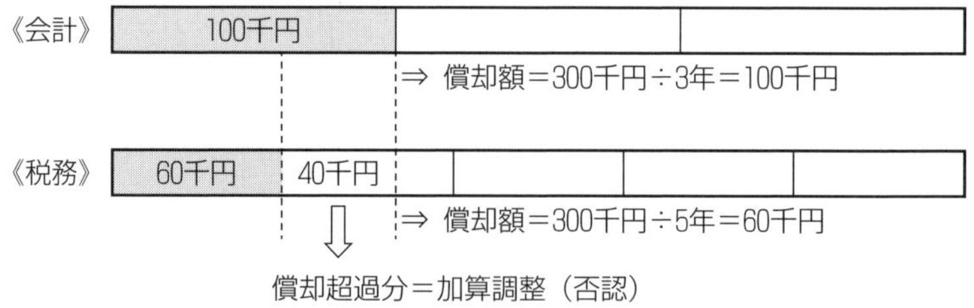

〈設例〉

取得価額　　：300千円
法定耐用年数　：5年（会計上は3年で償却）
償却方法　　：定額法

〈会計仕訳〉

（減価償却費）100千円　／（固定資産）100千円

通常、会計処理としても税務上の償却方法に従い法定耐用年数に応じて減価償却費を計上するケースが多いといえます。しかし、会社の判断で任意の耐用年数を設定して償却を実施しているケースもあります。**【図表1-9】**のように会計上損金経理された償却額が、税務上の法定耐用年数による償却額を超過しているような場合には、その超過する部分は『減価償却の償却超過額』として、別表4の中で加算調整しなければなりません。

【図表1-9】では、会計上の償却額100千円から税務上の償却限度額60千円を差し引いた40千円が申告の中で加算調整されることになります。

修繕費と資本的支出

すでに保有している固定資産を修理するために支出した部分が資本的支出に該当するかどうかということが論点になるケースが多くあります。

修繕費も資本的支出も固定資産の修理や改良などのための支出ということになりますが、資本的支出はそのうちその資産の使用可能期間を延長させ、又はその資産の価額を増加させる支出をいいます。特に資本的支出は、その支出によってその資産の価値を高め、又は耐久性を増加させる効果を及ぼすようなものをいい、その支出によってその資産に形状的な影響を及ぼしたかどうか、あるいは機能的な向上が明らかに認められたかどうかによって判断することになりますが、その理解が難しいところです。

ただし、その支出が明らかに資本的支出に該当するような場合には新たな固定資産の取得として減価償却の対象となり、法定耐用年数に応じて損金算入していくことになります。

しかし、これを誤って修繕費など一時に費用処理してしまった場合には全額が損金算入（100％償却）されている状態になっているため、明らかに償却超過ということになってしまいます。そして、これをそのまま申告してしまい、税務調査で指摘されたような場合には、改めて申告調整（加算調整）することが求められてしまいます。

⑥　役員給与の損金不算入額

役員に対する給与、つまり役員報酬を損金算入するためには、税務上一定のルールが設けられています。中小企業に限っていえば、「定期同額給与」と「事前確定届出給与」が代表的なものとなりますが、これらの範囲から外れて支給された役員報酬は、原則として損金算入することができないことになっています。

こうした役員報酬は、直接役員に対して金銭によって支給されるものだけに限られているわけではなく、何かしらの利益（経済的利益）を役員が受けていると認められる場合にもこれを役員賞与として取り扱い、加算調整することになります。

例えば、時価より低い価額で会社から資産等を譲り受けた場合などがこれに当たりますが、こうした加算調整は税務調査の中で指摘された場合に処理するケースが多いといえます。

定期同額給与の考え方と加算調整

定期同額給与とは、役員に対して毎月同額で支給する報酬をいい、期中でこれを変動させた場合には、その変動部分は損金として認められません。

例えば、3月決算の会社の場合、5月あるいは6月に定時株主総会が開催されますが、そこで決定される月額の役員報酬に対して**【図表 1-10】**のように1月分から報酬をアップした場合には、1月分～3月分の支給額のうちそのアップした部分は損金不算入となり、『役員給与の損金不算入額』として加算調整します。

【図表 1-10　定期同額給与を期の途中でアップした場合】

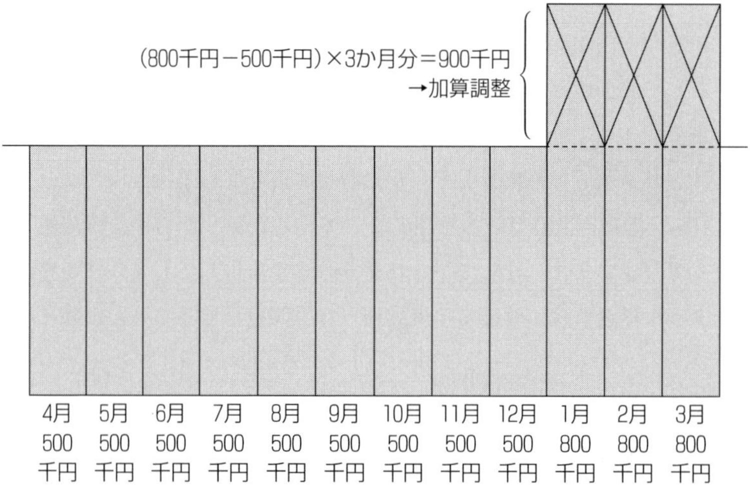

⑦　交際費等の損金不算入額

会社が使う経費の中で、得意先や取引先との飲食や手土産などの贈答品は会計上も税務上も「交際費」として取り扱われます。交際費は会計上では経費（費用）ですが、税務上は原則として損金算入が認められていません。しかし、中小企業に限っては、その事業年度の交際費の合計額が8,000千円に達するまでの部分は損金として認められています。

例えば、**【図表1-11】**のように、その事業年度の交際費の額が8,300千円だったときは、300千円（8,300千円－8,000千円）が損金不算入になるということになります。

【図表1-11　中小企業の交際費の損金不算入のイメージ】

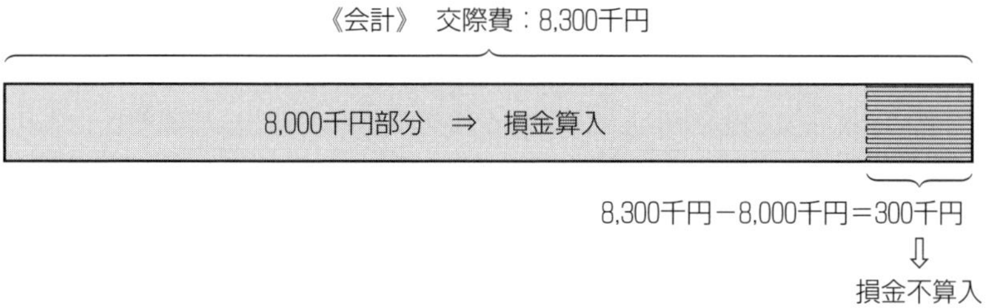

他費目交際費の取扱い

税務上の交際費は、交際費という勘定科目で会計処理した部分だけではなく、例えば、実務上では社内交際費などを会議費や福利厚生費として処理するケースも多く見られます。しかし、こうした場合であっても、これらを交際費に含めて税務上の損金算入限度額である800万円の枠を計算しなければなりません。このように交際費以外の勘定科目で会計処理したものでも税務上の交際費に該当するものは、実務では他費目交際費などといった言い方をすることもあります。

⑧　その他

会計上では費用として処理したものであっても、税務上では損金とは認められないものが、まだまだたくさんあります。その代表的なものとして、賞与引当金や退職給付引当金などの引当金が挙げられます。こうして会計上計上された引当金などを否認する場合には、適宜別表4の空欄部分を使い、『賞与引当金繰入超過額否認』

などといった形でそれぞれ調整する項目ごとに加算していきます。

(3) 減算調整

減算調整とは、課税所得を計算するために、損益計算書の当期純利益から減額させるものをいいます。

主に減算調整では、損益計算書で費用として認識していないものを申告書の中で損金処理していきます。

例えば、(2)の減価償却超過額や各種引当金のように、過去に会計上費用処理されたにもかかわらず税務上損金として認められず加算調整された部分を、当期の損金として調整する場合などが考えられます。こうした処理を税務上では「認容」といいます。

その他、会計上収益計上したもののうち、税務上では益金として取り扱われないものも申告上は減算調整します。

それでは、(2)加算調整の場合と同じように、別表４の中で減算調整される具体的な代表例を見ていくことにします。

① 減価償却超過額の当期認容額

減価償却費については、(2)加算調整の中で確認したとおり、会計上は会社の任意で償却方法を選定し、会社が見積もる耐用年数で償却することもできます。しかし、税務上では一定の償却方法に従って法定耐用年数に応じて減価償却することとされているため、前掲の**【図表 1-9】**にあるように、当期の会計上の減価償却費が税務上の償却限度額を超過する場合には、その超過する部分は『減価償却の償却超過額』として別表４の中で加算調整（否認）することになります。

そして、当期に費用計上した減価償却費の一部を税務上のルールによって加算調整した場合、翌期以降、その加算調整した部分は、その法定耐用年数に応じて損金算入することが認められています。

具体的に確認してみることにします。ここではわかりやすく、本来は税務上資産計上すべきだったものを、会計上これを消耗品費などとして全額費用計上してしまったとします。これが前期の処理です。そして、当期の会計処理の状況を見ておくと、次のとおりとなります。なお、この資産は前期の期首に取得したものとします。

＜前期＞
（消耗品費）1,000 千円　／　（現預金）1,000 千円
※税務上、償却方法：定率法、法定耐用年数 4 年（償却率 0.5）
＜当期＞
処理なし

このとき、会計上では、前期に 1,000 千円が費用計上されていますが、税務上の償却限度額は 500 千円（＝1,000 千円×0.5×12 月／12 月）になるため、実際はこの 500 千円の部分しか損金算入が認められません。

つまり、**【図表 1-12】**のように前期の別表 4 では、減価償却超過額として 500 千円（＝会計上の費用：1,000 千円－税務上の損金算入限度額 500 千円）が加算調整されています。

【図表 1-12　減価償却超過額の算定】

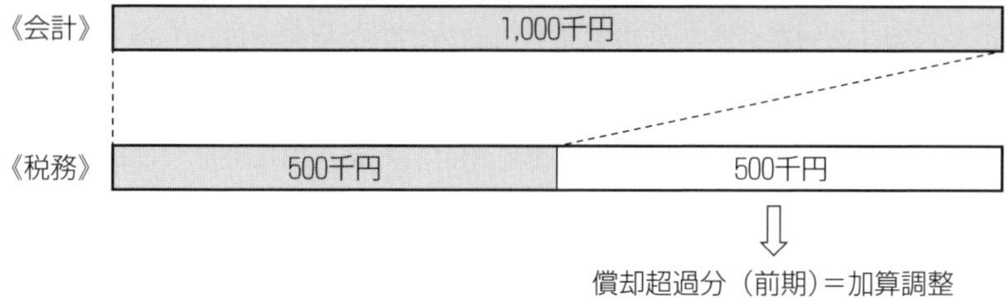

そして、前期に加算調整された償却超過分の 500 千円は、**【図表 1-13】**のように残りの法定耐用年数で、当期に 250 千円、翌期に 125 千円、翌々期に 125 千円、それぞれ損金算入することができ、前期に償却超過額として加算調整された 500 千円は、3 年をかけて損金算入されていきます。

このように一旦償却超過額として加算調整されたものを、翌期以降、申告書上で損金算入していくことを「認容」といいますが、過去の申告で計上した減価償却超過額は、別表 4 を使って認容していくことで将来にわたって損金算入（減算調整）していくことが認められています。

【図表 1-13　償却超過額に対する申告調整のイメージ】

（千円）

	前期	当期	翌期	翌々期	合計
会計上の償却額　：(①)	1,000	0	0	0	1,000
税務上の償却限度額（※）：(②)	500	250	125	125	1,000
＜別表 4 の調整（①)－(②)＞					
【加算調整】	500	0	0	0	500
【減算調整】	0	△ 250	△ 125	△ 125	△ 500

（※）税務上の償却限度額の計算

前期　：1,000×0.5×12 月／12 月＝500

当期　：(1,000－500)×0.5×12 月／12 月＝250

翌期　：(1,000－500－250)×0.5×12 月／12 月＝125

翌々期：1,000－250－125＝125

②　納税充当金から支出した事業税等の金額

⑵では加算調整されるものの中の代表的な費用として税金費用を１つの例として取り上げましたが、これらのうち、地方税に該当する法人事業税等は、実際に納付が完了すれば、その納付をした事業年度において損金算入することができる税金費用となります。

例えば、中間納付すべき法人事業税等を納付したときには、通常は次のような仕訳になるになるでしょう。

（法人税等）300,000　／　（現預金）300,000　：法人事業税等

会計上、このように仕訳された法人事業税等は、「法人税等」として費用処理されているため課税所得の面からもすでに損金算入されています。つまり、ここでは損金算入できるものが会計上でもすでに損金経理されているため、改めて申告書で減算調整をする必要はありません。

そこでここで取り上げるのは、申告上前期に納税充当金として処理された法人事業税等の取扱いになります。

まずは「納税充当金」という用語について改めて確認しておきます。これまでのとおり、納税充当金は会計上の「未払法人税等」と同じ意味で使われています。つ

まり、法人事業税等が未払法人税等という負債科目で処理されていることで、これを納付したときにも負債項目の取崩し（貸借対照表内での動き）でしかなく、この段階では費用として認識されていません。このままでは申告上も損金算入されないままとなってしまうため、別表４で減算調整が必要になってくるということです。

具体的に確認していきましょう。

まず、法人事業税等が未払計上されるのは、前期の決算整理仕訳になるため、前期の納税を確認し、前期の決算整理の仕訳を見ていきます。

【納税一覧表（前期）】

＜未払法人税等として計上した法人税等＞

▶ 法人税及び地方法人税	1,100,000
▶ 法人道府県民税	15,000
▶ 法人市町村民税	60,000
▶ 法人事業税及び特別法人事業税	350,000
合計	1,525,000

⑵では決算整理仕訳で未払法人税等を計上する際、国税も地方税も区分することなく一括で計上しましたが、ここでは見やすいように税目ごとに処理しておきます。

＜前期：決算整理＞

（法人税等）	1,100,000	／	（未払法人税等）	1,100,000	：法人税及び地方法人税
（法人税等）	15,000	／	（未払法人税等）	15,000	：法人道府県民税
（法人税等）	60,000	／	（未払法人税等）	60,000	：法人市町村民税
（法人税等）	350,000	／	（未払法人税等）	350,000	：法人事業税等

これらの仕訳のうち、４番目の仕訳が翌期に納税するものとして計上した法人事業税等ということになりますが、これを計上した事業年度（前期）ではまだ納付が完了しておらず、「未払法人税等」として未払いの取扱いとなるため、これらは税務上「納税充当金」として申告書の中で加算調整されます。

そして、この事業年度終了の日から２か月以内に、こうして未払計上された法人税等を納税することになるわけですが、これら法人税等の税金のうち法人事業税等に限っては納税をしたその翌期に損金算入することができます。あくまでも損金算入することができるのは、納期限が到来した翌期です。

それでは損金算入されるまでの流れを見ていくことにしますが、まず、翌期では、前期に計上された未払法人税等は、納税の完了によって、次のように未払法人税等が取り崩され、貸借対照表からはその残高が消滅します。

（未払法人税等）1,100,000	／	（現預金）1,100,000	：法人税及び地方法人税
（未払法人税等）　15,000	／	（現預金）　15,000	：法人道府県民税
（未払法人税等）　60,000	／	（現預金）　60,000	：法人市町村民税
（未払法人税等）　350,000	／	（現預金）　350,000	：法人事業税等

このとき、損益計算書への影響を考えてみます。上記のどの仕訳を見ても「未払法人税等」という負債科目の減少と、現預金の資産科目の減少しか発生しておらず、費用科目はここでは登場しません。つまり、貸借対照表内の科目だけでの処理となっていることがわかります。そのため、法人事業税等は納税することで損金算入できる税金だといいながらも、損益計算書を介していない以上、これらは費用処理されていないため、この段階では申告上でも損金算入できていません。

そこで、会計上で費用処理できないものを申告上で損金とするためには、申告書の中で減算調整すればよいということになります。

つまり、前期に未払法人税等として処理された確定（概算）法人税等の税金うち、実際に納税をした法人事業税等の金額を『納税充当金から支出した事業税等の金額』として別表４を使って減算すれば、会計上は費用処理されていなくても、申告書の中で減算調整が実現し、損金算入することができるという仕組みになっています。

③　受取配当等の益金不算入額

会社が出資した株式等に対しては配当金を受け取れる場合があります。配当金は、通常、出資先の利益の中から分配されるものになりますが、その利益は税引後の利益になるため、配当金を受け取った側でこれを収益として認識し、これがそのまま課税の対象になれば二重課税になってしまう恐れがあります。

そこで、こうした二重課税を回避するため、税務では持株割合に応じて、その受け取った配当金の一部又は全額を課税対象から除外することにしています。課税対象から除外する方法として、会計上では受取配当金が全額収益認識されますが、別表４の中で『受取配当等の益金不算入額』として減算調整すれば、会計上で認識した収益の一部又はその全額を課税所得の計算から除外することができるという流れになります。

例えば、会社が上場株式を保有していたとします。通常はその保有割合は極めて低い割合になるでしょう。税務上のルールとして、その保有割合にもよりますが、例えば、自社の保有割合が発行会社の発行済み株式の５％以下であるときは、**【図表1-14】**のようにその受取配当金の20％相当額が益金不算入の対象となります。つまり、**【図表1-14】**の事例であれば、別表４の中で『受取配当等の益金不算入額』として20千円を減算調整します。

なお、この益金不算入することができる金額は、別表４とは別の別表８（1）という別表の中で計算し、その計算結果を転記することになります。

【図表1-14　受取配当金の益金不算入（減算調整）のイメージ】

④　法人税等の中間納付額及び過誤納に係る還付金額

法人税の申告では、その事業年度の確定法人税の金額が20万円を超える場合、翌事業年度の期の途中で中間（予定）納税をしなければなりません。そして国税だけではなく、これに引きずられて地方税の道府県民税や市町村民税、法人事業税等でも中間（予定）納税の義務が生じることになります。

中間（予定）納税の義務は、前期の納付額を基準に判定し、期の途中ではあくまでも仮の税額計算となるため、決算を迎え改めて事業年度全体で税金計算をし直すと、すでに納付した中間（予定）納税よりも少なくなることもあります。このとき中間（予定）納税の全部又は一部が還付されることになりますが、その還付は確定申告によってその事業年度の翌事業年度に受け取ることになります。

そして、還付を受けることができる税金の金額は、その事業年度の決算整理仕訳の中で未収計上するケースもあるかもしれません。ただし、未収計上しなかった場合の処理としては、その翌事業年度において、次の仕訳のように還付を受けたときに「雑収入」、あるいは「法人税等」などの費用のマイナスとして収益認識することになります。

（現預金）450,000　／　（雑収入）又は（法人税等）450,000（※）
（※）うち、法人事業税等 60,000 含む。

しかし、もともと損金経理された法人税等は、法人事業税等を除いては損金不算入となり、申告上では加算調整の対象となります。これと同じように、還付される法人税等に対し、会計上で収益として認識されたものは、法人事業税等を除き益金不算入ということになります。そのため、申告上は別表４の中で、法人事業税等の還付分を除いた部分を『法人税等の中間納付額及び過誤納に係る還付金額』として減算調整することになります。

中間納税と予定納税

中間納付する税金の計算方法として、仮決算による方法と前期の納税実績を基準に計算する方法の２つの方法があります。前者は半期を一事業年度とみなして、通常の決算の場合と同じように別表を使って納税額を計算します。これに対し、後者は単純に前期に納税した金額の半分を納税する方法となります。

なお、仮決算による方法で計算した金額が、予定納税の金額を超える場合には、仮決算による方法で計算した金額で納税することはできません。

⑤　所得税額等及び欠損金の繰戻しによる還付金額等

法人税を申告する手続きの中で「所得税額」という用語には少々違和感があるかもしれませんが、ここでいうところの所得税とは、「源泉所得税」というものになります。

例えば、預金利息や配当金について、その支払いを受ける際には、受取総額に対し一定の額が所得税（利子源泉税あるいは配当源泉税などともいわれます）として差し引かれます。これを源泉徴収といいますが、支払総額から源泉徴収された所得税は、法人税の申告上は中間納付したものとして捉えることができます。

このため、源泉徴収された所得税の額は、法人税の中間納付分としてその事業年度の法人税の額から控除することができます。しかし、その事業年度が赤字（欠損）となってしまったような場合には、納付すべき法人税はゼロとなり、その事業年度の法人税の額から差し引くことができません。このようなケースでは、この源泉徴収された所得税は翌期に還付されることになりますが、こうした源泉所得税の還付金が入金されると、会計上では次の仕訳のように「雑収入」などを使って収益認識することになります。

（現預金）30,630　／　（雑収入）　30,630

しかし、ここでもこの還付金の性格は法人税の還付という取扱いになるため、法人税を納税したときにこれが損金にならないのであれば、還付されるときも益金にはなりません。そこで、こうした部分は『所得税額等及び欠損金の繰戻しによる還付金額等』として益金不算入となり、別表4の中で減算調整されることになります。

繰戻しによる還付とは

繰戻し還付とは、前期に納税した法人税に対し、当期が赤字（欠損）となったことでその当期に生じた欠損金額を限度として、前期に納税した法人税の全部又は一部の返還（還付）を請求することをいいます。

繰戻しによる還付があった場合には、その還付を受けた事業年度において会計上では「雑収入」や「法人税等」のマイナスなどで収益を認識することになりますが、これらについても、あくまでも法人税の還付になるため、税務上は益金にはなりません。つまり、ここでも別表4の中で『所得税額等及び欠損金の繰戻しによる還付金額等』として減算調整することになります。

なお、この繰戻し還付の手続きは、一定の中小企業だけに認められている制度になります。

(4) その他の加減算項目

① 寄附金の損金不算入額

中小企業の場合、税務上、交際費は800万円を限度としてこれを超える部分については損金不算入として取り扱われることは、(2)の中でも確認しました。これと同じように寄附金についてもそのすべてが損金として認められないケースがあります。なお、税務上でいうところの寄附金は、一般的に認識されている寄附金の範囲よりも広くなります。税務上の寄附金は、経済的な利益の贈与又は無償の供与と認められれば寄附金として扱われ、自らの意思や相手の同意の有無に関係なく、あるいは金銭の支出がなく会計上何らの処理がなされていなくても、税務上では寄附金に該当し、その全部又は一部が『寄附金の損金不算入額』として別表4で加算調整されます。こうした税務上の寄附金は税務調査などで指摘（認定）されるケースが多いといえます。

なお、この損金不算入となる寄附金部分の計算は、別表4とは異なる別表14 (2) で計算され、別表4へと転記されてきます。

税務上の寄附金の例

例えば、無利子での金銭の貸付けや無償での不動産の貸付けなどを会社同士で行っている場合には、その利息部分や家賃相当分が寄附金となります。法人は基本的に利潤を追求して経済活動を行うことを目的としているため、その行動は必ず経済的なものとして捉えられることになります。一方、常に経済的な活動を営むわけではない個人である役員などが無利息や無償で会社に金銭や不動産を貸し付けても、これは寄附金にはなりません。

会社間で通常の取引金額（あるいは時価）と異なる金額で取引を行うような場合には、特に注意が必要です。

② 法人税額から控除される所得税額

法人税の中で登場する所得税というのは、これまでに確認したとおり、預金利息や配当金の受取りに際して源泉徴収されるものになります。そして、これらは実際にその受け取った事業年度に自らの意思にかかわらず自動的に源泉徴収されます。

こうして源泉徴収された所得税については、その源泉徴収された事業年度において、これを損金算入するか、あるいはその事業年度の法人税から税額控除するか、いずれかを選択できますが、後者の税額控除を選択するにはその源泉徴収された所得税額を損金不算入として取り扱わなければなりません。その方法として、別表4の中でこれらを『法人税額から控除される所得税額』として加算調整することになります。

なお、税額控除を選択するために損金不算入とする所得税の額の計算は、別表4とは別に、別表6 (1) という別表の中で算定します。通常、税額控除の方が申告上では有利な選択になります。

源泉徴収された所得税額に対する会計処理の方法

例えば、会社が保有している株式に対し配当金を受け取った場合の会計処理としては、次のような仕訳が考えられます。

(現預金)	84,685	／	(受取配当金)	100,000
(法人等) 又は (租税公課)	15,315	／		

また、このほかにも次のように、いわゆる手取り額のみの仕訳で会計処理が完了しているケースも考えられます。

(現預金)	84,685	／	(受取配当金)	84,685

前者の仕訳では、源泉徴収された所得税が、「法人税等」あるいは「租税公課」として費用処理されているため、損金経理されていることが確認できます。

これに対し、後者の仕訳では、源泉徴収された所得税の額が会計処理の中では明らかになっていません。しかし実務上は、簿外で次のような仕訳があるものとして、源泉徴収された所得税が損金経理されていると判断しても問題はないといえるでしょう。

（法人税等）又は（租税公課）15,315　／　（受取配当金）15,315

③　欠損金等の当期控除額

今期の利益がいわゆる赤字となったときのように、申告上においても所得金額がマイナスとなったような場合には、この税務上のマイナス部分（欠損金）については10年間繰り越すことができます。

この繰り越された欠損金は、将来の別表4の中で『欠損金等の当期控除額』として損金算入することで、翌期以降のプラスの所得金額と相殺されます。

なお、こうした過去の欠損金の額は、別表7（1）に集約され、中小企業の場合には、当期の課税所得を限度として損金算入していくことになります。

(5)　課税所得（所得金額又は欠損金額）

ここまで見てきたとおり、会計上の税引後当期純利益を出発点として、(2)〜(4)の中で挙げた各項目をはじめとして、さまざまな会計上と税務上のルールの相違部分を加算又は減算することで申告調整された結果、最終的に法人税の金額を算定するための基礎となる課税所得が計算されます。計算結果がプラスになれば所得金額、マイナスになれば欠損金額ということになります。

留保と社外流出

別表4では、加算又は減算された項目が、「留保」に属するのか、「社外流出」に属するのか、これらを区分する必要があり、別表4にはその選択をするための欄が設けられています。

これまでのとおり、会計上の収益あるいは費用と税務上の益金あるいは損金とはイコールにならない部分があります。こうした会計と税務とが一致しないものの中でも、収益あるいは費用として計上したタイミングとこれらが益金あるいは損金として認められるタイミングとが異なるだけの違いのものと、収益あるいは費用として会計処理されたものが将来にわたっても益金あるいは損金として一切認められないものとがあります。こうした性質の違いにより、別表4では、前者の場合は『留保』、後者の場合は『社外流出』に区分します。

例えば、減価償却の償却超過額は、翌期以降に損金算入することが認められているため『留保』として区分し、交際費等の損金不算入額の部分は、翌期以降二度とこれを損金として取り扱うことはないので『社外流出』として区分する、といったような取扱いになります。

そして、別表4において『留保』として区分されたものは、翌期以降に別表4で加算又は減算して申告調整する予定のものになるため、当期に留保されたものは一旦別表5（1）へと転記されていきます。

SECTION 3

別表５（1）の役割と明細書の全体像

それでは、別表４で加算又は減算され、申告調整されたもののうち、「留保」されたものの転記先となる別表５（1）の全体像について確認していきます。

別表５（1）は「利益積立金額及び資本金等の額の計算に関する明細書」という名称になります。

1　別表５（1）の役割

会計上の収益あるいは費用の計上のタイミングと税務上において益金あるいは損金として認められるタイミングがズレるときには、これらは別表４の中で加算又は減算して申告調整されます。そして、これらのうち翌期以降に減算又は加算するものは別表４において「留保」として区分され、別表５（1）へと転記されます。

また、そればかりではなく、前期よりも前から留保されてきたもののうち、その全部又は一部が当期に解消することができるものは、今度は別表５（1）から別表４へと転記され減算又は加算されることになります。

このように、別表５（1）は、当期や前期以前に別表４において加算又は減算され留保されたものをその項目ごとに集計しておく役割をしており、別表４が申告上の損益計算書のようなイメージなのに対して、別表５（1）は翌期以降に減算又は加算するものを集約しておき、その残高を管理する申告上の貸借対照表のようなイメージになります。

2　別表５（1）の全体像

それでは、別表５（1）の全体像ついて確認していきます。国税庁から提供されている別表５（1）は**【図表 1-15】**のとおりです。

【図表 1-15　別表 5（1）全体のイメージ】

利益積立金額及び資本金等の額の計算に関する明細書

事業年度	・　・ ・　・	法人名	

別表五(一)　令五・四・一以後終了事業年度分

Ⅰ　利益積立金額の計算に関する明細書

区分		期首現在利益積立金額	当期の増減		差引翌期首現在利益積立金額 ①－②＋③
			減	増	
		①	②	③	④
利益準備金	1	円	円	円	円
積立金	2				
	3				
	4				
賞与引当金	5	3,000,000	3,000,000	2,500,000	2,500,000
退職給付引当金	6	20,000,000	1,000,000	1,200,000	20,200,000
	7				
	8				
	9				
	10				
	11				
	12				
	13				
	14				
	15				
	16				
	17				
	18				
	19				
	20				
	21				
	22				
	23				
	24				
繰越損益金（損は赤）	25				
納税充当金	26	1,525,000	1,525,000	1,810,000	1,810,000
未納法人税等（退職年金等積立金に対するものを除く。）　未納法人税及び未納地方法人税（附帯税を除く。）	27	△ 1,100,000	△ 2,100,000	中間 △1,000,000 確定 △1,300,000	△ 1,300,000
未払通算税効果額（附帯税の額に係る部分の金額を除く。）	28			中間 確定	
未納道府県民税（均等割額を含む。）	29	△ 15,000	△ 35,000	中間 △ 20,000 確定 △ 25,000	△ 25,000
未納市町村民税（均等割額を含む。）	30	△ 60,000	△ 140,000	中間 △ 80,000 確定 △ 85,000	△ 85,000
差引合計額	31	×××	×××	×××	×××

Ⅱ　資本金等の額の計算に関する明細書

区分		期首現在資本金等の額	当期の増減		差引翌期首現在資本金等の額 ①－②＋③
			減	増	
		①	②	③	④
資本金又は出資金	32	100,000,000円	円	円	100,000,000円
資本準備金	33				
	34				
	35				
差引合計額	36				

【図表 1-15】のとおり、別表5（1）は上下２つの明細書に分かれています。上部分が『Ⅰ．利益積立金額の計算に関する明細書』、下部分が『Ⅱ．資本金等の額の計算に関する明細書』となりますが、それぞれ前期末の残高を出発として、『当期の増減』欄でこれらを減少又は増加させ、当期の期末残高を計算する仕組みとなっています。

⑴ 『Ⅰ．利益積立金額の計算に関する明細書』

まずは、別表5（1）の上部分の『Ⅰ．利益積立金額の計算に関する明細書』について確認していきます。この明細書には別表4で加減算調整されたもののうち留保項目として区分された部分が『増』あるいは『減』に振り替えられます。なお、ここまで別表4の中で留保されたものが別表5（1）へと転記されるという表現をしてきましたが、実際に申告書を作成するうえでは、別表5（1）の『増』又は『減』の欄に記載されたものが別表4の減算又は加算に転記されていくというのが実務上の一般的な流れになるといえるでしょう。

税務ソフトの検算機能による別表間の確認の重要性

別表4から別表5（1）へ、あるいは別表5（1）から別表4に正確に転記処理が行われていないと、税務ソフト上では差額検証などによる確認時や入力処理を終了するときなどにエラーメッセージが表示されます。こうした検証機能を使って正しく修正しておけば別表間での齟齬が解消し、表面上は適正な申告になっているといえるでしょう。

① 利益準備金の増減

貸借対照表の純資産の部のうち、利益剰余金として「利益準備金」の計上がある場合で、その金額に変動があったときには、別表5（1）においても減少又は増加をさせることで、貸借対照表上の利益準備金の金額と一致させます。

利益準備金は、通常配当金の支払いがあった場合などに変動するケースが多いといえます。ただし、あくまでも貸借対照表上の純資産の部の中の動きであって、会計上は損益計算書を介することはないため、別表5（1）の『減』又は『増』に記載があっても、別表4に転記されることはありません。

② 別途積立金などの利益積立金の増減

利益準備金と同じように貸借対照表の純資産の部の中の利益剰余金として計上される「別途積立金」などの利益積立金額がある場合で、その金額に変動があったときは、利益準備金の場合と同じように、別表5（1）においても減少又は増加させて貸借対照表上のそれぞれの積立金の金額と一致させます。なお、別表4への転記が不要であることも利益準備金の場合と同じです。

③ 別表4で加減算される留保項目の増減

会計上費用として処理したもののうち税務上損金とならないものは別表4において加算調整されます。また、過去に別表4において加減算したもので留保として区分したものは、それぞれの項目ごとに別表5（1）の中に集計して表示させます。

例えば、会計上費用として処理されていても税務上は損金算入することができない賞与引当金や退職給付引当金などの引当金が貸借対照表に計上されているような場合には、別表5（1）の中でも『賞与引当金』や『退職給付引当金』などと記載し、別表4で加減算調整をして別表5（1）で増加又は減少させます。

中小企業では引当金の計上などはあまり登場しないかもしれませんが、念のため、引当金の代表格である賞与引当金と退職給付引当金の2つの引当金を使って申告処理について確認しておくことにします。

別表4と別表5（1）の具体的な関係は第2章でも確認しますが、申告書の作成イメージをつかむためにも、ここで会計仕訳を出発点に、別表5（1）から別表4への申告書の作成の流れを見ていくことにします。

それでは、最初に会計仕訳を見ていきましょう。まずは賞与引当金についてですが、これは貸借対照表では流動負債に区分されます。流動負債の場合、次のように決算整理仕訳では前期に計上した引当金を全額取り崩し、今期の引当金を改めて積み上げる、いわゆる洗替処理が一般的な処理方法になります。ここでは、前期に3,000千円の引当金を計上していたとし、当期に2,500千円を積むことにします。

＜当期：決算整理＞

（賞与引当金）	3,000,000	／	（賞与引当金戻入額）	3,000,000
（賞与引当金繰入額）	2,500,000	／	（賞与引当金）	2,500,000

このとき、会計上前期に計上した賞与引当金3,000千円は、税務上では損金として認められないため、前期の申告ではその全額が損金不算入になっています。これとは逆に当期にこれを戻し入れ、会計上収益（賞与引当金戻入額）として認識したものは、申告では全額を益金不算入として取り扱うことになります。そして、当期に計上し直した賞与引当金については、申告上はその全額を損金不算入として取り扱います。

次に、退職給付引当金についてですが、これは貸借対照表では固定負債に区分されます。ここで賞与引当金との処理の違いは、固定負債の場合、一般的に決算整理仕訳では洗替処理をしないという点です。具体的には、次の仕訳のように、期中に退職者がいれば、退職金を支給する際、都度その退職者に充てていた引当金を取り崩し、決算整理において期末の従業員に対する要支給額になるまで積み上げるのが一般的な処理となります。

＜当期：期中＞

（退職給付引当金）	1,000,000	／	（現預金）	1,000,000

＜当期：決算整理＞

（退職給付費用）	1,200,000	／	（退職給付引当金）	1,200,000

退職金は会社の経費となりますが、上記の＜期中＞の仕訳では、引当金という貸借対照表の中だけの動きとなり損益計算書を介していません。つまり、この時点では費用になっていないため実際に退職金の支払があっても損金算入されていない状態です。そのため、申告では別表４を使って減算処理をして損金算入していくことになります。

基本的に、別表４で加算されるものは別表５（1）では『増』に、別表４で減算されるものは別表５（1）では『減』にそれぞれ反映されますが、これらの会計処理を反映した別表５（1）は、**【図表 1-16】**のようになります。

【図表 1-16　各種引当金の動きと別表５（1）への反映】

別表五(一)

区分		期首現在利益積立金額	当期の増減		差引翌期首現在利益積立金額 ①－②＋③
			減	増	
		①	②	③	④
			洗替		
賞与引当金	5	3,000,000	3,000,000	2,500,000	2,500,000
退職給付引当金	6	20,000,000	1,000,000	1,200,000	20,200,000
			取崩		

具体的に確認しておくと、前期末に計上された引当金を洗替処理あるいは取崩しをし、新たに引当金を積み上げる場合、それぞれ『減』あるいは『増』に計上された部分は、それぞれ別表４の減算あるいは加算へと反映されていきます。

各項目と貸借対照表の科目名は一致させておく

別表５（1）は申告書としては貸借対照表のようなイメージになりますが、そのイメージを踏襲する形で、別表５（1）に計上するそれぞれの項目の表示は、貸借対照表の勘定科目と一致させておくとよいでしょう。

また、別表５（1）に表示される各項目の『差引翌期首現在利益積立金額』の金額は、これに対応する貸借対照表の各勘定科目の金額と一致することが多いため、別表５（1）に表示した項目と貸借対照表の勘定科目の名称を一致させておき、合わせてそれぞれの残高も一致していることを確認できるようにしておけば、チェックもしやすく、また誤りも少なくなります。

『減』欄と『増』欄の実務上の工夫

別表５（1）の『当期の増減』の部分の使い方として、例えば、『減』の部分は前期から繰り越されてきたものを解消するために利用し、『増』の部分は当期に新たに発生したものを記載するために使うなど、『当期の増減』の部分を統一的に記載する工夫も考えてみましょう。このようなときには、『減』の部分や『増』の部分がマイナス表示になることもありますが、むしろその項目の当期中の動きがよりわかりやすくなります。

④　繰越損益金（損は赤）

繰越損益金とは、会計上でいうところの繰越利益剰余金となります。会計上の未払法人税等を税務上では納税充当金と表現しているのと同じように、単なる会計上と税務上の表現の違いということになります。

そのため、第３章でも確認しますが、別表５⑴の『繰越損益金』の『期首現在利益積立金額』は、前期末の貸借対照表の純資産の部「繰越利益剰余金」、あるいは株主資本等変動計算書の「繰越利益剰余金」の金額と必ず一致しています。そして、別表５⑴の『差引翌期首現在利益積立金額』は、当期末の貸借対照表の純資産の部「繰越利益剰余金」、あるいは株主資本等変動計算書の「繰越利益剰余金」の金額と必ず一致することになります。

⑤　納税充当金

納税充当金は、これまでのとおり、会計上の「未払法人税等」とイコールになります。これについても第３章で改めて確認しますが、別表５⑴の『納税充当金』のうち、『期首現在利益積立金額』は、前期末の貸借対照表の「未払法人税等」の残高と一致します。そして、『差引翌期首現在利益積立金額』は、当期末の貸借対照表の「未払法人税等」の残高と必ず一致することになります。

⑥　未納法人税等

別表５⑴のうち『Ｉ．利益積立金額の計算に関する明細書』のうちの特に下欄部分に当たるこの箇所は、理解しにくい部分の１つといえますが、ここは当期中の法人税等の納付状況の推移と、当期に確定した未払法人税等の金額を翌期に繰り越すための部分となります。

例えば、**【図表 1-17】**のように、法人税及び地方法人税の納付状況について確認してみると、まず、前期に確定した未払いの法人税及び地方法人税は、期首現在の未納分として①欄に表示されます。次に、中間納付があった場合には、当期の『増』として③欄の上部『中間』に表示され、①欄と③欄上部『中間』の合計は、当期中に実際にキャッシュアウトしているため、当期の『減』として②欄に集約され相殺されます。最後に、当期に確定した法人税及び地方法人税の合計は、当期の『増』として③欄下部『確定』に表示され、そのまま④欄へ転記されます。よって、④欄は、当期に確定し、翌期に納付すべき法人税及び地方法人税の合計を表示することになります。

なお、法人事業税等は損金算入されるため、ここには登場しません。ここはあくまでも損金不算入となる法人税及び地方法人税のほか、法人道府県民税や法人市町村民税に限った動きとなります。

【図表1-17　別表5（1）に表示される未納法人税等】

区分			期首現在利益積立金額	当期の増減			差引翌期首現在利益積立金額 ①−②＋③
				減	増		
			①	②	③		④
納税充当金		26	1,525,000	1,525,000	1,810,000		1,810,000
未納法人税等	未納法人税及び未納地方法人税（附帯税を除く。）	27	△　1,100,000	△　2,100,000	中間	△　1,000,000	△　1,300,000
					確定	△　1,300,000	
	未払通算税効果額（附帯税の額に係る部分の金額を除く。）	28	△	△	中間		△
					確定		
	未納道府県民税（均等割額を含む。）	29	△　15,000	△　35,000	中間	△　20,000	△　25,000
					確定	△　25,000	
	未納市町村民税（均等割額を含む。）	30	△　60,000	△　140,000	中間	△　80,000	△　85,000
					確定	△　85,000	
差引合計額		31	（前期の繰り越し）	×××	（年間法人税等の合計）		×××

差額は事業税部分

合計 1,410,000

別表4の一番下の「留保」②の金額を転記

『納税充当金』と未納法人税等の関係

これまでのとおり、別表5（1）の『納税充当金』④の部分の残高は、貸借対照表の未払法人税等と一致します。

また、実際に確定した当期の未払法人税等の金額を「未払法人税等」として貸借対照表に計上していたとしても、法人事業税等はいずれ損金算入されるものになるため、『納税充当金』の金額と、未納法人税等の④の部分の合計は未払事業税等の金額の分だけ差額が生じます。

⑦　差引合計額

『差引合計額』の部分も別表5（1）の中ではわかりにくい箇所といえますが、この『差引合計額』④の部分に表示される期末残高は、貸借対照表も含めて各種決算書の数字と一致する箇所はありません。

ここはあくまでも税務上独自の利益積立金額の過去の累積を表示しています。過年度から繰り越されている部分で、会社を清算するときなどに、ここが△（マイナス）で残った場合には、期限切れ欠損金としてこれを損金算入することができることになります。

税務ソフトを利用している場合には自動計算になっているため、あまり気にするところではありませんが、簡単に計算の仕組みを見ておきます。

計算式は、**【算式 1-18】**のとおりとなっています。この計算式は別表5（1）の欄外にも記載されています。なお、この欄外に掲載されている計算式の中に通算税効果額というものがありますが、これは令和4年4月1日以降から新たに適用されることになったグループ通算制度に関わる部分となりますので、ここでは省略します。

【算式 1-18　別表5（1）「差引合計額」の検算】

差引翌期首現在 利益積立金額 「31」④	＝	期首現在利益 積立金額 「31」①	＋	別表4 留保所得金額 又は欠損金額	－	中間分、確定分法人税・ 県、市民税の合計額

具体的に別表で確認しておくと、**【図表 1-17】**のとおり、①欄は前期からの繰越しの金額がそのまま転記され、『減』②の部分には、別表4の最終結果である『所得金額又は欠損金額』の金額のうち、留保された金額の合計が転記されてきます。これらを合計し、『増』③の部分の合計となる当期分の年間納税額を差し引くと、当期末現在の税務上の利益積立金額の残高が計算されます。

(2)『Ⅱ．資本金等の額の計算に関する明細書』

続いて、『Ⅱ．資本金等の額の計算に関する明細書』について確認します。まず、資本金等という用語についてですが、SECTION 1の「❷税務上の用語」⑺でも確認したように、資本金等とは株主が拠出した部分をいい、資本金と資本金以外の部分、例えば、資本準備金などから構成されます。増資や減資がない限りはこの明細書に動きはありませんが、ここでの動きは「資本等取引」などといわれ、法人税等の税金計算には何も影響を及ぼすことはなく、別表4に反映されることはありません。

ただし、ここで計算された最終値の『差引合計額』④の部分の金額は、都道府県民税や市町村民税における均等割の金額の判定基準となります。

なお、『資本金又は出資金』や『資本準備金』④の各部分の金額は、貸借対照表の純資産の部に計上されている「資本金」や「資本準備金」の金額と一致します。

資本金等の動きは申告漏れになりやすいため要注意

法人税の別表を作成するとき、課税所得の計算がメインとなり、ついつい損益計算書の動きにばかり気を取られがちです。本書でも、資本等取引についての確認はここだけになりますが、簡単に確認しておきます。

この明細書には、資本金や資本準備金のほか、例えば、会社が取得した自己株式なども表示します。資本等取引は貸借対照表上だけの動きとなるため、こうした貸借対照表上の動きに合わせてこの明細書の金額も増減させ、『差引合計額』④の各部分の金額は必ず貸借対照表の純資産の部のそれぞれの残高と一致させておく必要があります。特に増資や減資があった場合には地方税での均等割の金額に影響を及ぼすため、注意が必要です。

資本金等の額は無償減資によっては影響されない

減資には実際にキャッシュが動く有償減資と、単純に貸借対照表内の動きだけとなる無償減資の2つがあります。無償減資のパターンとしては、「繰越利益剰余金」の金額がマイナスになってしまった場合に、貸借対照表全体の見栄えを良くするなどを理由に、資本金や資本準備金を繰越利益剰余金に移動させる、いわゆる「欠損填補」が代表的といえます。

有償減資の場合には、実際に会社がプールしていた現金が外部に流出するため、貸借対照表上の純資産の部も減少し、『差引合計額』④の部分の金額も減少します。

これにより地方税の均等割の金額判定にも影響することになります。

これに対し、無償減資の場合には、会計処理の中で減資する部分は、資本金からその他資本剰余金へ、そしてその他資本剰余金から繰越利益剰余金へと移動していく流れになります。このときキャッシュが実際に外部に出ていくわけではないため、『差引合計額』④の部分が変動することはありません。つまり、『差引合計額』が変わらなければ、資本金等の額も変わらず、均等割の金額判定にも影響がない、ということになります。

このときの別表5 (1) の書き方としては、実務上でも色々な表現方法があるかもしれませんが、会計処理をそのまま別表に反映させると、**【図表 1–19】**のようになります。

＜無償減資の会計処理＞

(a)	(資本金)	10,000,000	／ (その他資本剰余金)	10,000,000
(b)	(その他資本剰余金)	10,000,000	／ (繰越利益剰余金)	10,000,000

【図表 1–19　無償減資のケースの明細書の動き】

別表五(一)

資本金等の額			△ 10,000,000	△ 10,000,000

Ⅱ　資本金等の額の計算に関する明細書

区分		期首現在資本金等の額	当期の増減		差引翌期首現在資本金等の額 ①−②+③
			減	増	
		①	②	③	④
資本金又は出資金	32	100,000,000 円	円	△10,000,000 円	90,000,000 円
資本準備金	33			(a)	
その他資本剰余金	34		10,000,000	10,000,000	
利益積立金額	35		(b)	10,000,000	10,000,000
差引合計額	36	100,000,000	10,000,000	10,000,000	100,000,000

変動しない

SECTION 4

別表５（2）の役割と明細書の全体像

この章の最後として、別表５⑵の全体像を確認していきます。

別表５⑵は「租税公課の納付状況等に関する明細書」という名称になります。

1 別表５（2）の役割

別表５⑵は、法人税や都道府県民税、市町村民税、法人事業税等などの主に法人税等の税金の納付状況を確認するための明細書になります。ここでは実際に納税したときの会計処理の方法が反映されます。詳細は以下2の全体像の中で確認しますが、別表５⑵はこうした法人税等の税金の納付状況を反映させるための役割を担っているシートということになります。

その他、別表５⑵は、別表４で加算調整の項目として確認した加算税や延滞税などのペナルティである附帯税を認識するための明細書にもなっています。こうした附帯税は損金としては認められず加算調整する必要があるため、別表５⑵の作成を進めていく中で、会計上で費用処理をした附帯税等を改めてここでチェックし直します。

また、決算整理仕訳の中で計上した未払法人税等は、税務上では納税充当金として取り扱われますが、別表５⑵では決算整理仕訳で処理された未払法人税等の計上額を『損金経理をした納税充当金』として認識し、別表に反映させます。

2 別表５（2）の全体像

別表５⑵の重要な役割は当期中の法人税等の税金の納付状況の確認ということになります。実務上、この別表の作成方法には個人差が出るところにはなりますが、本書では会計処理に沿った作成方法を前提に確認していきます。

なお、国税庁から提供されている別表５⑵は**【図表1-20】**のとおりです。

【図表1-20　別表5（2）全体のイメージ】

租税公課の納付状況等に関する明細書

事業年度	・・	法人名	

別表五(二)　令五・四・一以後終了事業年度分

税目及び事業年度			期首現在未納税額 ①	当期発生税額 ②	当期中の納付税額 充当金取崩しによる納付 ③	当期中の納付税額 仮払経理による納付 ④	当期中の納付税額 損金経理による納付 ⑤	期末現在未納税額 ①+②−③−④−⑤ ⑥
法人税及び地方法人税	：：	1	円		円	円	円	円
	××・××・×× ××・××・××	2	1,100,000		1,100,000			0
	当期分 中間	3		1,000,000円			1,000,000	0
	当期分 確定	4		1,300,000				1,300,000
	計	5		2,300,000	1,100,000		1,000,000	1,300,000
道府県民税	：：	6						
	××・××・×× ××・××・××	7	15,000		15,000			0
	当期分 中間	8		20,000			20,000	0
	当期分 確定	9		25,000				25,000
	計	10		45,000	15,000		20,000	25,000
市町村民税	：：	11						
	××・××・×× ××・××・××	12	60,000		60,000			0
	当期分 中間	13		80,000			80,000	0
	当期分 確定	14		85,000				85,000
	計	15		165,000	60,000		80,000	85,000
事業税及び特別法人事業税	：：	16						
	××・××・×× ××・××・××	17		350,000	350,000			0
	当期中間分	18		300,000			300,000	0
	計	19		650,000	350,000		300,000	0
その他 損金算入のもの	利子税	20		300			300	0
	延滞金（延納に係るもの）	21		100			100	0
		22						
		23						
その他 損金不算入のもの	加算税及び加算金	24		10,000			10,000	0
	延滞税	25						
	延滞金（延納分を除く。）	26						
	過怠税	27						
	源泉所得税	28		30,630			30,630	0
		29						

納税充当金の計算

期首納税充当金	30	1,525,000円	取崩額 その他 損金算入のもの	36	円
繰入額 損金経理をした納税充当金	31	1,810,000	取崩額 その他 損金不算入のもの	37	
繰入額	32		取崩額 その他	38	
繰入額 計 (31)＋(32)	33	1,810,000	取崩額 仮払税金消却	39	
取崩額 法人税額等 （5の③）＋（10の③）＋（15の③）	34	1,175,000	計 (34)＋(35)＋(36)＋(37)＋(38)＋(39)	40	1,525,000
取崩額 事業税及び特別法人事業税 （19の③）	35	350,000	期末納税充当金 (30)＋(33)－(40)	41	1,810,000

通算法人の通算税効果額の発生状況等の明細

事業年度		期首現在未決済額 ①	当期発生額 ②	当期中の決済額 支払額 ③	当期中の決済額 受取額 ④	期末現在未決済額 ⑤
：：	42	円		円	円	円
：：	43					
当期分	44		中間 円 確定			
計	45					

3 法人税等の税金の納付状況

4 租税公課の納付状況

5 会計上の未払法人税等の動き

ここでは別表5（2）を大きく3つに分類して全体像を確認していきます。その区分としては、❸法人税等の税金の納付状況の動きを反映した部分、❹会計上「租税公課」として仕訳されているものを『その他』欄に集約してその動きを反映した部分、そしてこれらのうち❺「未払法人税等」を使って会計処理されたものの動きを反映した部分の3つになります。

❸ 法人税等の税金の納付状況

まず、別表5（2）に表示されている各税目の『期首現在未納税額』①の部分ですが、ここは実際の前期の確定税額となります。つまり、前期の別表5（2）の各税目の『期末現在未納税額』⑥の部分が転記されています。

ただし、法人事業税等に限っては、前期の未納税額が確定していても『期首現在未納税額』①の部分は空欄となり、『当期発生税額』として②の部分に前期の確定税額が記載されます。法人事業税等は他の税目とは違い損金算入できる税金ということになるため、他の税目の処理とは異なると考えてよいでしょう。

次に、各税目の『当期発生税額』②の部分ですが、ここは当期に納付した中間納税の金額と、当期末時点での確定未納税額（年間税額から中間納税分を差し引いた金額）を記載することになります。

なお、法人事業税等に限っては、上記のとおり前期の確定税額が記載されます。また、法人事業税等には、他の税目に表記されている『確定』という部分がないため、当期末時点での確定未納税額は記載しません。

そして、各税目の『当期中の納付税額』として③～⑤の部分になりますが、ここが別表5（2）の記載方法を説明するうえでのメインの箇所といえます。なるべく理解しやすいように事例を使いながら確認していきます。

まず、③～⑤の部分の使い方の特徴をまとめると、**【図表1-21】**のとおりとなります。

【図表 1-21　納付した法人税等の会計処理による区分】

当 期 中 の 納 付 税 額		
充当金取崩しによる納付	仮払経理による納付	損金経理による納付
③	④	⑤
↓ 「充当金」 ‖ 「未払法人税等」 などのB/Sの 負債科目による処理 (1)	↓ 「仮払」 ‖ 「仮払税金」 などのB/Sの 資産科目による処理 (2)	↓ 「損金」 ‖ 「法人税等」 などのP/Lの 費用科目による処理 (3)

【図表 1-21】では、法人税などの税金を実際に納付したときに、その相手勘定として会計上どのような科目を使って処理をしたのか、これによって、それぞれ③～⑤の部分の使い分けをするということを表しています。

(1)　充当金取崩しによる納付

『充当金取崩しによる納付』の部分は、会計上の処理として「未払法人税等」を取り崩すことによって法人税などの税金の納付処理をしたケースで使います。充当金とは納税充当金のことになりますが、これまでのとおり、納税充当金というのは会計上の未払法人税等と同義になります。つまり、『充当金取崩しによる納付』とは、法人税などの税金の納付に際して、次のように「未払法人税等」によって納付処理をすることをいい、「未払法人税等」という勘定科目に限らず貸借対照表の負債科目で処理した場合には、別表５ (2) ではこの『充当金取崩しによる納付』で処理することになります。

（未払法人税等）	1,100,000	／	（現預金）	1,100,000	：法人税及び地方法人税
（未払法人税等）	15,000	／	（現預金）	15,000	：法人道府県民税
（未払法人税等）	60,000	／	（現預金）	60,000	：法人市町村民税
（未払法人税等）	350,000	／	（現預金）	350,000	：法人事業税等

この処理は、前期の決算整理仕訳で確定した法人税等の税金を未払法人税等として計上し、翌期にこれを未払法人税等を使って納税する場合の流れとなり、実務の中では最も一般的な処理の流れといえます。

例えば、3月決算であれば、納付期限となる翌期の5月にこのような仕訳が入ることが多いといえますが、その前に前期の決算整理仕訳の中で次のような仕訳によって未払法人税等が計上されています。

＜前期・決算整理仕訳＞

（法人税等）1,100,000 ／（未払法人税等）1,100,000 ：法人税及び地方法人税

（法人税等）15,000 ／（未払法人税等）15,000 ：法人道府県民税

（法人税等）60,000 ／（未払法人税等）60,000 ：法人市町村民税

（法人税等）350,000 ／（未払法人税等）350,000 ：法人事業税等

このように、3月決算の場合には、当期の5月に納付した法人税等の税金は、会計上で前期の決算整理仕訳で計上した未払法人税等を取り崩して納付する、つまり、「（納税）充当金（の）取崩しによる納付」の処理によって納税しているということになります。これを別表で表現してみると、**【図表1-22】**のようになります。

【図表1-22 「未払法人税等」（負債科目）を使って法人税等を納付したケース】

税目及び事業年度			期首現在未納税額	当期発生税額	当期中の納付税額			期末現在未納税額 ①＋②－③－④－⑤
					充当金取崩しによる納付	仮払経理による納付	損金経理による納付	
			①	②	③	④	⑤	⑥
法人税及…地方法人…	：　：	1						
	△△・4・1 ××・3・31	2	1,100,000		1,100,000			0
道府県…	：　：							
	△△・4・1 ××・3・31	7	15,000		15,000			0
市町村…	：　：							
	△△・4・1 ××・3・31	12	60,000		60,000			0
事業税及…特別法人事…	：　：							
	△△・4・1 ××・3・31	17		350,000	350,000			0

別表五(二)

（未払法人税等）×××
／（現預金）×××

前期確定未納法人税等の金額
＝　前期B/S「未払法人税等」

⑵　仮払経理による納付

『仮払経理による納付』とは、法人税などの税金を仮払税金や仮払金、未収還付法人税等など、特に勘定科目の名称にこだわることはありませんが、貸借対照表上の資産科目で納付処理をしたケースをいいます。具体的には、法人税などの税金の納付の際に、会計上次のような処理を行った場合が該当します。

（仮払税金）1,000,000 ／ （現預金）1,000,000 ：法人税及び地方法人税
（仮払税金） 20,000 ／ （現預金） 20,000 ：法人道府県民税
（仮払税金） 80,000 ／ （現預金） 80,000 ：法人市町村民税
（仮払税金） 300,000 ／ （現預金） 300,000 ：法人事業税等

法人税などの税金を納付する際にこのような会計処理が行われるのは、当期の中間納付をするケースが多いといえます。⑴と同じようにこのケースでの別表5（2）の作成方法を確認すると、**【図表1-23】**のようになります。

【図表1-23 「仮払税金」（資産科目）を使って法人税等を納付したケース】

税目及び事業年度			期首現在未納税額	当期発生税額	当期中の納付税額			期末現在未納税額
					充当金取崩しによる納付	仮払経理による納付	損金経理による納付	①＋②－③－④－⑤
			①	②	③	④	⑤	⑥
地方法人税及…	：：	1						
	：：	2						
	当期分 中間	3		1,000,000		1,000,000		0
	当期分 確定	4						
道府県…	：：							
	当期分 中間	8		20,000		20,000		0
	当期分 確定	9						
市町村…	：：							
	当期分 中間	13		80,000		80,000		0
	当期分 確定	14						
特別法人事業税及…	：：							
	当期中間分	18		300,000		300,000		0

別表五㈡

（仮払税金）×××
／（現預金）×××

当期中に納付した中間法人税等

⑶ 損金経理による納付

最後に、『損金経理による納付』についてですが、ここは法人税等の税金の納付の処理に当たり、以下の仕訳のように「法人税、住民税及び事業税」（ここでは「法

人税等」という勘定科目を使います）などの損益計算書上の費用科目で処理する場合に使います。実務上、法人税等の中でも法人事業税等については損金算入することができるため、法人事業税等だけを「租税公課」で処理している会社もありますが、これについても損益計算書上の費用科目で処理していることに変わりはなく、同じように『損金経理による納付』に該当します。

（法人税等） 1,000,000	／	（現預金） 1,000,000	：法人税及び地方法人税
（法人税等） 20,000	／	（現預金） 20,000	：法人道府県民税
（法人税等） 80,000	／	（現預金） 80,000	：法人市町村民税
（法人税等） 300,000	／	（現預金） 300,000	：法人事業税等

このような仕訳が登場するのは、⑵のケースと同様に期中で中間納付をした場合か、あるいは修正申告等によって追徴された場合などが考えられます。これまでと同じように、この仕訳を別表5(2)に反映させてみると**【図表1-24】**のようになります。

【図表1-24 「法人税等」（費用科目）を使って法人税等を納付したケース】

税目及び事業年度				期首現在未納税額	当期発生税額	当期中の納付税額 充当金取崩しによる納付	当期中の納付税額 仮払経理による納付	当期中の納付税額 損金経理による納付	期末現在未納税額 ①+②−③−④−⑤
				①	②	③	④	⑤	⑥
法人税及…地方法人…	： ：		1						
	： ：		2						
	当期分	中間	3		1,000,000			1,000,000	0
		確定	4						
道府県…	： ：								
	当期分	中間	8		20,000			20,000	0
		確定	9						
市町村…	： ：								
	当期分	中間	13		80,000			80,000	0
		確定	14						
特別法人事業税及…	： ：								
	当期中間分		18		300,000			300,000	0

別表五(二)

（法人税等）×××
／（現預金）×××

当期中に納付した中間法人税等

⑷　応用編で最終チェック！（ケース１とケース２）

応用編として、法人税などの納税に当たり、納税充当金の取崩しや仮払経理、損金経理など会計処理方法が混在するケースで最終チェックをしてみましょう。

例えば、決算整理を行っている中で申告期限の間際となり未払法人税等を概算で計上せざるを得ない状況になることもあります（ケース1）。また、未払法人税等が一旦確定したにもかかわらず、その後計上しなければならない売上の計上漏れが発覚して追加仕訳が入ったことで、未払法人税等の金額が確定税額とズレたままで申告を迎えてしまうケースもあります（ケース2）。

しかし、決算で会計上未払法人税等がどんな金額になったとしても直接課税所得には影響しないため、申告上問題になることはありません。ただし、翌期に納税が完了しても会計上では未払法人税等がゼロにはならず、これを解消するための仕訳が必要になってきます。これによって翌期の別表５（2）についてもひと手間必要になるため、慎重に作成を進めていくことになります。

≪ケース１≫

まずは**≪ケース１≫**についてですが、ここでは前期の決算整理で次の仕訳のように未払法人税等を税目別ではなく一括で概算計上しているケースになります。未払法人税等が概算で計上されている以上、翌期になって実際に納付する税額とは異なることが想定されますが、その中でも確定税額の方が多くなってしまったときの当期の別表５（2）の作成方法について確認してみます。

＜前期：決算整理仕訳＞
（法人税等）1,420,000 ／（未払法人税等）1,420,000　：未払法人税等（概算）

実際の確定税額

・法人税及び地方法人税…………1,100,000円

・法人道府県民税……………………15,000円

・法人市町村民税……………………60,000円

・法人事業税等………………………350,000円

確定税額の合計　1,525,000円

このように、実際の納付の金額が、前期の決算で計上した未払法人税等の金額よりも105,000円（納付税額1,525,000円－前期に計上した未払法人税等の額1,420,000円）多くなりました。

＜当期：期中（納税時）＞

（未払法人税等）1,420,000　／　（現預金）1,525,000

（法人税等）　　105,000　／

↓

「未払法人税等」（B/S）で処理しきれなかった差額は、「法人税等」（P/L）で処理することに。

こうして前期に計上した未払法人税等の見積もり金額が少なく、その残高を超えて納税が発生すると、当期に前期の確定税額を納付した際には、その差額は「法人税等」などの費用科目で処理することになります。

このとき、前期の決算で計上した未払法人税等を超えたことで「法人税等」として処理をした部分が、どの税目で超過したのか（法人税なのか、道府県民税なのかなど）はっきりしませんが、この申告では納税額が大きい「法人税及び地方法人税」において不足が生じたものとして処理することにしてみます。

この場合の別表5（2）は**【図表1-25】**のようになります。

【図表 1-25 「未払法人税等（前期 B/S）」＜「確定税額」（ケース 1）】

別表五(二)

税目及び事業年度			期首現在未納税額	当期発生税額	当期中の納付税額 充当金取崩しによる納付	仮払経理による納付	損金経理による納付	期末現在未納税額 ①＋②－③－④－⑤
			①	②	③	④	⑤	⑥
地方法人…法人税及…	： ：	1						
	△△・4・1 ××・3・31	2	1,100,000		995,000		105,000	0
道府県…	： ：							
	△△・4・1 ××・3・31	7	15,000		15,000			0
市町村…	： ：							
	△△・4・1 ××・3・31	12	60,000		60,000			0
特別法人事…事業税及…	： ：							
	△△・4・1 ××・3・31	17		350,000	350,000			0

→ P/L で処理された部分
（法人税等）105,000
／（現預金）105,000

合計＝1,420,000 円
＝前期 B/S「未払法人税等」
→（未払法人税等）×××
／（現預金）×××

つまり、会計上「法人税等」として処理された部分は、何らかの形で別表 5（2）の『損金経理による納付』の欄で処理しておく必要があります。

≪ケース 2≫

続いて**≪ケース 2≫**では、一旦決算整理によって未払法人税等が確定したにもかかわらず、その後追加仕訳が発生したものの、未払法人税等には修正を加えずに一旦確定させた未払法人税等の金額でそのまま申告へと進んだケースになります。

実務上、こういったケースは中小企業の決算では珍しいケースになるかもしれません。一旦決算で未払法人税等が確定しているため、次の仕訳のように税目別に未払法人税等を計上している場合も想定されるため、今度は会計上税目別に未払法人税等が計上されているケースで考えていくことにします。

なお、計上した未払法人税等の金額は**≪ケース 1≫**と同額の 1,420,000 円にしておきます。

＜前期・決算整理仕訳＞

（法人税等）	1,025,000	／	（未払法人税等）	1,025,000	：法人税及び地方法人税
（法人税等）	14,000	／	（未払法人税等）	14,000	：法人道府県民税
（法人税等）	56,000	／	（未払法人税等）	56,000	：法人市町村民税
（法人税等）	325,000	／	（未払法人税等）	325,000	：法人事業税等

実際の確定税額が**≪ケース 1≫**と同じであれば、**≪ケース 2≫**においても**≪ケース 1≫**の＜当期：期中（納税時）＞と同じような仕訳になるはずです。

しかし、**≪ケース 2≫**の場合、前期の決算で各税目別にそれぞれ未払法人税等を計上しているため、これを超えて納付した部分についてはそれぞれ税目ごとに分解して別表5（2）に反映させることができます。これを別表5（2）で表現すると、**【図表 1-26】**のようになります。

なお、これらのケースとは逆に前期の決算整理仕訳で計上した未払法人税等の金額が確定税額よりも大きくなるケース（未払法人税等（前期 B/S）＞「確定税額」）も考えられます。こうしたケースの処理については、第 4 章**事例 3** で確認することにします。

【図表 1-26 「未払法人税等（前期 B/S）」＜「確定税額」（ケース 2)】

税目及び事業年度			期首現在未納税額	当期発生税額	当期中の納付税額			期末現在未納税額 ①＋②－③－④－⑤
					充当金取崩しによる納付	仮払経理による納付	損金経理による納付	
			①	②	③	④	⑤	⑥
法人税及… 地方法人…	： ：	1						
	△△・4・1 ××・3・31	2	1,100,000		1,025,000		75,000	0
道府県…	： ：							
	△△・4・1 ××・3・31	7	15,000		14,000		1,000	0
市町村…	： ：							
	△△・4・1 ××・3・31	12	60,000		56,000		4,000	0
特別法人事… 事業税及…	： ：							
	△△・4・1 ××・3・31	17		350,000	325,000		25,000	0
					合計		合計	

別表五(二)

分解

前期末払計上した金額

差額＝期首（①）－充当取崩（③）

1,420,000 ＝「未払法人税等」の当期の取崩し合計額

105,000 ＝「法人税等」の当期計上額

4 （法人税等以外の）租税公課の納付状況

別表5 (2) は、法人税等だけではなく、その他の租税公課に関する納付状況も記載することができます。具体的には、別表5 (2) の真ん中部分で、税目欄でいえば『その他』の欄ということになります。すでに別表に印字してある部分は、納付すべき国税や地方税の未納等に対するペナルティになりますが、これらの中でも損金算入されるものと損金不算入となるものに区分されます。

損金算入が認められるのは、延納が認められた部分の延滞に対するペナルティで、国税ではこれを利子税といい、地方税ではこれを延滞金といいます。定時株主総会が事業年度終了の日から3か月以内に開催することとしている会社に配慮して申告

期限を1か月延長することが認められていますが、その延長された期間内に納付することを延納といいます。

その他、税務調査などによって追加で納税することとなった場合にペナルティとして課せられる過少申告加算税や、源泉所得税の納付の遅れによって課せられる不納付加算税、印紙税のペナルティとなる過怠税などは、会計上「租税公課」や「雑損失」などの費用科目で処理されることが多いですが、これらは申告上損金不算入となるため、別表5(2)の中に反映させておいて損金不算入となるペナルティを認識しておきます。

また、交通違反などの「罰科金」と呼ばれるものなども、損金不算入になる租税公課（雑損失）としてここで確認しておくべきペナルティの1つになります。

5 「未払法人税等」の動き（納税充当金の計算）

これまでのとおり、納税充当金とは、会計上の「未払法人税等」をいいます。別表上の計算の流れとは異なりますが、会計上で処理される流れを時系列で捉えると**【図表1-27】**のようになります。

【図表1-27　納税充当金の計算の流れ】

期首残高（＝前期末「未払法人税等」の残高）
（－）当期に取崩した前期計上の「未払法人税等」　＜取崩額＞
（＋）当期の決算整理で計上した「未払法人税等」　＜繰入額＞
期末残高（＝当期末「未払法人税等」の残高）

別表上では、期首の納税充当金の残高に当期の繰入れ分が加算され、当期の取崩し分が減算される作りになっています。繰入れとは決算整理仕訳の中で損金経理によって未払法人税等を計上することをいいます。つまり、ここでは次のような仕訳が反映されることになります。

（法人税等）1,810,000　／　（未払法人税等）1,810,000

また、取崩しとは、会計上では「未払法人税等」を「借方」項目で処理した部分をいい、別表5(2)の中では**【図表1-21】**の『充当金取崩しによる納付』によって処理された部分の合計がここに集約されます。

このように、別表5(2)における『納税充当金の計算』の部分は、会計上の処理の流れと一致させるように作成していきます。そして、最終値の『期末納税充当金』の部分の金額は、貸借対照表の負債の部に計上されている「未払法人税等」の金額と必ず一致することになります。

第2章

別表4と別表5（1）と別表5（2）のそれぞれの関係

SECTION 1

別表4と別表5（1）の関係

第1章では、会計上の仕訳とともに別表4、別表5（1)、別表5（2）の全体像について確認しました。簡単におさらいしておくと、別表4は課税所得を計算するシート、別表5（1）は税務上の処理と会計上の処理との間で異なる処理となった場合にその差異を集計するためのシート、そして別表5（2）は税金費用をはじめとする租税公課についてその納付状況と損金性について確認するためのシートということになります。

そして、これらは税金計算をするうえでは欠かせない別表ですが、それぞれの別表に計上された金額は、各別表間でお互いに深く関わっている部分が多いといえます。

そこで、この章では別表4、別表5（1）そして別表5（2）それぞれの別表同士の関係について確認していきます。

まずは、最も関係が深いといえる別表4と別表5（1）の関係について見ていくことにします。

1　別表4と別表5（1）の関係

第1章でも確認したように、会計上の処理と税務上の処理とではそれぞれルールが異なるため、その処理方法が必ずしも一致するとは限りません。会計の世界では、保守主義の原則や重要性の原則などが重視されるため、会社の恣意性がある程度認められています。一方で、税務の世界では公平性や中立性などが強く求められています。それぞれ重要視するポイントが違うため、会計と税務で処理のルールが異なる要因になっているといえます。

こうした背景の中で、税務申告においては、会計上のルールに従って処理されたものを、税務上のルールに変換して課税所得を計算することになりますが、そのためのツールが別表4ということになります。なお、会計上の処理と税務上の処理とのルールの違いによって生じた差異の部分は、申告上では**【図表2-1】**のように、2

つの性格のものに区分されます。

【図表 2-1　別表 4 で区分される留保と社外流出】

留保	会計上、収益又は費用として処理されたもののうち、その計上のタイミングが会計上と税務上で異なるため、申告上は一旦これを否認するものの、将来必ず解消（益金又は損金として処理）することができるもの。
社外流出	会計上、収益又は費用として処理されたもののうち、税務上において益金又は損金とはならない部分で、翌期以降もこれを益金又は損金として取り扱うことができずに切り捨てられるもの。

そして、**【図表 2-1】**のうち、別表 4 で「留保」するものとして選択された部分が将来のどこかで解消されるための待機場所として用意されたシートが別表 5（1）ということになります。別表 5（1）に計上されることとなった部分は、1 年ですべてが解消されるものもあれば、長期間にわたって少しずつ解消されていくものもあります。

2　事例でみる具体的な関係

それでは、イメージをつかみやすいように、第 1 章と同様に仕訳をもとに確認していくことにします。

(1)　事例 1：各種引当金の取扱い

課税所得を計算するうえで別表 4 の中で加算調整される項目として代表的なものの 1 つが各種引当金といえるでしょう。中小企業では、これら引当金の中でも損金算入が認められている貸倒引当金を、税務上で定める限度額の範囲内で計上しているケースは多く見受けられます。しかし、それ以外の引当金、例えば賞与引当金や退職給付引当金などのような引当金を積極的に計上しているケースはそれほど多くはありません。ただ、ここでは別表間の仕組みの理解が少しでも進むように、簿記の学習の中においても比較的馴染みのある「賞与引当金」を使って別表 4 と別表 5（1）の関係を確認してみることにします。

それでは、まず、賞与引当金の計上に関する会計処理を見ていきますが、その前に賞与引当金の性格について確認しておきます。

賞与引当金とは、翌期に支給予定の賞与見込額のうち、当期に負担すべき部分を計上するための見積額をいいます。賞与引当金の計算に当たっては、**【図表 2-2】**のように、賞与の支給による費用負担をそれぞれの事業年度で期間対応させます。

【図表 2-2　賞与引当金の計上方法】

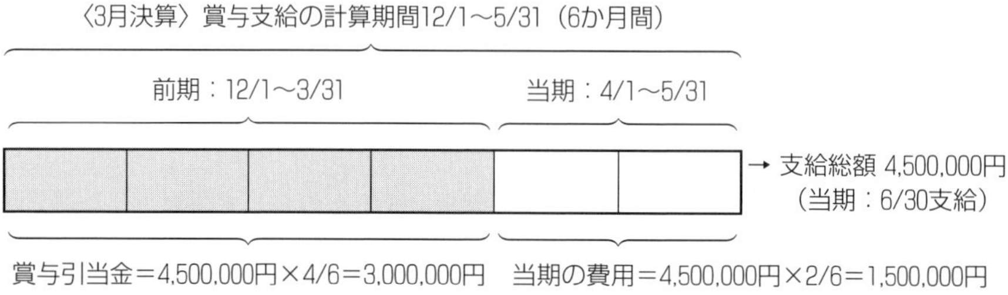

【図表 2-2】に従えば、賞与引当金を計上するに当たっては、前期の決算整理仕訳の中で、例えば、次のような処理がなされているはずです。

＜前期：決算整理＞
（賞与引当金繰入額）3,000,000　／　（賞与引当金）3,000,000

これにより、会計上では「賞与引当金繰入額」が費用として損益計算書に計上され、その相手勘定として貸借対照表に「賞与引当金」が計上されます。税務上、賞与引当金の繰入れについては損金算入が認められていないため、この繰入額の3,000,000 円は別表 4 で加算調整（否認）することになります。

そして、当期に入り期中（6/30）に賞与 4,500,000 円が支給され、その後、同じ年度内の 12 月頃に冬の賞与の支給などがあるかもしれませんが、これは期をまたがないため、単純に賞与として費用処理がなされるだけになります。こうして当期の決算を迎え、改めて決算整理仕訳として、翌期支給・当期負担分の賞与引当金を新たに2,500,000円計上することとした場合には、次のような会計処理をすることになります。

なお、ここでは、前期に計上した賞与引当金に対しては、期中では何も処理をすることなく決算整理仕訳の中でこれを取り崩し、改めて当期分の賞与引当金を計上し直す、いわゆる洗替処理を行うことにします。

＜当期：期中＞				
（賞与）	4,500,000	／	（現預金）	4,500,000 ……(a)
＜当期：決算整理＞				
（賞与引当金）	3,000,000	／	（賞与引当金戻入額）	3,000,000 ……(b)
（賞与引当金繰入額）	2,500,000	／	（賞与引当金）	2,500,000

この仕訳に従い、別表4と別表5（1）の関係を確認していきますが、ひとまずここは＜当期：決算整理＞で計上し直した新たな賞与引当金（2,500,000円）は考えないことにします。

そうすると、当期の損益計算書には、**【図表2-3】**のように、実際にキャッシュアウトした賞与の支給額4,500,000円（a）が費用として計上され、前期に計上した賞与引当金3,000,000円（b）が洗替処理によって戻入れ額として収益に計上されます。

【図表2-3　損益計算書（一部抜粋）】

損　益　計　算　書
（自　○○年4月1日　至XX年　3月31日）

科　　　目	金　　額		
売　上　高		…	
売　上　原　価		…	
売　上　総　利　益		…	
給与手当	…		
賞与	4,500,000	……………………	(a)
販売費及び一般管理費		…	
営　業　利　益		…	
営業外収益		…	
賞与引当金戻入額	3,000,000	……………………	(b)

ここで損益計算書の当期純利益に着目してみると、最終的に賞与として費用計上

される部分は 1,500,000 円（4,500,000 円（販管費）－3,000,000 円（営業外収益））ということになります。

つまり、当期に実際にキャッシュアウトした賞与のうち、前期に属する部分の 3,000,000 円は賞与引当金としてすでに前期に費用計上済みであり、当期に属する部分の 1,500,000 円だけが当期分の費用になっています。結果として、会計上では期間に応じた費用配分が実現しているといえます。

これに対し、税務上損金として認められる賞与の額は、実際にキャッシュアウトして確定した金額になります。そのため、損益計算書上の最終の当期純利益のまま課税所得を計算してしまうと、賞与として当期に損金算入される金額は 1,500,000 円だけということになってしまいます。

そこで、今度は前期に損金不算入として加算調整（否認）をした賞与引当金の 3,000,000 円に注目します。この部分は前期に損金算入できなかったものなので、これを当期に損金算入させ、損益計算書の中で費用処理された賞与の額 1,500,000 円と合わせると 4,500,000 円になります。つまり、課税所得を計算するうえでも、当期に実際に支給した賞与の額とイコールになることで、キャッシュアウトした賞与の部分が全額損金算入されることになります。

このように、別表 4 の中で加算調整（否認）されたもののうち、翌期以降に解消されるものは、加算調整した段階で「留保」項目として取り扱います。そして、これら留保項目として取り扱われた部分は別表 5 (1) へと転記され、別表 5 (1) には翌期以降に解消される留保部分が集約されます。こうして、別表 5 (1) は別表 4 で留保項目として取り扱われた部分を待機させておくための役割を担うことになります。

それでは、ここまでの一連の流れを**【図表 2-4】**を使って確認してみます。

【図表2-4　賞与引当金に係る別表4と別表5（1）と一連の流れ】

≪前期≫

別表四

区分		総額	処分	
			留保	社外流出
		①	②	③
加算				
	賞与引当金繰入超過額（否認）	3,000,000	→ 3,000,000	

❶ 加算留保 → 別表5（1）の「増」へ

別表五(一)

区分	期首現在利益積立金額	当期の増減		差引翌期首現在利益積立金額 ①－②＋③
		減	増	
	①	②	③	④
賞与引当金			3,000,000	3,000,000

❷

⇩

≪当期≫

別表四

区分		総額	処分	
			留保	社外流出
		①	②	③
減算				
	賞与引当金繰入超過額認容（認容）	3,000,000	→ 3,000,000	

❸ 減算留保 → 別表5（1）「減」へ

別表五(一)

区分	期首現在利益積立金額	当期の増減		差引翌期首現在利益積立金額 ①－②＋③
		減	増	
	①	②	③	④
賞与引当金	3,000,000	3,000,000		

消滅

【図表 2-4】に沿って、上から順に別表4と別表5（1）の関係を見ていきましょう。

まず、前期に繰り入れた賞与引当金3,000,000円は、会計上前期の費用に含まれます。これらは税務上損金として扱うことができないため、≪前期≫の別表4で加算調整（否認）されます。しかし、この部分は翌期以降に賞与の支給が実現すればこれを支給した事業年度に損金算入することができるもの、つまり、前期の時点では損金不算入となったものの、翌期以降に損金算入できるものとして待機させておくものになるため、別表4では『留保』として取り扱います。

次に、別表4で『留保』とした部分は、別表5（1）へと転記されていきます（❶）。別表4で加算したものは別表5（1）では『増』の部分へ、別表4で減算したものは別表5（1）では『減』の部分へと転記されることになりますが、このケースでは会計上で繰り入れた賞与引当金は申告上では加算調整しているため、別表5（1）の『増』の部分に転記されます。

そして、≪当期≫になり、賞与が支給されることになるわけですが、会計上ではその一部は前期に賞与引当金としてすでに費用として認識された部分となります。しかし、税務上では前期にこの部分が否認されているため、実際に賞与が支給された≪当期≫に損金として認識できることになります。その手順として、前期の別表4の中で加算調整された部分をそのまま≪当期≫で減算調整すれば、これらは当期の損金になります（❷）。

なお、≪当期≫の別表の処理としては、≪前期≫に加算調整された部分は≪当期≫の別表5（1）に引き継がれているため、これを別表4で減算してそのまま別表5（1）の『減』の部分に転記すれば（❸）、前期分の繰越し分が相殺されることになります。

ちなみに、≪当期≫における別表4と別表5（1）の作成手順についてですが、実務的には**【図表 2-4】**と逆の流れになるでしょう。つまり、**【図表 2-4】**では前期分の賞与引当金を別表4で減算調整し、これを別表5（1）に転記しました。しかし、当期分の申告書を作成する段階では通常は前期の期末残高、つまり当期の期首残高の確認から始めていくことになります。そのため、まずは、別表5（1）に集約された留保部分の解消の判断から進めていくことになり、実務上は別表5（1）において期首の賞与引当金を『減』の部分を使って相殺し、これを減算調整するために別表4に転記するという流れになるでしょう。

損益計算書と別表4の関係

ここで補足として、賞与引当金を例に損益計算書と別表4で計算される課税所得との関係を見ていきます。

まずは前期の処理から順に確認していきます。例えば、前期の会計処理が仮にこの賞与関連のものだけだとすれば、**【図表 2-5】**のように損益計算書は賞与引当金として繰り入れた費用のみとなり、当期純利益（損失）は、△ 3,000,000 円となります。

そして、この損益計算書上の当期純利益（損失）の額を別表4に反映させることになりますが、このとき、税務上では賞与引当金に係る繰入額は損金算入することができないため、**【図表 2-5】**の別表4のように賞与引当金繰入額 3,000,000 円は加算調整（否認）され、結果として前期の所得金額はゼロとなります。つまり、前期の段階では賞与関連の処理については税務上全く損金として認識されなかったことになります。

【図表 2-5 （前期）損益計算書と別表4の関係】

損益計算書（概略）

賞与引当金繰入額	（費用）	△	3,000,000
当期純利益（損失）		△	3,000,000

転記

（別表 4）

区　　分			総　額 ①
当期利益又は当期欠損の額		1	△ 3,000,000
加算			
	賞与引当金繰入超過額		3,000,000
所得金額又は欠損金額		52	0

同じように、当期もこの賞与関連の処理だけだとすれば、損益計算書上の当期純利益（損失）は**【図表 2-6】**のように、実際に支給した賞与の額 4,500,00 円から前期に計上した賞与引当金の戻入額を控除した△ 1,500,000 円となります。費用の額が戻入額を上回っているので、当期純利益はマイナスです。

そして、別表４にこの当期純利益（損失）をこのまま単純に反映させるだけならば、**【図表 2-6】**の別表４のように、所得（欠損）金額はそのまま△ 1,500,000 円となります。

【図表 2-6　損益計算書と別表４の関係（第１段階）】

損益計算書（概略）

賞与	（費用）	△	4,500,000
賞与引当金戻入額	（収益）	＋	3,000,000
当期純利益（損失）		△	1,500,000

（別表４）

区　　分		総　額
		①
当期利益又は当期欠損の額	1	△ 1,500,000
所得金額又は欠損金額	52	△ 1,500,000

転記（損益計算書 当期純利益（損失）△ 1,500,000 → 別表４ 当期利益又は当期欠損の額）

しかし、会計上では、前期に引当金として繰り入れた賞与引当金 3,000,000 円と、当期分の費用計上の金額 1,500,000 円の合計＝4,500,000 円が２年間を通じて費用計上することができています。

これに対し、税務上では、前期の課税所得はゼロで、当期の課税所得は△ 1,500,000 円となってしまっています。つまり、この段階では 1,500,000 円しか損金算入できていないことになります。せっかく費用（経費）になるものだと思ってキャッシュアウトした賞与が、このままでは一部の賞与しか損金になっていません。

そこで、会計上賞与として費用化された 4,500,000 円について、税務上においてもその全額を損金にするためには別表上での調整を行うことになります。つまり、前期に否認した賞与引当金 3,000,000 円を当期の損金にし、**【図表 2-6】**の当期純利益の 1,500,000 円の損失に足せば、実際に当期にキャッシュアウトした賞与全額の損金算入が実現することになります。

では、賞与引当金に相当する 3,000,000 円はどんな性格のものなのでしょうか。この 3,000,000 円は、税務上では前期に否認した 3,000,000 円であり、会計上では洗替処理によって当期に収益計上されたものでもあります。このように、この3,000,000円は、税務上益金（損金不算入＝益金）として認識したタイミング（前期）と、会計上収益として認識したタイミング（当期）がズレていることになります。

そこで、こうした点を踏まえ、**【図表 2-7】**を使って損益計算書と別表4の関係についてまとめてみます。

【図表 2-7　損益計算書と別表4の関係（第2段階）】

前期：（別表4）

区　　分			総　　額 ①
加算			
加算	賞与引当金繰入超過額		3,000,000
加算			

当期：損益計算書（概略）

賞与	（費用）	△	4,500,000
賞与引当金戻入額	（収益）	＋	~~3,000,000~~
当期純利益（損失）		△	1,500,000

減算したことにより仮に取り消したとすると

⇒ △ 4,500,000 ❸

転記

❷

当期：（別表4）

区　　分			総　　額 ①
当期利益又は当期欠損の額		1	△ 1,500,000
加算			
加算			
減算	❶ 賞与引当金繰入超過額認容		3,000,000
減算			
所得金額又は欠損金額		52	△ 4,500,000

一致

【図表 2-7】を順に見ていきます。

前期に税務上損金としては認められなかった賞与引当金繰入額は、当期に賞与が支給されたことで今度は当期に損金として認められることになります（❶）。この部分は当期の損益計算書上では洗替処理によって収益として認識される部分になりますが、前期に加算調整（否認）した賞与引当金を当期に減算処理して損金算入すれば、申告上では損益計算書上の賞与引当金戻入額を取り消してくれます（❷）。

つまり、**【図表 2-7】**のとおり、別表４において前期に計上した賞与引当金を減算調整し、会計上当期に計上された賞与引当金戻入額を取り消せば、損益計算書上の当期純利益も別表４の所得金額も同じ△4,500,000円（❸）で一致することになります。

⑵ 事例２：減価償却超過額の取扱い

事例１では、賞与引当金のように前期に税務上否認されたものが、全額翌期に解消するケースを確認しましたが、過去に発生した加減算項目のすべてが翌期に解消されるわけではありません。

別表４で加算調整されたもののうちいずれ解消されるものは留保項目として別表５（1）に転記されることになりますが、長期間別表５（1）に残り続けることもあり得ます。

こうした長期間にわたって別表５（1）に残り、徐々に解消されていくものの代表例として、減価償却超過額が挙げられます。減価償却超過額は、会計上期間費用とするために固定資産として計上し減価償却していくべきものを消耗品費や修繕費などによって一時に費用処理した場合にも発生します。しかし、税務上では、固定資産が法的に定義され、その償却も法定耐用年数によって拘束されているため、一時に損金処理することは、原則として認められていません。そのため、本来は固定資産であるにもかかわらず、会計上でこれを一時に費用処理した場合には、これらのうち当期の費用（損金）として認められない部分を一旦取り消して（否認して）、これを一定期間にわたって徐々に損金化していく、というのが税務上の流れになります。

それでは、「減価償却超過額」の税務上の取扱いについて、第１章で取り上げた**【図表 1-12】**と**【図表 1-13】**を使ってイメージしていきます。第１章では別表４だけの処理で終わっていましたが、その続きの流れとして別表５（1）も含めた動きについて確認していきます。

＜前期＞
（消耗品費）1,000,000　／　（現預金）1,000,000
※税務上、償却方法：定率法、法定耐用年数4年（償却率0.5）
＜当期＞
処理なし

【図表1-12】では、前期において、固定資産（ここでは器具備品とし、期首に取得したものとします）として計上すべきだったものを、会計上では消耗品費として全額費用処理していました。しかし、本来は、1,000千円×0.5（償却率）×12月／12月＝500千円しか損金計上が認められません。

【図表1-12　減価償却超過額の算定（再掲）】

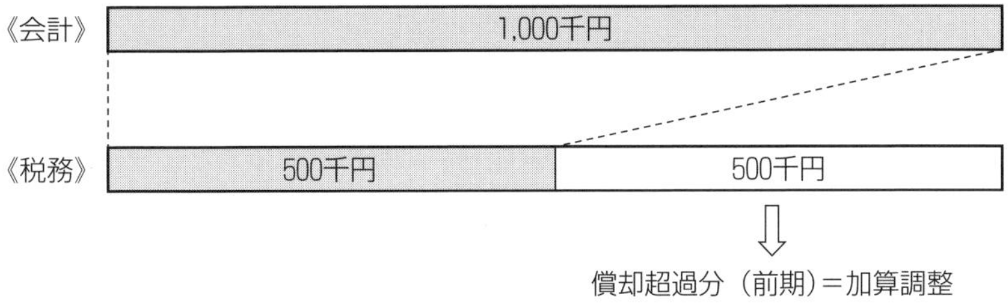

そのため、これを取得した前期の別表4の中で「減価償却超過額」として会計上費用計上した1,000千円のうち、当期の損金部分には属さない500千円を加算調整（否認）することになります。

そして、償却超過額として前期に加算調整され、損金不算入とされた部分は、翌期以降、税務上の償却方法に従って損金算入していくことが認められています。つまり、こうした減価償却超過額は翌期以降に解消することができるため、別表4ではこれらを留保項目として取り扱うことになります。こうして、**【図表2-8】**のとおり、前期の申告の中で、別表4において減価償却超過額として加算調整された500千円は、留保項目として別表5（1）へと転記されていきます。

【図表 2-8　償却超過額が発生した事業年度の別表4と別表5（1)】

≪前期≫

別表四

区分			総額	処分	
				留保	社外流出
			①	②	③
加算					
	減価償却の償却超過額	6	500,000	500,000	

加算留保 → 別表5（1）の「増」へ

別表五㈠

区分		期首現在利益積立金額	当期の増減		差引翌期首現在利益積立金額 ①−②+③
			減	増	
		①	②	③	④
器具備品				500,000	500,000

別表4と別表5（1）に付す項目（名称）

別表4で加減算した留保項目は、別表5(1)に転記されることになりますが、このときそれぞれの別表に表示する名称に迷うときがあります。基本的に決まりはなく、その内容がわかりやすい表現であれば問題ありませんが、別表4と別表5(1)の性格を反映して、別表4では損益関連の科目名を含ませ、別表5(1)では貸借対照表の科目名を含ませると、専門的な印象の別表に仕上がるでしょう。

前期での申告書の処理は**【図表 2-8】**のような流れになり、別表5(1)には加算調整（否認）された500千円の減価償却超過額が残ります。そして、翌期以降はこれを税務上の償却方法に従い損金化していくことになります。これを税務上では「認容」といいます。

【図表 1-13】では、前期の処理も含め、会計上の処理（①）と、本来あるべき税務上の処理（②）の2パターンを比較しています。

【図表 1-13　償却超過額に対する申告調整のイメージ（再掲）】

（千円）

	前期	当期	翌期	翌々期	合計
会計上の償却額　　　　　：（①）	1,000	0	0	0	1,000
税務上の償却限度額（※）：（②）	500	250	125	125	1,000
＜別表４の調整（①）－（②）＞					
【加算調整】	500	0	0	0	500
【減算調整】	0	△ 250	△ 125	△ 125	△ 500

（※）税務上の償却限度額の計算
前期　：1,000×0.5×12 月／12 月＝500
当期　：(1,000－500) ×0.5×12 月／12 月＝250
翌期　：(1,000－500－250) ×0.5×12 月／12 月＝125
翌々期：1,000－250－125＝125

会計上、前期にすべて費用処理しているため、貸借対照表には器具備品が計上されていません。しかし、税務上の貸借対照表ともいえる別表５（1）には**【図表 2-8】**のとおり「器具備品」として本来の帳簿価額（「税務上の簿価」という言い方もします）が500千円計上されています。会計上でも税務上のルールに従って減価償却を実施していたならば、前期末の貸借対照表には器具備品として500千円が計上されていたことになります。

いずれにしても、もしこの器具備品を税務上のルールに従って減価償却していくのであれば、**【図表 1-13】**（②）にあるように「税務上の償却限度額」の流れによることになります。つまり、前期では500千円の償却が認められ、当期には250千円、翌期には125千円、翌々期には残りの125千円の償却が認められるため、前期に否認された500千円を徐々に損金化していくことになります。そして、これを実現するのが別表４ということになります。

それでは、前期に否認された償却超過額500千円のうち、当期に損金が認められる250千円を損金化する流れを**【図表 2-9】**を使って確認していきます。

【図表 2-9　償却超過額認容のための別表 4 と別表 5（1）】

≪当期≫

区分		期首現在利益積立金額	当期の増減		差引翌期首現在利益積立金額 ①−②＋③
			減	増	
		①	②	③	④
器具備品		500,000	250,000		250,000

別表五（一）

別表 5（1）「減」→ 減算留保へ

区分			総額	処分		
				留保	社外流出	
			①	②	③	
減算						
	減価償却超過額の当期認容額	12	250,000	→ 250,000		

別表四

【図表 2-8】とは違い、償却超過額を認容していく手順としては、前期に繰り越された償却超過額 500 千円を取り崩していくというイメージになるため、ここは別表 5（1）から出発することにします。

まず、別表 5（1）には、前期の償却超過額 500 千円が当期の期首残高として繰り越されてきています。そして、このうち 250 千円は当期分の償却額として損金算入することが認められるため、500 千円のうち 250 千円を取り崩します。つまり、別表 5（1）においては、前期の償却超過の繰越分 500 千円のうち 250 千円を減（少）させることになります。

次に、この 250 千円は、当期に損金算入することが認められていますが、**【図表 1-13】**のとおり、会計上ではこの器具備品の減価償却に関する費用処理（損金経理）がなされていません。つまり、会計上の当期純利益には反映されていない費用を申告上において損金算入するわけなので、別表 4 の中だけで減算調整することになり、区分としては、前期に加算留保されたものを取り崩しているため、減算留保することになります。

このように、賞与引当金のような短期的に解消される加算項目とは違い、長期的に解消されていくようなものは、別表 5（1）での残高管理が重要になり、別表 5

(1) はそういった意味で備忘記録としての役割もより大きくなるといえるでしょう。

ここまでのとおり、別表５(1) は、別表４の中で加算留保あるいは減算留保したものを集約するための役割を担っているとともに、別表５(1) に集約された留保項目を取り崩すときの相手先として別表４があるといえます。

SECTION 2

別表４と別表５（2）の関係

これまでのとおり、別表４は法人税を計算するための基礎となる課税所得を計算するためのシートで、その計算過程の中では、会計上とのルールの違いによってさまざま加減算要素が含まれることになります。その中でも、法人税等の税金は、法人事業税等を除いては、税務上損金として認められない一方で、会計上ではこれらは税目の区分なく費用として取り扱います。別表５⑵はこうした税金費用をはじめとする租税公課についてその納付状況とその損金性について確認するための役割を担っています。

こうした別表５⑵の役割を意識しながら、ここでは税金に関連した会計処理による、別表４と別表５⑵の関係について確認することにします。

1 別表４と別表５（2）の関係

別表５⑵は、第１章でも確認したとおり、主に法人税等の税金に関する会計処理を反映させることで、未納税金の有無（残高）を確認するための別表になります。会計の処理方法という点でいえば、別表５⑵は**【図表 1-21】**のように、法人税等の税金を納付した際、その相手勘定として「未払法人税等」を使って仕訳をしたのか、「仮払税金」を使って仕訳をしたのか、あるいは「法人税、住民税及び事業税」（「法人税等」）を使って仕訳をしたのか、その会計処理に従って作成していくことになります。

つまり、「法人税等」によって処理されている場合には、損益計算書上では費用処理されているため、別表４の出発点である当期純利益にはすでに納税した税金等は損金算入されています。これに対し、「未払法人税等」や「仮払税金」で仕訳された場合には、損益計算書を介することなく処理されているため、これらはもともと課税所得の計算には影響していないことになります。

【図表1-21　納付した法人税等の会計処理による区分（再掲)】

当期中の納付税額		
充当金取崩しによる納付	仮払経理による納付	損金経理による納付
③	④	⑤
↓ 「充当金」 ‖ 「未払法人税等」などのB/Sの負債科目による処理	↓ 「仮払」 ‖ 「仮払税金」などのB/Sの資産科目による処理	↓ 「損金」 ‖ 「法人税等」などのP/Lの費用科目による処理

別表5 (2) は税金等に対する会計処理の方法に従って作成されるわけですが、別表4と別表5 (2) は、こうした会計処理に従って納付された各種税金等をその処理ごとに区分し、それぞれ損金性がないものとして、あるいはあるものとして別表4に反映させるべきものなのかどうかを確認するための関係にあります。

2 事例でみる具体的な関係

それでは、SECTION 1と同じように、それぞれの税金に関連した仕訳を使って別表4と別表5 (2) の関係を確認していくことにします。

(1) 事例1：前期に確定した法人税等の納付

前期に確定した法人税等の納付金額については、本事例では以下の仕訳のように事業年度終了の日から2か月以内に納付する実際の法人税等の金額と同額を計上したものとします。

＜未払法人税等として計上した法人税等＞

▶ 法人税及び地方法人税………………1,100,000
▶ 法人道府県民税……………………… 15,000
▶ 法人市町村民税……………………… 60,000
▶ 法人事業税及び特別法人事業税……… 350,000

合計 1,525,000

（法人税等）1,525,000 ／ （未払法人税等）1,525,000

このとき、これらの法人税等の金額は、法人事業税等を除き、前期の別表5⑵の各税目の『期末現在未納税額』の金額と一致しています。そして、これらの『期末現在未納税額』の各金額は、当期の別表5⑵の『期首現在未納税額』へと引き継がれます。これらを当期になって会計上どのような仕訳で取り崩すかによって、別表5⑵の記載方法が変わってきます。

上記の仕訳からすれば、前期に未払法人税等を計上しているため、これらを納付した際には次の仕訳のように未払法人税等を取り崩す処理になります。このとき、会計上の未払法人税等は、税務的にいえば納税充当金に相当するため、未払法人税等の取崩しは税務上の側面からは納税充当金の取崩しという表現になります。

よって、別表5⑵の中では、**【図表 2-10】**のように『充当金取崩しによる納付』にて処理することになります。

（未払法人税等）1,525,000 ／ （現預金）1,525,000

会計処理上、未払法人税等を相手勘定として納税の仕訳をした場合には、貸借対照表だけの動きとなり、損益計算書を介していません。もともと法人事業税等以外の法人税等の税金は税務上損金不算入となるため、納税の処理において損益計算書を介していないのであれば別表4で調整する必要はありません。

これに対し、法人事業税等は損金算入することができる税金ですが、会計処理上、未払法人税等を相手勘定として納税の仕訳をした場合には、損益計算書を介してい

【図表 2-10　法人税等を充当金の取崩しとした場合の別表５（2）と別表４】

別表五(二)

税目及び事業年度			期首現在未納税額	当期発生税額	当期中の納付税額 充当金取崩しによる納付	当期中の納付税額 仮払経理による納付	当期中の納付税額 損金経理による納付	期末現在未納税額 ①＋②－③－④－⑤
			①	②	③	④	⑤	⑥
地方法人…法人税及…	：　：	1						
	△△・4・1 ××・3・31	2	1,100,000		1,100,000			0
道府県…	：　：							
	△△・4・1 ××・3・31	7	15,000		15,000			0
市町村…	：　：							
	△△・4・1 ××・3・31	12	60,000		60,000			0
特別法人事…事業税及…	：　：							
	△△・4・1 ××・3・31	17		350,000	350,000			0

別表四

区分			総額	処分 留保	処分 社外流出
			①	②	③
減算	減価償却超過額の当期認容額	12			
	納税充当金から支出した事業税等の金額	13	350,000	350,000	

ないため損金算入されていません。つまり、別表５（2）において『充当金取崩しによる納付』として処理した法人事業税等については、『納税充当金から支出した事業税等の金額』として別表４の減算の部分に転記され損金算入します。まさに未払法人税等（納税充当金）を相手勘定にして納税（支出）した未払法人税等（事業税等）がこれに相当します。

⑵　事例２：期中で納付した各種税金等

期中で納付する法人税等の税金には、**事例１**で確認した前期に未払計上をした前期の確定法人税等のほか、事業年度の真ん中で納税する中間納付があります。中間納付は、前期の年間の法人税の額が20万円を超える場合に納税する必要がありますが、こうした中間納付があった事業年度のケースにおける別表４と別表５（2）の関係を見ていきます。

この事例では、以下のように中間納付をした法人税等について、期中に次のような会計処理をしたものとします。

＜中間納付した法人税等＞

▶　法人税及び地方法人税	1,000,000
▶　法人道府県民税	20,000
▶　法人市町村民税	80,000
▶　法人事業税及び特別法人事業税	300,000
合計	1,400,000

（法人税等）1,400,000　／　（現預金）1,400,000

事例１の場合とは異なり、この仕訳の場合、中間納付に当たって「法人税等」という費用科目によって会計処理をしているため、中間納付した税金の部分は損益計算書を介しています。つまり、この時点で法人税等は損金処理されていることになります。これまでのとおり、法人税等の税金は法人事業税等を除いては損金算入とすることができないため、法人事業税等以外は別表４において加算調整する必要があります。

そこで、まずは、法人税等の税金の仕訳を別表５（2）に反映してみます。そうすると、これら中間納付した部分はすべて費用処理されているため、今度は**【図表2−11】**のように『損金経理による納付』として処理することになります。

そして、損金経理した中間納付分のうち、法人事業税等を除いては、これらは損金不算入となるため、それぞれ法人税及び地方法人税は別表４の『損金経理をした法人税及び地方法人税（附帯税を除く。）』へ、道府県民税と市町村民税の合計の金

【図表2-11　法人税等を損金経理した場合の別表5（2）と別表4】

別表五（二）

税目及び事業年度			期首現在未納税額	当期発生税額	当期中の納付税額 充当金取崩しによる納付	仮払経理による納付	損金経理による納付	期末現在未納税額 ①＋②－③－④－⑤
			①	②	③	④	⑤	⑥
法人税及び地方法人税…	：　：							
	当期分 中間	3		1,000,000			1,000,000	0
	当期分 確定	4						
道府県…	：　：							
	当期分 中間	8		20,000			20,000	0
	当期分 確定	9						
市町村…	：　：							
	当期分 中間	13		80,000			80,000	0
	当期分 確定	14						
特別法人事業税及び…	：　：							
	：　：							
	当期中間分	18		300,000			300,000	0

損金算入されているため加算調整は不要（別表4への転記は×）

別表四

区分			総額	処分 留保	社外流出	
			①	②	③	
当期利益又は当期欠損の額		1			配当	
					その他	
加算	損金経理をした法人税及び地方法人税（附帯税を除く。）	2	1,000,000	1,000,000		
	損金経理をした道府県民税及び市町村民税	3	100,000	100,000		

額は、別表４の『損金経理をした道府県民税及び市町村民税』へと転記されます。

なお、法人事業税等については、会計処理の中で「法人税等」の中に含まれすでに費用処理されていることで損金算入が実現しているため、別表４でわざわざ申告調整（減算調整）する必要はなく、別表４への転記は不要ということになります。

源泉所得税に係る別表４と別表５（2）の関係

預金利息や剰余金の配当金などは、その受取りの際に所得税が源泉徴収されて（差し引かれて）入金されます。

こうした源泉所得税は法人税の観点からすれば中間納付として捉えることができ、その会社が納付すべき法人税の額から控除（税額控除）することができます。あくまでも「できる」という表現にしているのは、こうした源泉所得税の額は法人税の一部として捉えることができる一方で、租税公課として損金算入できる費用としても捉えることもでき、申告上ではその処理を選択することになります。

そして、源泉所得税の取扱いについては、実務上では必ずといっていいほど登場する処理となりますが、通常は税額控除を選択することが有利になるため、ここでその場合の別表４と別表５（2）の関係について、**【図表 2-12】**を使って少し触れておくことにします。

預金利息や配当金を受け取った際、源泉徴収された所得税は、実務上では次のように「法人税等」あるいは「租税公課」などの費用科目で処理されることが多くなります。

（現預金） 169,370 ／ （受取配当金）200,000
（法人税等）30,630 ／
又は（租税公課）

いずれにしてもこの仕訳の時点では損金経理されていることになりますが、源泉徴収された所得税の額について税額控除を選択する場合には、この源泉所得税については損金不算入として取り扱わなければなりません。

そこで、会計上損金経理した部分を申告上において損金不算入とするためには、別表４でこれを加算調整すればよいだけということになります。これを実現するた

【図表 2-12　源泉所得税に係る別表5（2）と別表4の関係】

別表五(二)

税目及び事業年度			期首現在未納税額	当期発生税額	当期中の納付税額 充当金取崩しによる納付	当期中の納付税額 仮払経理による納付	当期中の納付税額 損金経理による納付	期末現在未納税額 ①+②−③−④−⑤
			①	②	③	④	⑤	⑥
		23						
損金不算入のもの	加算税及び加算金	24						
	延滞税	25						
	延滞金（延納分を除く。）	26						
	過怠税	27						
		28						
	源泉所得税	29		30,630			30,630	0

別表四

区分		総額	処分 留保	処分 社外流出	
		①	②	③	
法人税額から控除される所得税額（別表六（一）「6の③」）	29	30,630		その他	30,630

めに別表4の中には源泉徴収された所得税の額を損金不算入にするためだけの欄、つまり『法人税額から控除される所得税額』の欄がきちんと用意されています。

なお、こうした源泉所得税の額をこの事業年度で損金不算入とした場合ですが、翌年度以降二度とこれを損金として取り扱うことはないため、別表4では「社外流出」として取り扱います。

また、別表5（2）に着目すると、源泉徴収された所得税について税額控除を選択することを明示するため、**【図表 2-12】**のとおり、『損金不算入のもの』の一部として記載しておきます。これを記載することは税額控除の適用を受けるための絶対条件ではありませんが、税額控除を選択していることのアピールとして、実務上このような記載がなされることが多いといえます。

⑶　事例３：未払法人税等の計上

決算整理仕訳の最終局面の処理として「未払法人税等」の計上があります。当年度の確定法人税等を計算し、納付すべき税額を計上することになりますが、計上した未払法人税等の額と実際に納付する法人税等の額が一致する場合でも、申告上はあくまでも見積額として取り扱われます。これが税務上で「納税充当金」という表現がなされる所以といえるでしょう。あくまでも見積額であって確定額ではないため、債務としてのこの未払いの部分は損金性が薄いと判断されています。

しかし、決算整理仕訳で計上する法人税等の税金は、例えば、未払法人税等を相手勘定として、次の仕訳のように「法人税等」などといった費用科目で処理されるため別表4ではこれを加算調整する必要があります。

（法人税等）	1,810,000	／	（未払法人税等）	1,810,000	：確定法人税等

あるいは、

（法人税等）	1,300,000	／	（未払法人税等）	1,300,000	：法人税及び地方法人税
（法人税等）	25,000	／	（未払法人税等）	25,000	：法人都道府県民税
（法人税等）	85,000	／	（未払法人税等）	85,000	：法人市町村民税
（法人税等）	400,000	／	（未払法人税等）	400,000	：法人事業税等

いずれの処理であっても決算整理仕訳で計上する未払法人税等は法人税の申告上では見積計上として取り扱われるため、別表4では『損金経理をした納税充当金』として加算調整する必要があります。ここで、法人事業税等については損金算入できる税金になるのではないかという疑問もあるかもしれませんが、この時点ではあくまでも見積りの段階でしかありません。税務では見積りの段階は債務が未確定状態であると判断します。そして、法人事業税等については、原則として納付があってはじめて損金性が認識されるため、ここではまだ損金不算入の状態で翌期に繰り越されることになります。

そして、損金経理をした納税充当金の額は、別表4で『損金経理をした納税充当金』として加算調整されるとともに、貸借対照表上にも「未払法人税等」として計上されているため、**【図表 2-13】**のように、納税充当金の期末残高を計算する別表5（2）でも同じ名称を付した項目にそのまま反映されます。

【図表 2-13　損金経理をして納税充当金の別表 4 と別表 5（2）の関係】

別表四

区分			総額 ①	処分 留保 ②
当期利益又は当期欠損の額		1		
加算				
加算	損金経理をした納税充当金	4	1,810,000	1,810,000

別表五（二）

納税充当金の計算			
期首納税充当金		30	
繰入額	損金経理をした納税充当金	31	1,810,000
繰入額		32	
繰入額	計 (31) + (32)	33	

SECTION 3

別表５（2）と別表５（1）の関係

別表５ ⑵ では租税公課、特に法人税等の納付状況の確認のための別表といえるため、別表５ ⑴ との関係についても法人税等の税金の計上にかかる部分がメインとなってきます。

1　別表５（2）と別表５（1）の関係

別表５ ⑵ には、前期に計上した未払法人税等の取崩しの処理（SECTION 2 での**事例 1**）のほか、当期中に納税した中間納付分（SECTION 2 での**事例 2**）や、翌年度に納付することになる当期分の確定額も法人事業税等の額を除いて表示することになります。同じように別表５ ⑴ にも、法人事業税等を除き当期に発生する法人税等の税金部分が反映されますが、別表５ ⑴ と別表５ ⑵ との関係は、こうした未納法人税等に絡んだ部分のみになります。

2　事例でみる具体的な関係

それでは、SECTION 2 の事例による中間納付の金額と、当期の確定税額として計上した未払法人税等の金額を使って別表５ ⑵ と別表５ ⑴ を確認していきます。

もう一度ここで SECTION 2 の**事例 2** の数字を確認しておきます。まずは、期中で納税した中間納付分は以下のとおりでした。

＜中間納付した法人税等＞

- ▶ 法人税及び地方法人税……………………1,000,000
- ▶ 法人道府県民税……………………………20,000
- ▶ 法人市町村民税……………………………80,000
- ▶ 法人事業税及び特別法人事業税………300,000

合計　1,400,000

SECTION 2では、これらの中間納付分は別表5（2）において『損金経理による納付』として処理され、損金経理をした法人税等として別表4において加算調整をしました。そもそも別表5（2）で処理されたこれらの中間納付分は同様に別表5（2）において『当期発生税額』としてその納付分が計上され、これを処理したものとなりますが、この『当期発生税額』の部分が、別表5（1）の下欄部分の『未納法人税等』に転記されていきます。

また、同じく、当期の年間確定税額のうち中間納付分を控除した未払法人税等についても、SECTION 2の**事例3**で使用した数字を確認しておきます。

＜確定法人税等の額＞

▶ 法人税及び地方法人税………………	1,300,000
▶ 法人道府県民税………………………	25,000
▶ 法人市町村民税………………………	85,000
▶ 法人事業税及び特別法人事業税………	400,000
合計	1,810,000

これらについても、別表5（2）の中では『当期発生税額』で処理されることになり、中間納付分と同じように、別表5（1）の下欄部分の『未納法人税等』へと転記されます。

こうした中間納付をした部分と確定した未払法人税等だけを取り上げて、別表5（2）と別表5（1）の関係を見てみると**【図表2-14】**のようになります。

【図表2-14　当期発生税額に係る別表5（2）と別表5（1）の関係】

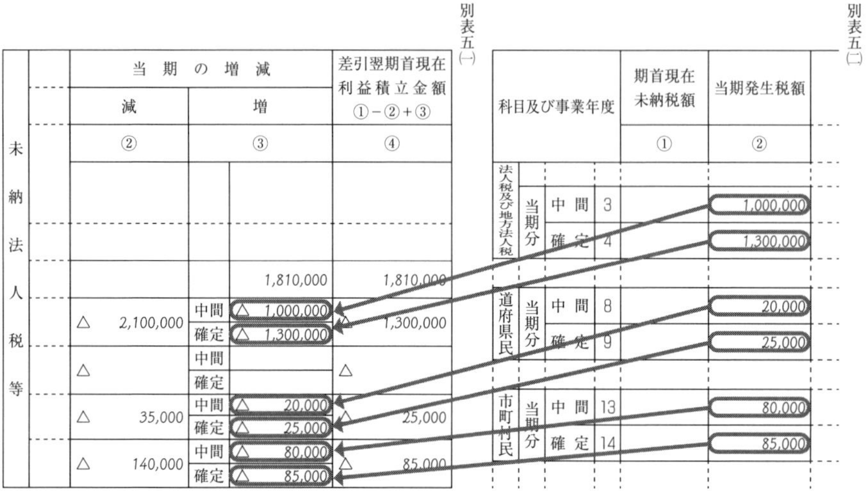

『当期発生税額』に対する別表5（2）と別表5（1）の関係は、別表4を介することがないため、直接課税所得に影響することはなく、また、税務ソフトを使えば自動的に連動されてくるため、それほど重要な論点にはならないといえます。ここでは、念のため確認しておく程度の感覚でよいでしょう。

決算整理仕訳として計上した「未払法人税等」は、これまでのとおり、税務の側面からは「納税充当金」ということになります。そして、この納税充当金という言葉は、別表5（1）にも別表5（2）にもどちらにも登場します。ここで重要なのは、**【図表2-15】**にあるとおり、それぞれの別表に登場する「納税充当金」の部分は必ず一致しなければならないということです。

【図表 2-15　別表5（2）と別表5（1）に表示されている納税充当金の一致】

別表五(一)

繰越損益金（損は△）	25	20,000,000	20,000,000	26,759,370	26,759,370
納税充当金	26	1,525,000	1,525,000	1,810,000	1,810,000

一致

必ず一致

別表五(二)

<table>
<tr><td colspan="9">納税充当金の計算</td></tr>
<tr><td colspan="2">期首納税充当金</td><td>30</td><td>1,525,000</td><td rowspan="5">取崩額</td><td rowspan="4">その他</td><td>損金算入のもの</td><td>36</td><td></td></tr>
<tr><td rowspan="3">繰入額</td><td>損金経理をした納税充当金</td><td>31</td><td>1,810,000</td><td>損金不算入のもの</td><td>37</td><td></td></tr>
<tr><td></td><td>32</td><td></td><td></td><td>38</td><td></td></tr>
<tr><td>計
(31)＋(32)</td><td>33</td><td>1,810,000</td><td>仮払税金消却</td><td>39</td><td></td></tr>
<tr><td rowspan="2">取崩額</td><td>法人税額等
(5の③)＋(10の③)＋(15の③)</td><td>34</td><td>1,175,000</td><td colspan="2">計
(34)＋(35)＋(36)＋(37)＋(38)＋(39)</td><td>40</td><td>1,525,000</td></tr>
<tr><td>事業税及び特別法人事業税
(19の③)</td><td>35</td><td>350,000</td><td colspan="3">期末納税充当金
(30)＋(33)－(40)</td><td>41</td><td>1,810,000</td></tr>
</table>

第3章

決算報告書と
別表4・別表5（1）・別表5（2）
との関係

法人税の申告書は、会計処理を基礎に作成していきます。会社では日々の会計処理の結果として、貸借対照表や損益計算書などの決算報告書が出来上がりますが、会計処理の延長として完成した決算報告書の数値と法人税の申告書の数値とは整合性が担保されていなければなりません。

そこで第3章では、これまでのとおり、法人税の申告書のメインとなる別表4と別表5 (1) そして別表5 (2) に焦点を当てそれぞれの数値と、貸借対照表や損益計算書、株主資本等変動計算書の数値との整合性について確認していくことにします。これらは実務上でも申告書の最終チェックの項目になるため、自身が作成した申告書のセルフチェックとしても活用することができる内容になります。

SECTION 1

損益計算書と各種別表との関係

それではまず、課税所得の計算の出発点となる当期純利益が計上されている損益計算書との整合性のチェックから始めることにします。ここでは申告書の中でも損益計算書のような役割をしている別表4とのチェックが中心となります。また、別表5（2）は法人税等の税金に関する会計処理との間に密接な関わりがあるため、SECTION 1では特にこれら2つの別表を中心に損益計算書との関係を確認していくことにします。

1 損益計算書と別表4との関係

(1) 当期純利益（損益計算書）と当期利益又は当期欠損の額（別表4）の一致

法人税の税額を計算するための基礎となる課税所得を算定する別表4のスタートは、**【図表 3-1】**のとおり、損益計算書の最終数値である「当期純利益」となりますが、この別表4の『当期利益又は当期欠損の額』と損益計算書上の「当期純利益」とは必ず一致します。ここに例外はないと考えてよいでしょう。

(2) 法人税等（損益計算書）と別表4各欄との一致

次に、損益計算書の当期純利益の1つ手前に表示されている「法人税、住民税及び事業税」（以下、図表以外は「法人税等」という勘定科目とします）と別表4との整合性についてチェックしていきます。

この部分は、期中の納付状況により別表4のチェック内容も変わってきますが、ここでは、①中間納付がなかった場合、②中間納付があった場合の、2つの事例に分けて確認していくことにします。なお、預金利息や配当金の受け取りの際に源泉徴収された所得税を、「租税公課」として会計処理することもあるかもしれませんが、ここでは、次のように「法人税等」として処理することとし、申告上は税額控除を選択することにします。

【図表3-1　当期純利益と別表4の関係】

損　益　計　算　書
（自　○○年　4月　1日　至××年　3月31日）

科　　　目	金　　額	
売　上　高		…
売上原価		…
売上総利益		…
販売費及び一般管理費		…
営業利益		…
⋮		
税引前当期純利益		10,000,000
法人税、住民税及び事業税		3,240,630
当期純利益		6,759,370

必ず一致

別表四

区　　分			総　　額	処　　分	
				留　　保	
			①	②	
当期利益又は当期欠損の額		1	6,759,370	6,759,370	
加算	損金経理をした法人税及び地方法人税（附帯税を除く。）	2	1,000,000	1,000,000	
	損金経理をした道府県民税及び市町村民税	3	100,000	100,000	
	損金経理をした納税充当金	4	1,810,000	1,810,000	

＜源泉所得税の徴収時の仕訳＞

（現預金）169,370　／　（受取配当金）200,000

（法人税等）30,630　／

①　中間納付がなかった場合

期中で法人税等の税金の中間納付がなかった場合には、会計上で「法人税等」の科目に税金が計上されるのは決算整理仕訳のタイミングだけということになります。

そのため、損益計算書の「法人税等」には、期中で源泉徴収された源泉所得税の仕訳と、次のとおり決算整理仕訳で計上される未払法人税等の仕訳が反映されています。

（法人税等）300,000　／　（未払法人税等）300,000

これにより、損益計算書の「法人税等」には、**【図表 3-2】**のとおり源泉所得税30,630円と未払法人税等300,000円の合計330,630円が計上されることになりますが、

【図表 3-2　法人税等の金額と別表 4 との関係（中間納付なし）】

損　益　計　算　書

（自　○○年　4月 1日　至××年　3月31日）

科　　　目	金　　額	
売　上　高		…
売上原価		…
売上総利益		…
販売費及び一般管理費		…
営業利益		…
⋮		
税引前当期純利益		△ 700,000
法人税、住民税及び事業税		330,630
当期純利益		△ 1,030,630

別表四

区　分			総　額	処　分		
				留　保		
			①	②		
当期利益又は当期欠損の額		1	△ 1,030,630	△ 1,030,630		
加算	損金経理をした法人税及び地方法人税（附帯税を除く。）	2				
	損金経理をした道府県民税及び市町村民税	3				
	損金経理をした納税充当金	4	300,000	300,000		
⋮						
法人税額から控除される所得税額（別表六（一）「6の③」		29	30,630		その他	30,630

決算整理仕訳で計上した未払法人税等は別表４では『損金経理をした納税充当金』として加算調整され、税額控除を選択した源泉所得税は別表４では『法人税額から控除される所得税額』として加算調整されます。

つまり、中間納付がないケースでの損益計算書に計上される「法人税等」の金額は、これらを否認するために加算調整された別表4の『損金経理をした納税充当金』と『法人税額から控除される所得税額』との合計に一致することになります。

② 中間納付があった場合

今度は、中間納付があった場合についてですが、期中で中間納税をした際の仕訳については、次のとおりとします。

（法人税等）	1,000,000	／	（現預金）	1,000,000	：法人税及び地方法人税
（法人税等）	20,000	／	（現預金）	20,000	：法人道府県民税
（法人税等）	80,000	／	（現預金）	80,000	：法人市町村民税
（法人税等）	300,000	／	（現預金）	300,000	：法人事業税等

また、決算整理仕訳にて、確定法人税等を未払法人税等に計上しますが、その際の仕訳は次のとおりとします。

（法人税等）	1,810,000	／	（未払法人税等）	1,810,000	：確定法人税等

これらの仕訳により、損益計算書上の「法人税等」の合計は、配当金の受取りの際に源泉徴収された源泉所得税も含めると3,240,630円となります。そして、法人税等の税金は税務上では損金算入することができないため、別表４において加算調整（否認）することになりますが、納税が完了した法人事業税等に限っては損金算入することが認められています。つまり、損益計算書に計上された「法人税等」のうち、中間納付をした法人事業税等300,000円は別表４では調整不要ということになります。

そのため、**【図表 3–3】**のように、損益計算書上の「法人税等」の金額3,240,630円と、別表４で加算調整した税金の合計2,940,630円との間には差額300,000円が生じ

【図表 3-3　法人税等の金額と別表 4 との関係（中間納付あり）】

損益計算書
（自　○○年　4月 1日　至××年　3月31日）

科目	金額	
売上高		…
売上原価		…
売上総利益		…
販売費及び一般管理費		…
営業利益		…
⋮		
税引前当期純利益		10,000,000
法人税、住民税及び事業税		3,240,630
当期純利益		6,759,370

法人税、住民税及び事業税

月	日	相手科目	摘要	借方	貸方	残高
		＊期首＊				0
6	30	諸口	㈱××　配当源泉税	30,630		30,630
			＊月計＊	30,630		
11	29	普通預金	法人税及び地方法人税(中間)	1,000,000		1,030,630
		普通預金	法人県民税（中間）	20,000		1,050,630
		普通預金	法人市民税（中間）	80,000		1,130,630
		普通預金	法人事業税等（中間）	300,000		1,430,630
		普通預金	＊月計＊	1,400,000		
13	31	未払法人税等	当期確定法人税等	1,810,000		3,240,630
			＊月計＊	1,810,000		

別表四

区分		総額	処分	
			留保	
		①	②	
当期利益又は当期欠損の額	1	6,759,370	6,759,370	
加算　損金経理をした法人税及び地方法人税（附帯税を除く。）	2	1,000,000	1,000,000	
加算　損金経理をした道府県民税及び市町村民税	3	100,000	100,000	
加算　損金経理をした納税充当金	4	1,810,000	1,810,000	
法人税額から控除される所得税額（別表六（一）「6の③」）	29	30,630		その他　30,630

合計：2,940,630

法人事業税等 300,000 円は損金算入されるため、P/L「法人税、住民税及び事業税」3,240,630 円とはその分だけ一致しない。

ることになります。つまり、損益計算書において費用処理された法人事業税等について別表４の中で加算調整されなかったということは、法人事業税等は損金算入されたことになります。中間納付がある場合には、会計上の「法人税等」には中間納付分と決算整理仕訳で計上した未払法人税等が混在していることと、法人事業税等については別表4では加算調整が不要ということになるため、会計上の「法人税等」の金額と別表４との整合性を確認するための手段としては、**【図表 3-3】**のように、「法人税等」の総勘定元帳が重要な役割を担います。

なお、決算整理仕訳において計上した未払法人税等のうちにも法人事業税等が含まれていますが、この法人事業税等については実際に納付が完了していないため、法人事業税等も含めた未払法人税等については、『損金経理をした納税充当金』として全額損金不算入となり、加算調整の対象になります。

2 損益計算書と別表5（1）との関係

別表5 (1) は、申告書の中では貸借対照表のような役割をしているため、損益計算書との関わりはほとんどありません。

しかし、別表5 (1) では、損益計算書に計上された収益あるいは費用の一部又は全部を否認する場合のうち留保されるものについては、別表内の『当期の増減』の部分に反映されるため、総勘定元帳に計上されているこうした申告調整の対象となる部分の金額との整合性は確認する必要があります。

例えば、本来は固定資産に計上しなければならない360,000円の備品（パソコン）1台を「消耗品費」として処理した場合、別表4ではこれを償却超過として加算調整する必要があります。しかし、期中では消耗品費として処理される仕訳はこの1件だけということはなく、その他に少額の備品などが消耗品費として会計処理されているはずです。そのため、この場合には、別表4で加算留保されて別表5 (1) へと転記される金額は、損益計算書上の消耗品費の金額と一致することはなく、その一部の360,000円だけということになります。

具体的に見ておくと、**【図表3-4】**のとおり、別表5 (1) の『当期の増減』の部分

【図表3-4 総勘定元帳と別表5（1）との関係】

損益計算書
（自 ○○年 4月 1日 至××年 3月31日）

科目	金額	
売上高		…
売上原価		…
売上総利益		…
販売費及び一般管理費		…
⋮		
消耗品費		3,200,000
⋮		
営業利益		
⋮		

消耗品費

月	日	相手科目	摘要	借方	貸方	残高
○	○	現金	……	3,000		253,000
6	15	現金	パソコン	360,000		613,000
○	○	現金	……	2,000		615,000
						3,200,000

別表五(一)

区分		期首現在利益積立金額	当期の増減	
			減	増
		①	②	③
器具及び備品			150,000	360,000

↓ 360,000円のうち当期の償却認容分　↑ 一旦、全額を否認しておくと総勘定元帳と整合

に計上されるのは、損益計算書に計上されている消耗品費の金額とは必ずしも一致するとは限りません。ただ、損益計算書上の金額を構成しているその科目の総勘定元帳を見ればその科目に計上されている金額の内訳の詳細が確認できるため、総勘定元帳を使って金額の整合性を確認しておくことが必要です。

『当期の増減』部分の記載方法を工夫する

例えば、**【図表 3-4】**にもあるように、加算調整の対象となる消耗品費について、その総額を一旦『増』の部分に表示させ、そこから税務上認められる減価償却費を『減』の部分で表現しておくと、会計処理と申告調整するための処理との整合性がチェックしやすくなります。加算調整の対象となる360,000円から税務上認められる償却分150,000円を差し引いた純額の210,000円だけを別表5 (1) の『増』の部分に記載するよりも申告調整の内容がよりわかりやすくなります。

❸　損益計算書と別表5（2）との関係

損益計算書との整合性について、最後は別表5 (2) との関係を見ていきます。別表5 (2) は租税公課の納付状況等を確認するためのシートになるため、損益計算書の中では、特に「法人税等」や「租税公課」などとの整合性が中心になります。

まずは、損益計算書に計上されている「法人税等」との関係についてですが、この科目は❶のとおり別表4との関わりも深く、合わせて別表5 (2) とも関係が深いものになります。第1章でも確認しましたが、別表5 (2) は、法人税等の税金を納付した際の会計処理の方法に応じて作成方法が変わりますが、損益計算書との関係ということでいえば、別表5 (2) では『損金経理による納付』によるパターンがこれに当たります。理解を深めるため、❶と同じように①中間納付がなかった場合、②中間納付があった場合の2つの事例に分けて確認していくことにします。

①　中間納付がなかった場合

まずは、中間納付がなかった場合についてですが、当期で納付が完了しているのは、前期に確定した法人税等の税金だけということになります。前期に確定した法人税等の税金に対してこれを未払いで処理している場合には、会計上では納付の際、次の仕訳のように未払法人税等を取り崩すだけの処理になるため、損益計算書には何も影響がありません。

＜前期：決算整理＞
（法人税等）　300,000　／　（未払法人税等）300,000　：確定法人税等
＜当期：期中　（納付時）＞
（未払法人税等）300,000　／　（現預金）300,000　：前期確定法人税等

そして、期中で中間納付がなければ、❶にあるように、配当金の受取りなどによって源泉徴収された所得税以外に「法人税等」が処理されることはありません。その後は決算整理仕訳として当期の確定法人税等を未払計上した時点で、次の仕訳のとおり、「法人税等」が損益計算書に反映されることになります。

＜当期：決算整理＞
（法人税等）300,000　／　（未払法人税等）300,000　：確定法人税等

損益計算書の内容は、**【図表 3-2】**と同じになりますが、便宜上、未払法人税等の内訳は、前期、当期ともに均等割のみで、その税額はそれぞれ道府県民税で100,000円、市町村民税で200,000円とします。このとき、**【図表 3-5】**を見てみると、前期に計上された未払法人税等は期中に納付が完了しているため、これらは別表5（2）の中の『当期中の納付税額』のうち『充当金取崩しによる納付』として処理されます。

これに対し、決算整理仕訳で損益計算書に計上された当期の均等割は、「法人税等」として損金経理されていますが、実際に納付が完了していないため、別表5（2）の中の『当期中の納付税額』の部分で処理することはできず、損益計算書上の「法人税等」の金額をここに反映することはできません。そもそも、当期に未払い分として『確定』する法人税等の金額は未納付の状態のため、別表上でもすでにこの部分は斜線が引かれています。

【図表3-5　法人税等の金額と別表5（2）の関係（中間納付なし（1））】

損 益 計 算 書
（自　○○年　4月1日　至××年　3月31日）

科目	金額	
売上高		…
売上原価		…
売上総利益		…
販売費及び一般管理費		…
営業利益		…
⋮		
税引前当期純利益		△ 700,000
法人税、住民税及び事業税		330,630
当期純利益		△ 1,030,630

中間納付がない場合、P/Lの数値はここには反映されない

別表五(二)

税目及び事業年度				期首現在未納税額	当期発生税額	当期中の納付税額			期末現在未納税額 ①+②−③−④−⑤
						充当金取崩しによる納付	仮払経理による納付	損金経理による納付	
				①	②	③	④	⑤	⑥
道府県民	△△. 4. 1 ○○. 3. 31		7	100,000		100,000			0
	当期分	中間	8						
		確定	9		100,000				100,000
市町村民	△△. 4. 1 ○○. 3. 31		11	200,000		200,000			0
	当期分	中間	13						
		確定	14		200,000				200,000

こうして期中に法人税等の税金の計上がない場合、つまり中間納付がないようなケースでは、損益計算書に計上される「法人税等」は全額が当期の確定税額となり、その全額は未払法人税等になります。税務上の側面からいえば、「法人税等」として損金経理された部分はその全額が納税充当金ということになるため、損益計算書に計上された「法人税等」は、**【図表3-6】**のように、別表5（2）においてはその下欄部分の『納税充当金の計算』として『損金経理をした納税充当金』に反映される

ことになります。

【図表 3-6　法人税等の金額と別表 5（2）の関係（中間納付なし（2））】

損　益　計　算　書

（自　○○年　4月1日　至××年　3月31日）

科　　　目	金　　額	
売　上　高		…
売　上　原　価		…
売　上　総　利　益		…
販売費及び一般管理費		…
営　業　利　益		…
⋮		
税引前当期純利益		△ 700,000
法人税、住民税及び事業税		330,630
当期純利益		△ 1,030,630

別表五(二)

税目及び事業年度				期首現在未納税額 ①	当期発生額 ②	充当金取崩しによる納付 ③	仮払経理による納付 ④	損金経理による納付 ⑤
他	もの							
		過　怠　税	27					
		源泉所得税	28		30,630			30,630
			29					

納　税　充　当　金　の　計　算

期首納税充当金		30	300,000	取崩額	その他	損金算入のもの	36
繰入額	損金経理をした納税充当金	31	300,000			損金不算入のもの	37
		32					38
	計 (31)＋(32)	33	300,000			仮払税金消却	39

なお、利息の受取りや配当金の受取りの際に源泉徴収された所得税についても、一般的には、**【図表 3-6】**にもあるように、会計処理の方法を別表 5（2）の中に反映させておきます。

確定税額を未払計上しないケース

本題からは少し外れますが、実務の中では決算時に確定法人税等を未払計上しないケースもあります。同じように、中間納付がないケースで確認していきます。

このケースでは、前期末の決算整理仕訳において法人税等の税金に関する未払計上はありません。税務上、未払法人税等はあくまでも見積もりでしかないため、計上がなくても税務上は問題ありません。別表4の中では会計上の税引後の当期純利益に対して損金経理した納税充当金を加算調整するわけなので、損金経理した納税充当金がゼロであるならば、単に別表4の中で加算調整しなければよいだけということになります。

そして、翌期に入ると通常その2か月後までには納税が発生しますが、ここで初めて前期の納税に関する会計処理が入ります。この流れでいくと、当期の決算整理仕訳でも未払法人税は計上しないことになるかもしれませんが、前期末に未払法人税等を計上しなかったとしても当期末に未払法人税等を計上しても何ら問題ありません。税務上では未払法人税等の計上に継続処理は求められてはいません。

ここでは当期末も前期末と同じように未払法人税等を計上しなかったものとして、次のとおり法人税等の税金に関する仕訳に従って**【図表 3-7】**と**【図表 3-8】**を使って損益計算書と別表5（2）の関係を見ていきます。

＜前期：決算整理＞
処理なし
＜当期：期中＞
（法人税等）300,000　／　（現預金）300,000　：前期確定法人税等
＜当期：決算整理＞
処理なし

【図表 3-7　決算整理で未払法人税等を計上しなかったケース（1）】

損　益　計　算　書

（自　○○年　4月1日　至××年　3月31日）

科　　　目	金　　額	
売　　上　　高		…
売　上　原　価		…
売　上　総　利　益		…
販売費及び一般管理費		…
営　業　利　益		…
⋮		
税引前当期純利益		△ 700,000
法人税、住民税及び事業税		330,630
当期純利益		△ 1,030,630

P/L「法人税、住民税及び事業税」の中身は、前期の確定法人税の金額

別表五(二)

税目及び事業年度			期首現在未納税額	当期発生税額	当期中の納付税額　充当金取崩しによる納付	仮払経理による納付	損金経理による納付	期末現在未納税額 ①＋②−③−④−⑤
			①	②	③	④	⑤	⑥
道府県民	△△. 4. 1 ○○. 3. 31	7	100,000				100,000	0
	当期分　中　間	8						
	当期分　確　定	9		100,000				100,000
市町村民	△△. 4. 1 ○○. 3. 31	11	200,000				200,000	0
	当期分　中　間	13						
	当期分　確　定	14		200,000				200,000

【図表 3-5】や**【図表 3-6】**の損益計算書に計上されている「法人税等」の金額と比べてみると、数字そのものは同額で変わりはありません。しかし、その中身が異なります。30,360 円は源泉所得税なのでここでは考えないこととして、**【図表 3-5】**や**【図表 3-6】**の損益計算書の「法人税等」に含まれる均等割 300,000 円は、当期の決算整理仕訳で計上した納税充当金の性格を持っています。

これに対し、**【図表 3-7】**の損益計算書に計上された「法人税等」は、前期に確定した法人税等の税金を納税した際に計上されたものになります。つまり、**【図表 3-**

7】では、前期に確定した法人税等の税金を損金経理によって実際に納付したときの仕訳が別表5（2）に反映されているため、別表5（2）の内容が**【図表3-5】**と異なることになります。また、前期・当期どちらの決算整理仕訳においても未払法人税等を計上していない、つまり損金経理による納税充当金の計上がないため、**【図表3-8】**のように、別表5（2）の『納税充当金の計算』には、『期首納税充当金』も『損金経理をした納税充当金』も空欄になります。

【図表3-8　決算整理で未払法人税等を計上しなかったケース（2）】

損　益　計　算　書

（自　○○年　4月1日　至××年　3月31日）

科　　目	金　額	
売　上　高		…
売　上　原　価		…
売　上　総　利　益		…
販売費及び一般管理費		…
営　業　利　益		…
：		
税引前当期純利益		△ 700,000
法人税、住民税及び事業税		330,630
当期純利益		△ 1,030,630

源泉所得税の金額と【図表3-7】の損金経理で納付した均等割の合計が一致。

別表五(二)

税目及び事業年度				期首現在未納税額 ①	当期発生額 ②	充当金取崩しによる納付 ③	仮払経理による納付 ④	損金経理による納付 ⑤
他	もの							
他	もの	過怠税	27					
他	もの	源泉所得税	28		30,630			30,630
他	もの		29					

納　税　充　当　金　の　計　算

期首納税充当金		30		取崩額	その他	損金算入のもの	36
繰入額	損金経理をした納税充当金	31		取崩額	その他	損金不算入のもの	37
繰入額		32		取崩額	その他		38
繰入額	計 (31)＋(32)	33		取崩額	その他	仮払税金消却	39

処理なし

② 中間納付があった場合

それでは次に、中間納付があったケースにおける損益計算書と別表5(2)の関係を見ていくことにします。**1**と同じように、まずは仕訳を確認しておきます。

＜当期：期中＞

（法人税等）	1,000,000	／	（現預金）	1,000,000	：法人税及び地方法人税
（法人税等）	20,000	／	（現預金）	20,000	：法人道府県民税
（法人税等）	80,000	／	（現預金）	80,000	：法人市町村民税
（法人税等）	300,000	／	（現預金）	300,000	：法人事業税等

また、決算整理仕訳では、確定した法人税等の税金を未払法人税等として未払計上しますが、その際の仕訳は次のとおりとします。

＜当期：決算整理＞

（法人税等）	1,810,000	／	（未払法人税等）	1,810,000	：確定法人税等

まずは、期中に中間納付をしたときの損益計算書と別表5(2)の関係を見ていきます。

損益計算書の「法人税等」には、中間納付分の合計1,400,000円と、配当の受取りに際して源泉徴収された所得税30,630円、そして決算整理仕訳で計上された納税充当金となる未払法人税等の額1,810,000円が含まれています。このうち中間納付分の1,400,000円の動きを別表5(2)に反映させると、**【図表3-9】**のとおりとなります。

これまでのとおり、法人税等の税金を損益計算書で「法人税等」として費用処理した場合には、税務的な側面からいえば損金経理をしたことになります。そして、これを実際に納付した際に会計上「法人税等」として処理している場合には、別表5(2)では、それぞれの税目ごとに『損金経理による納付』として処理します。この時点で、それぞれ別表5(2)で処理した『損金経理による納付』の合計と、「法人税等」として費用処理をした中間納付の金額とが一致していることを確認します。

【図表 3-9 法人税等の金額と別表 5（2）の関係（中間納付あり（1））】

損　益　計　算　書

（自　○○年　4月1日　至××年　3月31日）

科　　　　目	金　　額	
売　上　高		…
売　上　原　価		…
売　上　総　利　益		…
販売費及び一般管理費		…
営　業　利　益		…
⋮		
税引前当期純利益		10,000,000
法人税、住民税及び事業税		3,240,630
当期純利益		6,759,370

＜内訳＞
- 中間分　1,400,000
- 源泉税　30,630
- 未払分　1,810,000

別表五（二）

税目及び事業年度			期首現在未納税額	当期発生税額	当期中の納付税額			期末現在未納税額 ①＋②－③－④－⑤
					充当金取崩しによる納付	仮払経理による納付	損金経理による納付	
			①	②	③	④	⑤	⑥
法人税及び地方法人税	：　：	1						
	△△. 4. 1 ○○. 3. 31	2	1,100,000		1,100,000			0
	当期分　中間	3		1,000,000			1,000,000	0
	当期分　確定	4						
道府県民	△△. 4. 1 ○○. 3. 31	7	15,000		15,000			0
	当期分　中間	8		20,000			20,000	0
	当期分　確定	9						
市町村民	△△. 4. 1 ○○. 3. 31	11	60,000		60,000			0
	当期分　中間	13		80,000			80,000	0
	当期分　確定	14						
事業税及び特別法人事業税	△△. 4. 1 ○○. 3. 31	17		350,000	350,000			0
	当期中間分	18		300,000			300,000	0

合計 1,400,000

整合性は総勘定元帳を使ってチェック

このようなケースでは、損益計算書に計上されている「法人税等」の金額の中には、源泉所得税や期末に計上した未払法人税等が混在しているため、損益計算書の数字だけで整合性を確認することが困難です。そこで、こうした場合には**【図表 3-10】**のように、「法人税等」の総勘定元帳を使ってチェックします。

【図表 3-10　総勘定元帳と別表 5（2）との関係】

法人税、住民税及び事業税

月	日	相手科目	摘要	借方	貸方	残高
		＊期首＊				0
6	30	諸口	㈱××　配当源泉税	30,630		30,630
			＊月計＊	30,630		
11	29	普通預金	法人税及び地方法人税(中間)	1,000,000		1,030,630
		普通預金	法人県民税（中間）	20,000		1,050,630
		普通預金	法人市民税（中間）	80,000		1,130,630
		普通預金	法人事業税等（中間）	300,000		1,430,630
			＊月計＊	1,400,000		
13	31	未払法人税等	当期確定法人税等	1,810,000		3,240,630
			＊月計＊	1,810,000		

別表五(二)

税目及び事業年度			期首現在未納税額 ①	当期発生税額 ②	当期中の納付税額 充当金取崩しによる納付 ③	仮払経理による納付 ④	損金経理による納付 ⑤	期末現在未納税額 ①＋②－③－④－⑤ ⑥
法人税及び地方法人税	：　：	1						
	△△・4・1 ○○・3・31	2	1,100,000		1,100,000			0
	当期分 中間	3		1,000,000			1,000,000	0
	当期分 確定	4						
道府県民	△△・4・1 ○○・3・31	7	15,000		15,000			0
	当期分 中間	8		20,000			20,000	0
	当期分 確定	9						
市町村民	△△・4・1 ○○・3・31	11	60,000		60,000			0
	当期分 中間	13		80,000			80,000	0
	当期分 確定	14						
事業税及び特別法人事	△△・4・1 ○○・3・31	17		350,000	350,000			0
	当期中間分	18		300,000			300,000	0
							合計＝1,400,000	

そして、次に、「法人税等」に含まれる当期の確定税額と別表5（2）との関係を見ていきます。決算整理仕訳で費用計上（損金経理）された未払法人税等（納税充当金）は、中間納付の有無にかかわらず『損金経理をした納税充当金』として取り扱うことに変わりはありません。つまり、決算整理仕訳で計上された未払法人税等と別表5（2）との関係は、先で確認をした**【図表3-6】**と同じ内容になります。念のため、このケースについても**【図表3-11】**で確認しておきます。

【図表3-11　法人税等の金額と別表5（2）の関係（中間納付あり（2））】

損 益 計 算 書
（自　○○年　4月 1日　至××年　3月31日）

科目	金額	
売上高		…
売上原価		…
売上総利益		…
販売費及び一般管理費		…
営業利益		…
⋮		
税引前当期純利益		10,000,000
法人税、住民税及び事業税		3,240,630
当期純利益		6,759,370

<内訳>
中間分　1,400,000
源泉税　30,630
未払分　1,810,000

別表五(二)

税目及び事業年度			期首現在未納税額 ①	当期発生額 ②	充当金取崩しによる納付 ③	仮払経理による納付 ④	損金経理による納付 ⑤
他	もの						
		過怠税	27					
		源泉所得税	28		30,630			30,630
			29					

納税充当金の計算

期首納税充当金	30	1,525,000	取崩額	その他	損金算入のもの	36
繰入額　損金経理をした納税充当金	31	1,810,000			損金不算入のもの	37
	32					38
計 (31)+(32)	33	1,810,000			仮払税金消却	39

損益計算書の「法人税等」は年税額を表示している

①のケースにおいても②のケースにおいても、損益計算書上の「法人税等」は、年間の法人税等の税金の総額を表示しています。念のため②のケースでその内訳を確認しておくと、中間納付分1,400,000円と事業年度終了後2か月以内に納付する予定のものとして決算整理仕訳で計上した未払法人税等の額1,810,000円の合計になっています。ただし、このケースでは、預金利息や配当の受取りに係る源泉所得税30,630円も「法人税等」として処理しているため、実際の合計は源泉所得税も含めた3,240,630円になります。

申告書の作成に当たっては、「法人税等」の総勘定元帳などを見直しながら、別表5（2）との整合性をチェックしていく習慣を身に付けておくとよいでしょう。

SECTION 2

貸借対照表と各種別表との関係

SECTION 1では、損益計算書と各種別表との関係を確認しましたが、損益計算書との間では、別表4や別表5（2）との関係が深いといえるでしょう。

これに対し、貸借対照表との関係を考えると、申告書の中でも貸借対照表に似た役割を担っている別表5（1）との関わりが特に深いといえます。

そこで、一般的な中小企業の申告書の中ではあまり処理することはないかもしれませんが、理解を深める意味でも、簿記に登場する引当金の取扱いなども交えて、貸借対照表と別表5（1）との関係を中心に確認していくことにします。

1 貸借対照表と別表4との関係

別表4は、課税所得を算定するためのフローの計算書になるため、一定時点でのストックを表す貸借対照表との関係は薄いといえるでしょう。

あえて別表4と貸借対照表の残高との関わりを挙げるとするならば、SECTION 1で取り上げた中間納付がないケースで流動負債に計上されている「未払法人税等」の額と別表4の中の加算項目である『損金経理をした納税充当金』が一致するケースが考えられます。その他、法人税等の税金が還付になった場合に、前期に資産計上した「未収還付法人税等」などの科目と当期に実際に税金が還付された際に申告上で『仮払税金消却』として加算調整される金額とが一致するケースなども考えられます。

ただし、前者であれば、別表4の性格上、費用科目である「法人税等」の総勘定元帳を使って処理したものをピックアップしながら決算書の数字との整合性を確認していくのが本来のチェック方法となるため、第4章の事例でも確認しますが、必ずしも貸借対照表上の「未払法人税等」と『損金経理をした納税充当金』がイコールになるとは限りません。そう考えると、やはり別表4の数字の整合性を確認するのための手段として貸借対照表の残高を使うことはあまり有効ではないといえます。

これに対し、後者のケースでは、法人税等の税金の還付待ちとして前期の貸借対照表に未収計上されたものと、当期の別表4との整合性ということになりますが、未収計上された法人税等の税金の還付を受けたときには、別表4ではこれをそのまま『仮払税金消却』として加算調整し、同時に未収部分のうち法人事業税等を除いた金額を『法人税等の中間納付額及び過誤納に係る還付金額』として減算調整するのが一般的な処理となります。つまり、当期の別表4で加算調整すべき部分のチェックのために前期の貸借対照表に計上された未収還付法人税等の金額を確認するという点からすれば意味のあることだといえるかもしれません。なお、還付待ちになるケースの流れについては第4章の事例の中で確認することにします。

2 貸借対照表と別表5（1）との関係

別表4とは違い、別表5（1）は一定時点での税務上のストックを表すシートになります。そのため、貸借対照表との関わりは非常に深く、特に、会計上の恣意性が大きく介入する負債性の引当金などは、貸借対照表に計上された部分のすべてが加算調整の対象になります。そのため、別表4で加算留保されたものが集約される別表5（1）の『差引翌期首現在利益積立金額』と、貸借対照表に計上される各種引当金の残高が一致します。

ここでは別表5（1）を作成するうえで、より見やすい別表にするための方法も交えて、貸借対照表との整合性について確認していきます。会計基準の適用が任意となる中小企業においては、あまり登場することがない部分もありますが、プラスαの応用編として、理解を深めるためにも確認しておきます。

(1) 「純資産の部」と別表5（1）

① 繰越利益剰余金（貸借対照表）と繰越損益金（別表5（1））の一致

貸借対照表の数字と別表5（1）の金額とが必ず一致する部分として代表的なものの1つが、純資産の部に計上される「繰越利益剰余金」と、別表5（1）に計上される『繰越損益金』ということになります。

会計上の繰越利益剰余金は、前期末の繰越利益剰余金に当期純利益（又は当期純損失）を加算（又は控除）した金額になります。別表5（1）も同様に、前期末の繰越損益金に当期利益（又は当期損失）を加算（又は減算）した金額になります。

【図表 3-12】のように、別表5（1）の『繰越損益金』は、期首の繰越損益金を一旦全額減少させ、改めて期末のあるべき繰越損益金を計上し直すという作りになっていますが、その純額の動きは当期純利益（当期純損失）分であり、結果としては貸借対照表上の繰越利益剰余金と別表5（1）の繰越損益金の『差引翌期首現在利益積立金額』は必ず一致することになります。

【図表 3-12　繰越利益剰余金と別表 5（1）繰越損益金の一致】

貸　借　対　照　表

（××年　3月31日現在）

資産の部		負債の部	
科　　目	金　額	科　　目	金　額
【流動資産】		【流動負債】	
現金・預金	×××	買掛金	×××
受取手形	×××	⋮	
売掛金	×××	未払法人税等	1,810,000
⋮		⋮	
【固定資産】		【固定負債】	
（有形固定資産）		長期借入金	×××
建物	×××	⋮	
建物附属設備	×××	負債合計	×××
⋮		純資産の部	
（無形固定資産）		科　　目	金　額
ソフトウエア	×××	【株主資本】	
⋮		資本金	10,000,000
（投資その他の資産）		【利益剰余金】	
投資有価証券	×××	繰越利益剰余金	26,759,370
⋮		純資産合計	×××
資産合計	×××	負債純資産合計	×××

必ず一致

別表五(一)

区　分		期首現在利益積立金額	当期の増減		差引翌期首現在利益積立金額 ①－②＋③
			減	増	
		①	②	③	④
	25		差額はP/Lの「当期純利益」		
繰越損益金（損は△）	26	20,000,000	20,000,000	26,759,370	26,759,370
納税充当金	27	1,525,000	1,525,000	1,810,000	1,810,000

②　資本金の額等（貸借対照表）と資本金等の額（別表５（1））の一致

別表５（1）は、『Ⅰ　利益積立金額の計算に関する明細書』と『Ⅱ　資本金等の額の計算に関する明細書』の２つの明細書によって構成されています。

Ⅱの表題に含まれる「資本金等の額」という言葉は、税務特有の用語で、株主が拠出した部分の金額がその範囲となります。中小企業では、資本金と資本金等が一致しているケースが多いといえますが、必ずしも一致するわけでもありません。「資本金」は登記事項として、いわゆる登記簿謄本にも記載される部分になりますが、税務上の資本金等は、資本金だけではなく資本準備金などの資本剰余金も含まれます。

別表５（1）Ⅱの明細書には、**【図表 3-13】**のとおり、貸借対照表上の「純資産の部」に計上されている資本金や資本準備金などの残高が転記されてきますが、期中に増資や減資などがあった場合には、純資産の部の動きを別表５（1）Ⅱに反映させます。

資本金等は、法人税法上の概念であり、寄附金の損金不算入限度額の計算などにも使われますが、何よりも地方税の均等割の金額を決定するための重要な金額基準になります。

【図表3-13　資本金の額と別表5（1）Ⅱの明細書の一致】

貸　借　対　照　表

（××年　3月31日現在）

資　産　の　部		負　債　の　部	
科　目	金　額	科　目	金　額
【流動資産】		【流動負債】	
現金・預金	×××	買掛金	×××
受取手形	×××	⋮	
売掛金	×××	未払法人税等	1,810,000
⋮		⋮	
【固定資産】		【固定負債】	
（有形固定資産）		長期借入金	×××
建物	×××	⋮	
建物附属設備	×××	負　債　合　計	×××
⋮		純　資　産　の　部	
（無形固定資産）		科　目	金　額
ソフトウエア	×××	【株主資本】	
⋮		資本金	10,000,000
（投資その他の資産）		【利益剰余金】	
投資有価証券	×××	繰越利益剰余金	26,759,370
⋮		純　資　産　合　計	×××
資　産　合　計	×××	負債純資産合計	×××

別表五(一)

Ⅱ資本金等の額の計算に関する明細書

区　分		期首現在 基本金等の額	当期の増減		差引翌期首現在 資本金等の額 ①－②＋③
			減	増	
		①	②	③	④
資本金又は出資金	32	10,000,000			10,000,000
資本準備金	33				
	34				
	35				
差引合計額	36	10,000,000			10,000,000

この部分が地方税の申告書に反映され、
均等割の金額の判定基準に。

「純資産の部」に異動があったケース

念のため、期中で貸借対照表の「純資産の部」に動きがあった場合の別表5（1）Ⅱの明細書の動きを確認しておきます。

資本金が10,000千円だった会社が、さらに10,000千円の増資をし、同じ事業年度中に株主から自社の株式を自己株式として買い取ったものとします。

会計上では、この2つの取引の仕訳をまとめると次のようになります。

＜当期：期中＞
（現預金） 10,000,000 ／ （資本金） 10,000,000
（自己株式）2,000,000 ／ （現預金） 2,000,000

この仕訳が別表5（1）Ⅱの明細書に反映されると**【図表3-14】**のとおりとなります。

【図表3-14　純資産の部に動があった場合の別表5（1）Ⅱの明細書】

別表五㈠

Ⅱ　資本金等の額の計算に関する明細書

区分		期首現在資本金等の額	当期の増減		差引翌期首現在資本金等の額 ①－②＋③
			減	増	
		①	②	③	④
資本金又は出資金	32	10,000,000		10,000,000	20,000,000
資本準備金	33				
自己株式	34			△ 2,000,000	△ 2,000,000
	35				
差引合計額	36	10,000,000		8,000,000	18,000,000

当期中の「純資産の部」の動きを反映

⑵ 「負債の部」と別表５（１）

① 未払法人税等（貸借対照表）と納税充当金（別表５（１））の一致

これまでのとおり、決算整理仕訳で計上した「未払法人税等」と税務上の「納税充当金」は同義となります。そのため、申告書においてもこれらの金額は一致します。**【図表 3-12】**のとおり、貸借対照表上の純資産の部に計上された「繰越利益剰余金」と別表５（1）の『繰越損益金』が必ず一致するのと同じように、貸借対照表上の負債の部に計上される「未払法人税等」と別表５（1）に計上される『納税充当金』の部分も**【図表 3-15】**のとおり、必ず一致します。

【図表 3-15　未払法人税等と別表 5（1）納税充当金の一致】

貸　借　対　照　表

（××年　3月31日現在）

資　産　の　部		負　債　の　部	
科　目	金　額	科　目	金　額
【流動資産】		【流動負債】	
現金・預金	×××	買掛金	×××
受取手形	×××	⋮	
売掛金	×××	未払法人税等	1,810,000
⋮		⋮	
【固定資産】		【固定負債】	
（有形固定資産）		長期借入金	×××
建物	×××	⋮	
建物附属設備	×××	負　債　合　計	×××
⋮		純　資　産　の　部	
（無形固定資産）		科　目	金　額
ソフトウエア	×××	【株主資本】	
⋮		資本金	10,000,000
（投資その他の資産）		【利益剰余金】	
投資有価証券	×××	繰越利益剰余金	26,759,370
⋮		純　資　産　合　計	×××
資　産　合　計	×××	負債純資産合計	×××

必ず一致

別表五(一)

区　分		期首現在利益積立金額 ①	当期の増減 減 ②	当期の増減 増 ③	差引翌期首現在利益積立金額 ①－②＋③ ④
⋮					
	24				
繰越損益金（損は△）	25	*20,000,000*	*20,000,000*	*26,759,370*	*26,759,370*
納　税　充　当　金	26	*1,525,000*	*1,525,000*	*1,810,000*	*1,810,000*
⋮					

別表間での「納税充当金」の一致も合わせて確認

第2章のSECTION 3【図表2-15】でも確認しましたが、「納税充当金」は別表5(2)にも登場します。そのため、別表5(1)の『期首現在利益積立金額』と『差引翌期首現在利益積立金額』に計上される『納税充当金』の金額は、それぞれ別表5(2)の『期首納税充当金』と『期末納税充当金』とも必ず一致することになります。

【図表2-15　別表5(2)と別表5(1)に表示されている納税充当金の一致(再掲)】

別表五(一)

繰越損益金（損は△）	25	20,000,000	20,000,000	26,759,370	26,759,370
納税充当金	26	1,525,000	1,525,000	1,810,000	1,810,000

一致

別表五(二)

納税充当金の計算								
期首納税充当金		30	1,525,000	取崩額	その他	損金算入のもの	36	
繰入額	損金経理をした納税充当金	31	1,810,000			損金不算入のもの	37	
		32					38	
	計 (31)＋(32)	33	1,810,000			仮払税金消却	39	
取崩額	法人税額等 (5の③)＋(10の③)＋(15の③)	34	1,175,000		計 (34)＋(35)＋(36)＋(37)＋(38)＋(39)		40	1,525,000
	事業税及び特別法人事業税 (19の③)	35	350,000	期末納税充当金 (30)＋(33)－(40)			41	1,810,000

一致

②　各種引当金（貸借対照表）と別表5(1)の一致

簿記の学習の中で頻繁に登場する賞与引当金や退職給付引当金など、将来発生する特定の費用で、その支出に備えるため当期の費用としてその見積額を計上するための各種引当金は、あくまでもその計上が見積もりである以上、会社の恣意性が大きく影響します。そのため、税務上ではこれに損金性を認めてはいません。

こうした当期に費用として処理され、その相手勘定として貸借対照表に計上された引当金の期末残高は、【図表3-16】のとおり、別表5(1)のそれぞれ『差引翌期首現在利益積立金額』の各残高と一致します。別表4では、当期に費用として繰り入れられた各種引当金の部分は損金不算入として加算調整されます。そして、これらは税務上当期の損金にはならなくてもいずれ損金として認められるものになるた

【図表 3-16　負債性引当金と別表 5（1）の一致】

貸　借　対　照　表

（××年　3月31日現在）

資産の部 科目	金額	負債の部 科目	金額
【流動資産】		【流動負債】	
現金・預金	×××	買掛金	×××
受取手形	×××	⋮	
売掛金	×××	賞与引当金	2,500,000
⋮		⋮	
【固定資産】		【固定負債】	
（有形固定資産）		退職給付引当金	20,200,000
建物	×××	⋮	
建物附属設備	×××	負債合計	×××
⋮		純資産の部	
（無形固定資産）		科目	金額
ソフトウエア	×××	【株主資本】	
⋮		資本金	10,000,000
（投資その他の資産）		【利益剰余金】	
投資有価証券	×××	繰越利益剰余金	26,759,370
⋮		純資産合計	×××
資産合計	×××	負債純資産合計	×××

一致を確認

別表五(一)

区分		期首現在利益積立金額	当期の増減 減	当期の増減 増	差引翌期首現在利益積立金額 ①－②＋③
		①	②	③	④
賞与引当金	5	3,000,000	3,000,000	2,500,000	2,500,000
退職給付引当金	6	20,000,000	1,000,000	1,200,000	20,200,000

この部分が会計上で当期の費用として処理されている部分　⇒加算

め、留保項目として別表5(1)へと転記されていきます。別表5(1)は、損金不算入となったものを貸借対照表のようにストックする性質を持っているため、別表4で加算調整された引当金のすべてが別表5(1)へと集約されることで、貸借対照表の各種引当金の期末残高と一致することになります。

評価性引当金である「貸倒引当金」のケース

引当金の代表格の1つに貸倒引当金があります。貸倒引当金は、売掛金や受取手形などが回収不能(貸倒れ)になるリスクに備えるため、その損失を見積もって計上する引当金で、賞与引当金などとは異なり資産の部にマイナス表示で計上される評価性引当金になります。

貸倒引当金は、中小企業の場合、一定の範囲内で損金算入が認められています。そのため、貸借対照表に計上されている貸倒引当金の金額が、税務上損金として認められる金額の範囲を超えてしまうと、その超える部分は別表5(1)へと転記されます。これに対し、損金として認められる範囲内であれば、損金不算入となる部分がなく、別表5(1)に登場することはありません。つまり、中小企業の場合、貸借対照表に計上される貸倒引当金の金額はその一部が損金不算入となっても、あくまでも損金不算入となる部分はその一部であるため、別表5(1)に計上される金額と一致することはありません。

念のため、確認しておきましょう。

貸倒引当金は、中小企業の場合、売掛金などの金銭債権の期末残高のうち、一定の割合(法定繰入率)の範囲内で損金性が認められています。実務では、会計上でも法定繰入率を使って貸倒引当金を計上しているケースも少なくありませんが、ここで、製造業(法定繰入率:8/1000)を営む中小企業を事例に確認してみます。

例えば、期末の金銭債権の合計が売掛金のみの5,000千円だったとします。このとき、税務上損金算入が認められるのは、5,000千円×8/1000(製造業)=40千円となります。これに対し、会計上で貸倒引当金を50千円計上した場合には、10千円(50千円(会計上)−40千円(税務上))が加算調整(否認)されることになり、留保項目として別表5(1)に転記されます。別表5(1)には会計上計上した貸倒引当金のうち損金不算入となった部分だけが計上されるため、**【図表3-17】**のように、別表5(1)の残高と貸借対照表の残高が一致することはありません。

【図表 3-17　貸倒引当金と別表 5（1）】

貸借対照表
（××年　3月31日現在）

資産の部		負債の部	
科目	金額	科目	金額
【流動資産】		【流動負債】	
現金・預金	×××	買掛金	×××
受取手形	×××	⋮	
売掛金	5,000,000	賞与引当金	×××
⋮		⋮	
貸倒引当金	△ 50,000	【固定負債】	
【固定資産】		退職給付引当金	×××
（有形固定資産）		⋮	
建物	×××	負債合計	×××
建物附属設備	×××	純資産の部	
⋮		科目	金額
（無形固定資産）		【株主資本】	
ソフトウエア	×××	資本金	10,000,000
⋮		【利益剰余金】	
（投資その他の資産）		繰越利益剰余金	26,759,370
⋮		純資産合計	×××
資産合計	×××	負債純資産合計	×××

✖ 一致しない

別表五(一)

区分		期首現在利益積立金額	当期の増減		差引翌期首現在利益積立金額 ①－②＋③
			減	増	
		①	②	③	④
貸倒引当金	3			10,000	10,000

なお、大企業では賞与引当金や退職給付引当金と同じように貸倒引当金も損金算入が一切認められていません。そのため、貸借対照表に計上される貸倒引当金の期末残高と別表5（1）に計上される貸倒引当金の金額は一致することになります。

⑶ 「資産の部」と別表５（１）

① 各資産の価額（貸借対照表）と別表５（1）の一致

特に中小企業の場合、貸借対照表に計上される資産の残高と、これを加算調整あるいは減算調整したことで別表５⑴に集約される金額とが一致することはほとんどありません。これは会計上の仕組み、つまり複式簿記が大きく関係しているといえますが、例えば、賞与引当金が計上されるケースについて見てみましょう。

（賞与引当金繰入額）2,500,000	／	（賞与引当金）2,500,000
↓		↓
加算調整（否認）		費用分が計上

このように、負債の部に計上される引当金は、計上された費用の額の全額が否認され、貸借対照表にもそのままその金額が引き継がれます。そのため、貸借対照表の残高と加算調整（否認）された金額とが一致することになります。

これに対し、例えば、税務上では認められてはいない投資有価証券（取得価額2,000,000円）の評価損を計上したケースを考えていきます。会計上は次のような仕訳になります。

（投資有価証券評価損）200,000	／	（投資有価証券）200,000
↓		
加算調整（否認）		

このとき、引当金の場合と同じように、会計上において計上された費用（損失）は申告上では加算調整（否認）されるため、別表５（1）は**【図表3–18】**のように否認された200千円が計上されますが、加算調整された金額と資産の部の投資有価証券の期末残高とは一致することはありません。

なぜなら、資産の部は貸借対照表上では借方科目であり、費用（損失）についても損益計算書上では借方科目となります。つまり、このようなケースでは、資産の価値を減少させる性質を持つ費用が計上されればされるほど、加算調整される部分は増加していきますが、この動きとは逆に貸借対照表上の資産の価額は減少してい

【図表3-18　資産の部と別表5（1）の関係】

貸　借　対　照　表

（××年　3月31日現在）

資産の部		負債の部	
科目	金額	科目	金額
【流動資産】		【流動負債】	
現金・預金	×××	買掛金	×××
受取手形	×××	：	
売掛金	×××	賞与引当金	
：		：	×××
【固定資産】		【固定負債】	
（有形固定資産）		退職給付引当金	×××
建物	×××	：	
建物附属設備	×××	負債合計	×××
：		純資産の部	
（無形固定資産）		科目	金額
ソフトウエア	×××	【株主資本】	
：		資本金	10,000,000
（投資その他の資産）		【利益剰余金】	
投資有価証券	1,800,000	繰越利益剰余金	26,759,370
：		純資産合計	×××
資産合計	×××	負債純資産合計	×××

✕一致しない

別表五㈠

区分		期首現在利益積立金額	当期の増減		差引翌期首現在利益積立金額①－②＋③
			減	増	
		①	②	③	④
投資有価証券	4			200,000	200,000

くことになるため、貸借対照表上の資産の部の残高と別表5（1）の金額とは一致することはなく、むしろ乖離していくことになります。

ここで、資産の部を使って別表5（1）の表示について見ていきます。上記の例では投資有価証券の評価損を計上しましたが、同じように税務上では認められない評価益を計上した場合の別表５（1）の表示を確認します。

（投資有価証券）150,000　／　（投資有価証券評価益）150,000

会計上では、このような仕訳になります。このとき、会計上で収益として認識された投資有価証券評価益は、申告上では益金として認められないため減算調整することになります。珍しいケースといえるでしょう。これを別表５（1）に反映すれば**【図表 3-19】**のようになります。

【図表 3-19　投資有価証券評価益の減算調整】

別表五㈠

区分		期首現在利益積立金額	当期の増減		差引翌期首現在利益積立金額①−②＋③
			減	増	
		①	②	③	④
投資有価証券	4			△ 150,000	△ 150,000

【図表 3-18】の別表５（1）と**【図表 3-19】**を見比べてみると、「会計上の投資有価証券の金額（1,800,000円）＜税務上の投資有価証券の金額（2,000,000円）」の場合、つまり、会計上の資産の価額が税務上の価額よりも下回っているとき（会計上で過少計上になっているとき）は、別表５（1）ではプラスで表示され、「会計上の投資有価証券の金額＞税務上の投資有価証券の金額」の場合、つまり、会計上の資産の価額が税務上の価額よりも上回っているとき（会計上で過大計上になっているとき）は、その分だけ別表５（1）ではマイナス表示されます。

このように、貸借対照表上の資産の価額と別表５（1）の金額とは一致しないことのほうが一般的であるため、申告をする上では、加減算の内容を十分に注意して管理しておく必要があるといえるでしょう。

②　未収還付法人税等（貸借対照表）と仮払税金（別表５（1））の一致

ここまで、貸借対照表上の資産の価額と別表５（1）とは、会計の特徴によって一致しにくいことがわかりましたが、それでも一致するケースがあります。

それは申告によって法人税等の税金が還付されるケースで、その還付される金額を「仮払経理」（資産計上）した場合になります。

例えば、期中で中間納付した法人税等の税金の一部が還付される場合を例に考えていきます。中間納付したときに「法人税等」として費用処理し、決算を進めていく中でその一部の還付が確定したことで、その部分を「未収還付法人税等」などとして資産計上する場合には、次のような仕訳になります。なお、還付金額の合計をすると250,000円です。

（未収還付法人税等）	200,000	／	（法人税等）	200,000	：法人税及び地方法人税
（未収還付法人税等）	2,000	／	（法人税等）	2,000	：法人道府県民税
（未収還付法人税等）	10,000	／	（法人税等）	10,000	：法人市町村民税
（未収還付法人税等）	38,000	／	（法人税等）	38,000	：法人事業税等

この仕訳が反映された貸借対照表は**【図表3-20】**のとおりとなります。そして、別表5（1）では、貸借対照表上の資産計上される未収還付法人税等が『仮払税金』と表現されていますが、この未収還付法人税等が別表5（1）に表示されると、課税所得の計算に影響を与えます。

【図表 3-20　未収還付法人税等と別表５（1)】

貸　借　対　照　表

（××年　3月31日現在）

資　産　の　部		負　債　の　部	
科　目	金　額	科　目	金　額
【流動資産】		【流動負債】	
現金・預金	×××	買掛金	×××
受取手形	×××	：	
売掛金	×××	未払法人税等	35,000
未収還付法人税等	250,000	：	
：		：	
【固定資産】		【固定負債】	
（有形固定資産）		長期借入金	×××
建物	×××	：	
建物附属設備	×××	負　債　合　計	×××
：		純　資　産　の　部	
（無形固定資産）		科　目	金　額
ソフトウエア	×××	【株主資本】	
：		資本金	10,000,000
（投資その他の資産）		【利益剰余金】	
投資有価証券	×××	繰越利益剰余金	26,759,370
：		純　資　産　合　計	×××
資　産　合　計	×××	負債純資産合計	×××

合計 212,000円
仮払税金との差額（△38,000円）
＝
資産計上された法人事業税等（この分だけは損金算入）

別表五㈠

区　分		期首現在利益積立金額	当期の増減		差引翌期首現在利益積立金額 ①−②＋③
			減	増	
		①	②	③	④
未収還付法人税等	22			200,000	200,000
未収還付道府県民税	23			2,000	2,000
未収還付市町村民税	24			10,000	10,000
仮払税金	25			△ 250,000	△ 250,000
繰越損益金(損は△)	26	20,000,000	20,000,000	26,759,370	26,759,370
納税充当金	27	1,525,000	1,525,000	35,000	35,000

別表４加算へ（22〜24）

別表４減算へ（25）

具体的に見ていきます。まず、未収還付法人税等（仮払税金）が『増』のマイナスで表示されることで課税所得の計算上は250,000円が減算調整されます。本書では、『増』は当期の発生分を反映するものとしていることと、還付が実現していないため、貸借対照表上の資産が過大計上になっているとも捉えることができ、『増』のマイナスとなります。そして、これと同時に別表5 (1) には還付される法人税等のうち法人事業税以外のものが合計で212,000円加算調整されます。これにより、全体としては38,000円が課税所得から減算されることになりますが、これは実際に納税した法人事業税等のうち、「法人税、住民税及び事業税」として一旦費用処理されたにもかかわらず「未収還付法人税等」へと資産計上され、結果的に会計上では費用計上から外された部分となります。しかし、未収還付法人税等に振り替えられた法人税等の税金のうち、法人事業税等は実際に納付した事業年度において税務上損金算入される税金になるため、ここでその調整がされていることになります。

3 貸借対照表と別表5（2）との関係

貸借対照表と申告書との関係について、最後は別表5 (2) との関係を見ていくことにします。

(1) 未払法人税等（貸借対照表）と期末納税充当金（別表5（2））の一致

別表5 (2) は、租税公課の納付状況についての明細書になりますが、貸借対照表との間では特に未払法人税等との関係が深いといえます。ここまでのとおり、会計上の「未払法人税等」は税務上の「納税充当金」と同義になるため、別表5 (2) との関係においても、ここがポイントの1つとなります。

これまでこの章で確認してきたとおり、別表を作成していく中で決算書の数値と必ず一致しなければならない箇所はいくつかありました。その中でも最も重要なチェック項目の1つとして実務の中でも経験の浅いときから早い段階で知っておくべきなのが、**【図表3-21】**のとおり、貸借対照表の「未払法人税等」と別表5 (2)『納税充当金の計算』の中の『期末納税充当金』との一致ということになります。当然ですが、前期の貸借対照表に計上されていた「未払法人税等」と、別表5 (2) の

『期首納税充当金』の金額も必ず一致していなければなりません。

【図表3-21　未払法人税等と別表5（2）の一致】

貸借対照表
（××年　3月31日現在）

資産の部		負債の部	
科目	金額	科目	金額
【流動資産】		【流動負債】	
現金・預金	×××	買掛金	×××
受取手形	×××	：	
売掛金	×××	未払法人税等	1,810,000
：		：	
【固定資産】		【固定負債】	
（有形固定資産）		長期借入金	×××
建物	×××	：	
建物附属設備	×××	負債合計	×××
：		純資産の部	
（無形固定資産）		科目	金額
ソフトウエア	×××	【株主資本】	
：		資本金	10,000,000
（投資その他の資産）		【利益剰余金】	
投資有価証券	×××	繰越利益剰余金	26,759,370
：		純資産合計	×××
資産合計	×××	負債純資産合計	×××

前期末のB/Sの「未払法人税等」と一致

必ず一致

別表五(二)

納税充当金の計算								
期首納税充当金		30	1,525,000	取崩額	その他	損金算入のもの	36	
繰入額	損金経理をした納税充当金	31	1,810,000			損金不算入のもの	37	
		32					38	
	計 (31)＋(32)	33	1,810,000			仮払税金消却	39	
取崩額	法人税額等 (5の③)＋(10の③)＋(15の③)	34	1,175,000		計 (34)＋(35)＋(36)＋(37)＋(38)＋(39)		40	1,525,000
	事業税及び特別法人事業税 (19の③)	35	350,000		期末納税充当金 (30)＋(33)－(40)		41	1,810,000

これまで、会計上の「未払法人税等」と税務上の「納税充当金」が同義であることを繰り返してきたのは、申告書の作成に当たっては必ずこの部分をチェックする必要があることを強調するためでもあります。

また、第2章 SECTION 3の**【図表 2–15】**で確認しましたが、別表5 (1) との関係においても、別表5 (2) の『期末納税充当金』は、別表5 (1) の『納税充当金』の『差引翌期首現在利益積立金額』とも必ず一致します。

【図表2–15　別表5 (2) と別表5 (1) に表示されている納税充当金の一致（再掲）】

別表五(一)

繰越損益金（損は△）	25	20,000,000	20,000,000	26,759,370	26,759,370
納税充当金	26	1,525,000	1,525,000	1,810,000	1,810,000

一致

一致

別表五(二)

納税充当金の計算							
期首納税充当金		30	1,525,000	取崩額	その他	損金算入のもの	36	
繰入額	損金経理をした納税充当金	31	1,810,000			損金不算入のもの	37	
		32					38	
	計 (31)+(32)	33	1,810,000			仮払税金消却	39	
取崩額	法人税額等 (5の③)+(10の③)+(15の③)	34	1,175,000		計 (34)+(35)+(36)+(37)+(38)+(39)		40	1,525,000
	事業税及び特別法人事業税 (19の③)	35	350,000	期末納税充当金 (30)+(33)−(40)			41	1,810,000

なお、税務ソフトを使って申告書を作成する場合には、別表5 (2) の明細書の上部で法人税等の納付状況を入力し、これが下部の納税充当金へと自動計算される仕組みになっているのが一般的といえますが、貸借対照表上の「未払法人税等」と別表5 (2) の『期末納税充当金』を何とか合わせにいくのではなく、別表5 (2) を会計処理に従って作成した結果として、両者が一致している申告書を完成させることができれば、別表5 (2) が正しく作成されているといえるでしょう。

⑵ 未収還付法人税等（貸借対照表）と仮払経理による納付（別表5（2））の一致

貸借対照表と別表5（1）との関係の中でもありましたが、法人税等の税金が還付になる場合で、会計上これを「未収還付法人税等」などの資産科目で計上した場合には、未収還付法人税等と別表5（2）とが一致する部分があります。

法人税等の税金が還付されるという場面は、実務の中でもそれほど頻繁にあるというわけではなく、また、各別表間でも少し複雑な関係にもなるため、苦手意識がある実務家も多くなります。ここでは、少しでも実務に触れていただくためにも、確認してみることにします。

還付金額は**2**(3)②の事例と同額としますが、まずは、期中で中間納付をした法人税等の金額を次の仕訳で確認しておきます。

＜期中：中間納付＞

（法人税等）	500,000	／	（現預金）	500,000	：法人税及び地方法人税
（法人税等）	15,000	／	（現預金）	15,000	：法人道府県民税
（法人税等）	70,000	／	（現預金）	70,000	：法人市町村民税
（法人税等）	100,000	／	（現預金）	100,000	：法人事業税等

このうち、**2**(3)②の事例のように、決算を迎え税金計算をした結果、中間で納付した法人税等の税金の一部が還付されることになり、次のような仕訳を当期の決算整理仕訳の中で処理することにします（再掲）。

＜決算整理仕訳＞

（未収還付法人税等）	200,000	／	（法人税等）	200,000	：法人税及び地方法人税
（未収還付法人税等）	2,000	／	（法人税等）	2,000	：法人道府県民税
（未収還付法人税等）	10,000	／	（法人税等）	10,000	：法人市町村民税
（未収還付法人税等）	38,000	／	（法人税等）	38,000	：法人事業税等

このとき、貸借対照表の資産の部には未収還付法人税等が250,000円計上され、**【図表3-22】**のように別表5（2）の『仮払経理による納付』を合計すると一致する

【図表 3-22　未収還付法人税等と別表 5（2）の一致】

貸　借　対　照　表

（××年　3月31日現在）

資産の部		負債の部	
科目	金額	科目	金額
【流動資産】		【流動負債】	
現金・預金	×××	買掛金	×××
受取手形	×××	：	
売掛金	×××	未払法人税等	35,000
未収還付法人税等	250,000	：	
：		：	
【固定資産】		【固定負債】	
（有形固定資産）		長期借入金	×××
建物	×××	：	
建物附属設備	×××	負債合計	
：		純資産の部	
（無形固定資産）		科目	
ソフトウエア	×××	【株主資本】	
：		資本金	10,000,000
（投資その他の資産）		【利益剰余金】	
投資有価証券	×××	繰越利益剰余金	26,759,370
：		純資産合計	×××
資産合計	×××	負債純資産合計	×××

別表五㈡

税目及び事業年度				期首現在未納税額	当期発生税額	当期中の納付税額 充当金取崩しによる納付	当期中の納付税額 仮払経理による納付	当期中の納付税額 損金経理による納付	期末現在未納税額 ①+②-③-④-⑤
				①	②	③	④	⑤	⑥
法人税及地方法人税	： ：		1						
	： ：		2						
	当期分	中間	3		500,000		200,000	300,000	0
		確定	4						××× △ 200,000
道府県	： ：								
	当期分	中間	8		15,000		2,000	13,000	0
		確定	9						××× △ 2,000
市町村	： ：								
	当期分	中間	13		70,000		10,000	60,000	0
		確定	14						××× △ 10,000
事業税及特別法人事業税	： ：								
	当期中間分		18		100,000		38,000	62,000	0

一致

合計＝250,000円

ことになります。

第1章 SECTION 4の応用編では、前期の決算で計上した未払法人税等を超えて確定した法人税等を当期に納付した場合の別表5（2）の作成方法を確認しました。ここでも同じように中間納付した法人税等が『仮払経理による納付』と『損金経理による納付』に分解されることになります。せっかくなので**【図表3-22】**を使って別表5（2）の作成の流れを復習してみることにします。

別表5（2）『法人税及地方法人税』に注目してみましょう。まず、当期の期中で納付した中間納付分500,000円は、そのまま素直に『当期発生額』に計上されています。このときまだ決算整理前の状態であるため、この中間納付分の500,000円は期中の仕訳のとおり会計上「法人税等」に計上されています。そのため、別表5（2）では一旦『損金経理による納付』に500,000円を計上しておきます。そして決算を迎え、別表4に会計上の利益を計上したり、税務上の加減算の調整をしたりすることで税額が計算され、最終的に200,000円が還付されることが確定しました。前期の課税所得に比べ当期の課税所得が半分以下になったのでしょう。なお、別表を使った具体的な税金の計算方法は第4章で確認しますので、ここは200,000円の還付が確定した結果の数字を使って進めていきます。こうして還付が確定した200,000円は当期の決算整理仕訳で「法人税等」を相手勘定として「未収還付法人税等」に振り替えられたことで、中間納付分の500,000円のうち200,000円が資産計上されることになります。そして、別表5（2）で一旦『損金経理による納付』に計上されていた500,000円からこの200,000円を『仮払経理による納付』へと振り替えます。別表5（2）では、差額300,000円が『損金経理による納付』に残ることになるわけですが、仕訳を見返してみると会計上も「法人税等」として残るのは、借方に計上された期中納付分の500,000円から、未収還付法人税等に振り替られたことで貸方に計上された200,000円の差額300,000円となり、別表5（2）『損金経理による納付』に残された金額と一致するという流れです。最後に、中間納付分は期中ですべて完納しているため、この中間納付部分の『期末現在未納税額』はゼロになり、会計上の処理と別表5（2）の処理が一致することがわかります。

SECTION 3

株主資本等変動計算書と各種別表との関係

この章の最後として、重要な決算報告書の１つ、株主資本等変動計算書と各種別表との関係について確認していきます。なお、株主資本等変動計算書と別表５（2）との関係はありません。そのため、ここでは別表４と別表５（1）とのそれぞれの関係に焦点を当てて確認することにします。

1　株主資本等変動計算書と別表４との関係

(1)　当期純利益（株主資本等変動計算書）と当期利益又は当期欠損の額（別表４）の一致

SECTION 1 1 では、損益計算書の当期純利益と別表４『当期利益又は当期欠損の額』は必ず一致することを確認しました。株主資本等変動計算書の株主資本のうち当期変動額には損益計算書の当期純利益が転記されるため、損益計算書の当期純利益と別表４『当期利益又は当期欠損の額』が必ず一致するならば、**【図表 3-23】**のとおり、株主資本等変動計算書に計上される「当期純利益」と別表４『当期利益又は当期欠損の額』とも必ず一致することになります。

【図表 3-23　株主資本等変動計算書の当期純利益と別表 4 の一致】

株　主　資　本　等　変　動　計　算　書
（自○○年 4 月 1 日至××年 3 月 31 日）

	株主資本										評価・換算差額等		純資産合計
	資本金	資本剰余金			利益剰余金				自己株式	株主資本合計	その他有価証券評価差額金	評価・換算差額等合計	
		資本準備金	その他資本剰余金	資本剰余金合計	利益準備金	その他利益剰余金		利益剰余金合計					
						○○積立金	繰越利益剰余金						
前期末残高	10,000,000						20,000,000	20,000,000		30,000,000			30,000,000
当期変動額													
新株の発行													
剰余金の配当													
剰余金の配当に伴う利益準備金の積立													
当期純利益							6,759,370	6,759,370		6,759,370			6,759,370
自己株式の処分													
当期変動額合計							6,759,370	6,759,370		6,759,370			6,759,370
当期末残高	10,000,000						26,759,370	26,759,370		26,759,370			26,759,370

一致

別表四

区分			総額	処分	
				留保	
			①	②	
当期利益又は当期欠損の額		1	6,759,370	6,759,370	
加算	損金経理をした法人税及び地方法人税（附帯税を除く。）	2	1,000,000	1,000,000	
	損金経理をした道府県民税及び市町村民税	3	100,000	100,000	
	損金経理をした納税充当金	4	1,810,000	1,810,000	

(3)　剰余金の配当（株主資本等変動計算書）と配当（別表 4）の一致

中小企業ではそれほど多くはないケースかもしれませんが、会社が株主に対して利益部分の配当をした場合、次の仕訳が株主資本等変動計算書に反映され、別表 4 にもこれを反映させる必要があります。

（利益処分）
（繰越利益剰余金）2,000,000　／　（未払配当金）2,000,000　：確定配当金

このとき、**【図表 3-24】**のように、株主資本等変動計算書の「剰余金の配当」の

部分と別表４の中の『社外流出』項目として表記されている『配当』とを一致させておく必要があります。

【図表 3-24　株主資本等変動計算書の剰余金の配当と別表４の一致】

株　主　資　本　等　変　動　計　算　書
（自○○年４月１日至××年３月31日）

	株主資本										評価・換算差額等		純資産合計
	資本金	資本剰余金			利益剰余金				自己株式	株主資本合計	その他有価証券評価差額金	評価・換算差額等合計	
		資本準備金	その他資本剰余金	資本剰余金合計	利益準備金	その他利益剰余金		利益剰余金合計					
						○○積立金	繰越利益剰余金						
前期末残高	10,000,000						20,000,000	20,000,000		30,000,000			30,000,000
当期変動額													
新株の発行													
剰余金の配当							△2,000,000	△2,000,000		△2,000,000			△2,000,000
剰余金の配当に伴う利益準備金の積立					200,000		△200,000	0		0			0
当期純利益							6,759,370	6,759,370		6,759,370			6,759,370
自己株式の処分													
当期変動額合計					200,000		4,559,370	4,759,370		4,759,370			4,759,370
当期末残高	10,000,000				200,000		24,559,370	24,759,370		24,759,370			24,759,370

一致

別表四

区　　分			総　額	処　　分		
				留　保	社　外　流　出	
			①	②	③	
当期利益又は当期欠損の額		1	6,759,370	6,759,370	配　当	2,000,000
					その他	
加算	損金経理をした法人税及び地方法人税（附帯税を除く。）	2	1,000,000	1,000,000		
	損金経理をした道府県民税及び市町村民税	3	100,000	100,000		
	損金経理をした納税充当金	4	1,810,000	1,810,000		
⋮	⋮	⋮	⋮	⋮	⋮	⋮

2　株主資本等変動計算書と別表５（1）との関係について

別表５（1）は『利益積立金額及び資本金等の額に関する明細書』ということになるため、株主資本の動きを表示する株主資本等変動計算書との関わりは深くなります。ただし、株主資本等変動計算書では主に「純資産の部」の動きが反映されており、こうした動きは税務上ではいわゆる「資本等取引」として位置づけられ、課税所得計算がメインとなる申告上の観点からはそれほど重要な部分にはなりません。しかし、決算報告書と別表との整合性という観点からは、正確に会計処理が別表に反映されている必要があるため、やはり株主資本等変動計算書と別表５（1）について確認しておく必要があります。

(1)　繰越利益剰余金と繰越損益金（別表５（1））の一致

SECTION 2❷貸借対照表と別表５（1）との関係の中で、「純資産の部」と別表５（1）との関係として「繰越利益剰余金」（貸借対照表）と『繰越損益金』（別表５（1））の一致を確認しました。そして、貸借対照表の「純資産の部」の動きを反映した株主資本等変動計算書のうち、貸借対照表とも一致する「繰越利益剰余金」の金額は、**【図表 3-25】**のように別表５（1）『繰越損益金』とも必ず一致することになります。

【図表 3-25　繰越利益剰余金（株主資本等変動計算書）と別表 5（1）との一致】

株 主 資 本 等 変 動 計 算 書
（自○○年 4 月 1 日至××年 3 月 31 日）

	株主資本										評価・換算差額等		純資産合計
	資本金	資本剰余金			利益剰余金				自己株式	株主資本合計	その他有価証券評価差額金	評価・換算差額等合計	
		資本準備金	その他資本剰余金	資本剰余金合計	利益準備金	その他利益剰余金		利益剰余金合計					
						○○積立金	繰越利益剰余金						
前期末残高	10,000,000						20,000,000	20,000,000		30,000,000			30,000,000
当期変動額													
新株の発行													
剰余金の配当													
剰余金の配当に伴う利益準備金の積立													
当期純利益							6,759,370	6,759,370		6,759,370			6,759,370
自己株式の処分													
当期変動額合計							6,759,370	6,759,370		6,759,370			6,759,370
当期末残高	10,000,000						26,759,370	26,759,370		26,759,370			26,759,370

一致

別表五(一)

区分		期首現在利益積立金額	当期の増減		差引翌期首現在利益積立金額 ①－②＋③
			減	増	
		①	②	③	④
	24				
繰越損益金（損は△）	25	20,000,000	20,000,000	26,759,370	26,759,370
納税充当金	26	1,525,000	1,525,000	1,810,000	1,810,000

(2)　増資や減資・自己株式の取得があった場合などと「Ⅱ　資本金等の額の計算に関する明細書」の一致

同じように、SECTION 2❷貸借対照表と別表 5（1）との関係の中で、「純資産の部」と別表 5（1）との関係として資本金の額等（貸借対照表）と資本金等の額（別表 5（1））との一致を確認しました。SECTION 2 ではあくまでも貸借対照表の期末残高と、別表 5（1）上の期末残高となる『差引翌期首現在資本金等の額』の部分との一致の確認でしたが、株主資本等変動計算書では増資や自己株式の取得などの期中の動きが反映されるため、**【図表 3-26】**のように、残高だけではなく期中の動きそのものが別表5（1）『当期の増減』と一致することになります。

【図表3-26　資本金等の変動額（株主資本等変動計算書）と別表5（1）の一致】

株　主　資　本　等　変　動　計　算　書
（自○○年4月1日至××年3月31日）

	株主資本										評価・換算差額等		純資産合計
	資本金	資本剰余金			利益剰余金				自己株式	株主資本合計	その他有価証券評価差額金	評価・換算差額等合計	
		資本準備金	その他資本剰余金	資本剰余金合計	利益準備金	その他利益剰余金		利益剰余金合計					
						○○積立金	繰越利益剰余金						
前期末残高	10,000,000						20,000,000	20,000,000		30,000,000			30,000,000
当期変動額													
新株の発行	10,000,000									10,000,000			10,000,000
剰余金の配当													
剰余金の配当に伴う利益準備金の積立													
当期純利益							6,759,370	6,759,370		6,759,370			6,759,370
自己株式の処分									△2,000,000	△2,000,000			△2,000,000
当期変動額合計	10,000,000						6,759,370	6,759,370	△2,000,000	14,759,370			14,759,370
当期末残高	20,000,000						26,759,370	26,759,370	△2,000,000	44,759,370			44,759,370

期中の動き

別表五(一)

Ⅱ　資本金等の額の計算に関する明細書

区分		期首現在資本金等の額	当期の増減		差引翌期首現在資本金等の額 ①−②＋③
			減	増	
		①	②	③	④
資本金又は出資金	32	10,000,000		10,000,000	20,000,000
資本準備金	33				
自己株式	34			△ 2,000,000	△ 2,000,000
	35				
差引合計額	36	10,000,000		8,000,000	18,000,000

第3章では、損益計算書、貸借対照表そして株主資本等変動計算書の各種決算報告書と、別表4、別表5（1）そして別表5（2）のそれぞれの関係を確認してきました。

会計の世界では保守主義や重要性の観点が重視される一方で、税務の世界では公平性や恣意性の排除が求められるため、それぞれルールが異なることになります。これが費用≠損金、収益≠益金という関係を生み出しています。しかし、申告のために課税所得を計算するうえでは会計処理が基礎となるため、申告のために使われる各種別表上の数値は、会計処理がその根拠になっています。

こうした会計と税務の両者の整合性を確保するために、第3章で確認してきたような両者間の金額のチェックが重要となり、これが正確な課税所得計算にもつながります。

決算書と別表との関係を実務の中でより意識するためにも、次の第4章では、事例を使って決算報告書と別表とのつながりをさらに深く確認していくことにします。

第4章

事例を使った
別表の作成手順と税金計算

1　申告書作成の目的

法人税の申告書を作成する一番の目的は税務署への申告業務ということになりますが、実務では**【図表4-1】**のとおり、決算整理仕訳で未払法人税等を計上するために申告書を活用していきます。

【図表4-1　申告書作成の目的】

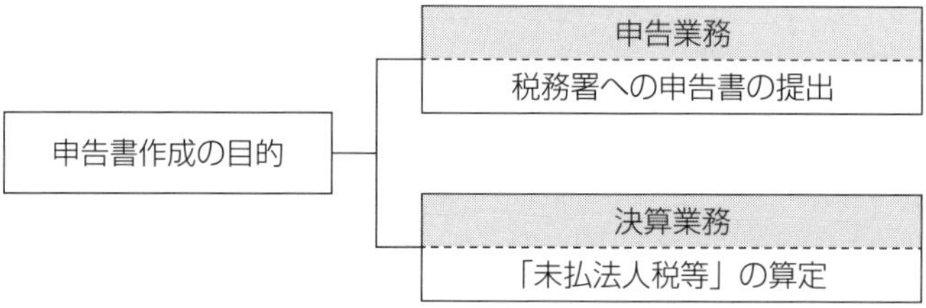

2　決算業務の流れ

会社の決算業務は、一般的に**【図表4-2】**のように日常の月次処理を基礎として、期末に前払費用や未払費用の検討、減価償却費の計上などの決算整理仕訳を入れていきます。そして、決算業務の最終段階に差しかかると「未払法人税等」を計上することになりますが、その算定のためのツールとして法人税の申告書は欠かせない存在といえます。こうした側面から、**【図表4-1】**のとおり、申告書を作成する目的の1つに決算業務が含まれることになります。

それではもう一度**【図表4-2】**に沿って決算業務の実務的な流れを確認していきます。

まず、決算業務に入るまでは、日々の業務として月次処理が行われます。会計処理のボリュームが少なければ、決算時に1年分をまとめて処理することもあるかもしれませんが、処理自体は、月ごとに、1か月単位で進めていきます。

そして、決算月を迎えたところで事業年度の末日を最終日とした残高試算表が完成しますが、この時点では前払費用や未払費用などの経過勘定のほか、減価償却費などが未確定のため、月次処理のみが集計された残高試算表は決算整理前残高試算表、いわゆる「前T／B」と呼ばれます。

【図表4-2　税額確定までの決算業務の流れ】

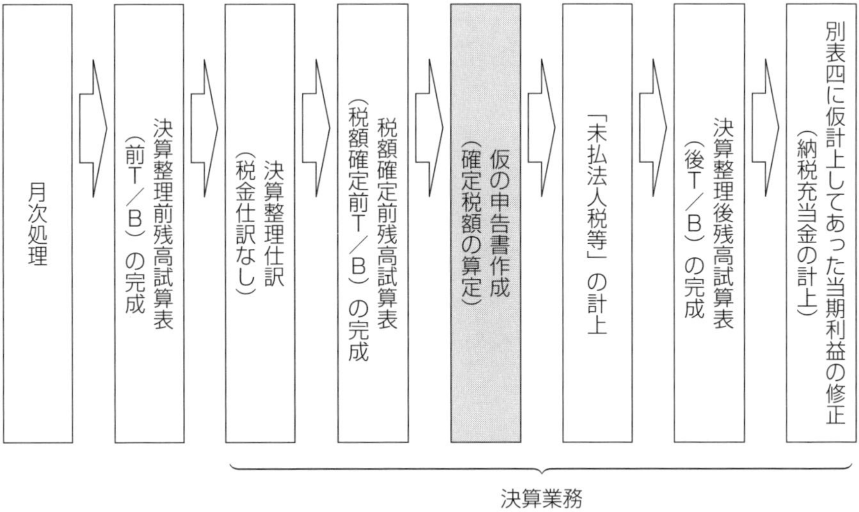

決算業務では、決算整理仕訳として経過勘定や減価償却費、棚卸資産、貸倒引当金などが反映されていくことになります。そして、こうした処理が完了すれば、税額確定前までの残高試算表（本章では「税額確定前T／B」といいます）が完成します。

こうして、いよいよ「未払法人税等」を計上する段階に入りますが、その計算手段として法人税の申告書を仮に作成していきます。そして、仮に作成した申告書を使って算定した法人税等の税額を会計に反映させれば決算整理後残高試算表、つまり「後T／B」が出来上がります。

このように、申告書を利用しながら税額確定前T／Bに計上されている当期純利益の額を使って仮の申告書を作成して税額計算をし、これを反映させて後T／B（＝決算報告書）を完成させていくという一連の流れは、本章のポイントであり、実務上の決算業務の中でも最も重要な部分になるといえるでしょう。

そこで、第4章ではいくつかの事例を使いながら「未払法人税等」を計上するまでの実務的な手順を確認していくことにします。

事例１

欠損事業年度が続いているケース

株式会社Ａ（以下「Ａ社」といいます）は、資本金10,000,000円、従業員５人の卸売業を営む３月決算の中小企業です。ここ数年業績があまり良くなく、いわゆる赤字が続いています。Ａ社はそれほど規模が大きな会社ではないため、決算でも複雑な処理はありません。また、申告においても欠損が続き、納税に関しては法人県民税と法人市民税の70,000円の均等割だけとなっています。

当期（X6年３月期）の決算整理前残高試算表（前Ｔ／Ｂ）は**【図表4-3】**のとおりとなりましたが、今期も赤字となってしまいそうです。

Ａ社のように赤字が連続していて、会計処理もそれほど複雑ではないケースでは申告書の作成は比較的単純なものになるため、会計事務所の中でも経験の浅い担当者が作成するケースが多くなるかと思いますが、実務ではどのような流れで決算業務が進められているのでしょうか。

解説

いわゆる赤字が連続しているケースでは、未払法人税等の金額は計算する必要もなく、道府県民税と市町村民税の均等割だけとなります。均等割は赤字であっても課税される税金ということになります。

当期のＡ社では、決算整理仕訳が完成すれば、あとは70,000円の均等割を「未払法人税等」として追加で計上してしまえば、会計での決算業務は完了ということになります。

また、申告書についても、Ａ社のように複雑な会計処理がない会社の場合には、別表５（1）の動きはなく、単に法人税等の税金の処理に絡んだ別表４と別表５（2）の動きだけとなり、前期の申告書を参考に作成していけば、申告書は完成に近づいていくでしょう。

しかし、前年の申告書を単にマネをするだけの決算業務では、将来、均等割以外の税金計算が必要となった場合の決算業務にしっかりと対応することが難しくなります。

【図表4-3　A社の前T／B】

試　算　表

A社　　　　　　　　　　　　　　　　　　自　X5年4月1日　至　X6年3月31日

勘定科目名	前月残	借方発生高	貸方発生高	当月残
普通預金	5,000,000	20,000,100	22,425,000	2,575,100
売掛金	2,000,000	21,000,000	20,000,000	3,000,000
商品	200,000			200,000
流動資産	7,200,000	41,000,100	42,425,000	5,775,100
工具・器具	800,000			800,000
有形固定資産	800,000			800,000
固定資産	800,000			800,000
資産の部	8,000,000	41,000,100	42,425,000	6,575,100
買掛金	1,500,000	12,000,000	12,000,000	1,500,000
未払法人税等	70,000	70,000		0
流動負債	1,570,000	12,070,000	12,000,000	1,500,000
負債の部	1,570,000	12,070,000	12,000,000	1,500,000
資本金	10,000,000			10,000,000
繰越利益剰余金	−3,570,000	1,354,900		−4,924,900
繰越利益剰余金	−3,570,000			−3,570,000
(うち当期純利益)	0	1,354,900		−1,354,900
利益剰余金	−3,570,000	1,354,900		−4,924,900
純資産の部	6,430,000	1,354,900		5,075,100
負債・純資産の部	8,000,000	13,424,900	12,000,000	6,575,100
商品売上高	0		21,000,000	21,000,000
純売上高	0		21,000,000	21,000,000
商品仕入高	0	12,000,000		12,000,000
売上原価	0	12,000,000		12,000,000
売上総利益	0	9,000,000		9,000,000
給料手当	0	8,000,000		8,000,000
通信費	0	55,000		55,000
支払手数料	0	1,000,000		1,000,000
地代家賃	0	1,300,000		1,300,000
販売費及び一般管理費	0	10,355,000		10,355,000
営業利益	0		1,355,000	−1,355,000
受取利息	0		115	115
雑収入	0		2	2
営業外収益	0		117	117
経常利益	0		1,354,883	−1,354,883
税引前当期純利益	0		1,354,883	−1,354,883
法人税、住民税及び事業税	0	17		17
当期純利益	0		1,354,900	−1,354,900

そこで、**事例1**では、A社の単純なケースを使いながら、決算業務の手順をしっかりと確認していくことにします。

≪手順1≫　決算整理仕訳の処理

決算整理仕訳は、通常、それぞれの会社によって処理は異なります。

A社では、まず、棚卸資産があるため、期首の棚卸商品と期末の棚卸商品の洗替処理をします。そして、A社が支払っている家賃については翌月分当月末日払いとしているため、3月中に支払った家賃は翌期の4月分の家賃として前払い処理をします。その他、3月分の通信費が未払いになっていることと、固定資産として所有している器具備品に対しては法人税法上の法定耐用年数を使って減価償却費を計上していきますが、これらの決算整理仕訳をまとめると次のとおりとなります。

（A社の決算整理仕訳）

①	（期首棚卸高）	200,000	／	（商品）	200,000	：期首棚卸
	（商品）	150,000	／	（期末棚卸高）	150,000	：期末棚卸
②	（前払費用）	100,000	／	（地代家賃）	100,000	：X6年4月分家賃
③	（通信費）	5,000	／	（未払費用）	5,000	：X6年3月分電話代
④	（減価償却費）	300,000	／	（器具備品）	300,000	：当期償却額

そして、これらの決算整理仕訳が反映された税額確定前T／Bは**【図表4-4】**のとおりとなります。

その他、税額確定前T／Bの各勘定科目の内容を見てみると、引当金等の計上はなく、また、決算整理仕訳の内容からも、例えば減価償却費の計上に当たっては償却超過もなく適正に処理がなされています。つまり、税金に絡んだ部分以外に損金不算入あるいは益金不算入などとして申告調整すべき項目はないと判断できます。

【図表 4-4　A 社の税額確定前 T／B】

試　算　表

（期末）

A 社　　　　自　X5 年 4 月 1 日　至　X6 年 3 月 31 日

勘定科目名	前月残	借方発生高	貸方発生高	当月残
普通預金	5,000,000	20,000,100	22,425,000	2,575,100
売掛金	2,000,000	21,000,000	20,000,000	3,000,000
商品	200,000	150,000	200,000	150,000
前払費用	0	100,000		100,000
流動資産	7,200,000	41,250,100	42,625,000	5,825,100
工具・器具	800,000		300,000	500,000
有形固定資産	800,000		300,000	500,000
固定資産	800,000		300,000	500,000
資産の部	8,000,000	41,250,100	42,925,000	6,325,100
買掛金	1,500,000	12,000,000	12,000,000	1,500,000
未払費用	0		5,000	5,000
未払法人税等	70,000	70,000		0
流動負債	1,570,000	12,070,000	12,005,000	1,505,000
負債の部	1,570,000	12,070,000	12,005,000	1,505,000
資本金	10,000,000			10,000,000
繰越利益剰余金	−3,570,000	1,609,900		−5,179,900
繰越利益剰余金	−3,570,000			−3,570,000
（うち当期純利益）	0	1,609,900		−1,609,900
利益剰余金	−3,570,000	1,609,900		−5,179,900
純資産の部	6,430,000	1,609,900		4,820,100
負債・純資産の部	8,000,000	13,679,900	12,005,000	6,325,100
商品売上高	0		21,000,000	21,000,000
純売上高	0		21,000,000	21,000,000
期首棚卸高	0	200,000		200,000
商品仕入高	0	12,000,000		12,000,000
期末棚卸高	0		150,000	150,000
売上原価	0	12,200,000	150,000	12,050,000
売上総利益	0	8,950,000		8,950,000
給料手当	0	8,000,000		8,000,000
減価償却費	0	300,000		300,000
通信費	0	60,000		60,000
支払手数料	0	1,000,000		1,000,000
地代家賃	0	1,300,000	100,000	1,200,000
販売費及び一般管理費	0	10,660,000	100,000	10,560,000
営業利益	0		1,610,000	−1,610,000
受取利息	0		115	115
雑収入	0		2	2
営業外収益	0		117	117
経常利益	0		1,609,883	−1,609,883
税引前当期純利益	0		1,609,883	−1,609,883
法人税、住民税及び事業税	0	17		17
当期純利益	0		1,609,900	−1,609,900

≪手順 2≫　税額確定前 T／B 上の「未払法人税等」をチェック

次に、別表5 (2) の作成に向けて期中での法人税等の納付の動きを確認しておきます。一般的に残高試算表の中で法人税等に関連した勘定科目は、「未払法人税等」と「法人税、住民税及び事業税」の２つになりますが、税額確定前 T／B の期首(**【図表 4-4】**では「前月残」の部分）にある「未払法人税等」の残高は、前期の決算整理仕訳の中で計上されたものになります。これらの税金は、通常当期に入って2か月以内に納付が完了し、決算前には残高がゼロになっているケースが多いといえます。

それでは、ここで未払法人税等の動きを確認するため、**【図表 4-5】**のように「未払法人税等」の総勘定元帳を見ていきます。

【図表 4-5　「未払法人税等」の総勘定元帳】

総　勘　定　元　帳

X5 年　A 社　　　　　　　　　　　　　　　　　　　　　　　　　未払法人税等

月日	伝票番号	摘要	相手科目名	借方	貸方	残高
4.1		※　前期繰越　※				70,000
5.29		前期確定法人税等	普通預金	70,000		0
		※　5月度計　※		*******70,000	************0	
3.31		※　次月繰越　※			納付完了	0
		以下余白				

A 社では、税額確定前 T／B の期首残高に均等割の納税分が計上されていますが、これらは前期の決算整理仕訳の中で、次のように未払計上された結果ということになります。

(A 社の前期の決算整理仕訳（未払法人税等))
(法人税、住民税及び事業税）70,000　／　(未払法人税等）70,000
：当期確定法人税等

そして、これらは**【図表 4-5】**からわかるとおり、当期の５月 29 日に納付され、「未払法人税等」の残高はゼロになったことが確認できました。

前Ｔ／Ｂの「未払法人税等」の残高は、期中に一旦ゼロになることが多いといえますが、Ａ社のように赤字が続き納税が均等割だけであっても、本店を異動した場合や自治体によっては条例により超過税率を課しているケースもあるため、ついつい均等割の計上を誤ってしまうケースがあります。ただし、会計上の「未払法人税等」は税務上ではあくまでも見積もり計上としての位置づけでしかないため、決算整理仕訳で計上を誤っても課税所得に直接影響することはありません。これがどういうことなのか、のちほど確認をしますが、こうしたケースでは、前期に計上した未払法人税等の金額と実際に納付した均等割の金額とに差異が生じます。その結果、納付後の「未払法人税等」の残高はゼロになることはありません。しかし、実務ではそれほど珍しいケースではなく、このような場合の対応については、次の**事例2**あるいは**事例3**で確認することにします。

勘定科目内訳明細書の役割

決算整理仕訳が入ると、会計上の数値はある程度確定します。実務では、この段階で法人税の申告書に添付する「勘定科目内訳明細書」を作成しておくのが決算業務として一般的な流れになるといえるでしょう。

勘定科目内訳明細書は、主に貸借対照表の各勘定科目の期末残高に関して、取引ごとの内容とそれぞれの残高を明細ベースで作成していきます。作成の方法として、勘定科目ごとに総勘定元帳を使い、期中の動きの消し込みなどをしながら最終残高の内訳を解明していきますが、こうして当期中の処理を改めて見直すことで、期中の消し込み不足などの月次処理のミスの発見にもつながります。

こうして勘定科目内訳明細書を完成させると、会計上の数値はより正確なものとなり、この先、会計処理に関する修正は少なくなっていきます。

≪手順3≫　未払法人税等の動きを別表5（2）に反映

前期に計上された未払法人税等に対しＡ社が納付を完了させると、次の仕訳が会計に反映されます。

（A 社の期中の仕訳（未払法人税等））

（未払法人税等）70,000　／　（現預金）70,000　：前期確定法人税等

この仕訳を見てみると、前期に計上された法人税等の税金は「未払法人税等」という勘定科目を使って納付されています。会計上の未払法人税等は税務上の納税充当金と同義になるため、この仕訳を税務の側面から見直してみると、前期の計上された法人税等の税金は「納税充当金」によって納付されたと言い換えることができます。

そこで、まずはこの未払法人税等に関する会計処理を別表5 (2) に反映させておきます。つまり、申告書の作成は別表5 (2) からスタートしていくことになります。

当期の別表5 (2)『期首現在未納税額』には、前期の均等割の70,000円（＝20,000円（道府県民税）＋50,000円（市町村民税））がすでに計上されています。そして、これらは当期中に納付されたことで相殺されることになりますが、上記の期中の仕訳のとおり、この均等割は「未払法人税等」を使って納付されています。つまり、

【図表 4-6　A 社の別表 5 (2)（作成途中の段階）】

租税公課の納付状況等に関する明細書

事業年度	X5・4・1 X6・3・31	法人名	A社

別表五(二)　令五・四・一以後終了事業年度分

税目及び事業年度			期首現在未納税額	当期発生税額	当期中の納付税額 充当金取崩しによる納付	当期中の納付税額 仮払経理による納付	当期中の納付税額 損金経理による納付	期末現在未納税額 ①+②−③−④−⑤
			①	②	③	④	⑤	⑥
法人税及び地方法人税	・　・	1	円				円	円
	・　・	2						
	当期分 中間	3						
	当期分 確定	4		0				0
	計	5		0				0
道府県民税	・　・	6						
	X4・4・1 X5・3・31	7	20,000		20,000			0
	当期分 中間	8						
	当期分 確定	9		20,000				20,000
	計	10	20,000	20,000	20,000			20,000
市町村民税	・　・	11						
	X4・4・1 X5・3・31	12	50,000		50,000			0
	当期分 中間	13						
	当期分 確定	14		50,000				50,000
	計	15	50,000	50,000	50,000			50,000
事特別	・　・	16						

会計上の「未払法人税等」とイコール

相殺

相殺

別表５（2）においては**【図表 4-6】**のとおり、『充当金取崩しによる納付』の部分を使って相殺処理することになります。

≪手順 4≫　税額確定前Ｔ／Ｂ「法人税、住民税及び事業税」のチェック

≪手順 2≫では前Ｔ／Ｂ「未払法人税等」の総勘定元帳で期中の動きを確認し、その動きを**≪手順 3≫**で別表５（2）に反映させました。今度は、税額確定前Ｔ／Ｂに計上されている納税に関連したもう１つの勘定科目である「法人税、住民税及び事業税」の動きについて見ていきます。

Ａ社では前期が赤字のため、中間納付はなく、また、修正申告などがなければ期中で「法人税、住民税及び事業税」が計上されることはありません。ただし、預金利息や配当金を受け取る際に差し引かれた源泉所得税がここに計上されるケースも少なくありません。というのも、源泉徴収されたこれらの所得税は、法人税を中間納付したのと同じ扱いになるためだといえます。そして、法人税と同じ性格であるならば、これらは損金不算入となる可能性があるため、税金計算をする前には「法人税、住民税及び事業税」に計上されている内容を必ず確認しておく必要があります。

また、同じように、税金に絡んだ勘定科目としては「租税公課」が挙げられます。ここには固定資産税や自動車税、印紙代のように税務上損金算入できるものが計上されていることが多いといえますが、ときには「法人税、住民税及び事業税」で処理しなかった源泉所得税のほか、加算税や延滞税など、税務上損金算入できないものが含まれている可能性もあるため、「租税公課」の総勘定元帳も要チェックです。

Ａ社の場合、「法人税、住民税及び事業税」として処理されているものは**【図表 4-7】**のとおり、預金利息に係る源泉所得税だけですが、必ず総勘定元帳を使って中身を確認しておくようにしましょう。

【図表 4-7 「法人税、住民税及び事業税」の総勘定元帳】

総 勘 定 元 帳

X5 年 A 社　　　　法人税、住民税及び事業税

月日	伝票番号	摘要	相手科目名	借方	貸方	残高
8.20		利子源泉税	諸口	17		17
		※ 8月度計 ※		***********17	************0	
3.31		※ 次月繰越 ※				17
		以下余白				

なお、この段階では、最終の未払法人税等の仕訳が入っていないので、税額確定前 T／B「法人税、住民税及び事業税」の残高は、この利子源泉税分のみとなっています。

≪手順 5≫ 「法人税、住民税及び事業税」を別表 4 に反映

【図表 4-7】で残高試算表上の「法人税、住民税及び事業税」の内容を確認した結果、預金利息の受取りに際して源泉徴収された利子源泉税であることが改めて確認できました。こうした源泉所得税は、配当の受取りの際に源泉徴収されるものも含め、「法人税、住民税及び事業税」として損金算入のままにしておくか、あるいは申告上で損金不算入として税額控除するかのいずれかを選択することができます。

損金算入を選択する場合には、すでに残高試算表の中で費用処理、つまり税務上の言い方をすれば損金処理が実現できているため、申告上での調整は不要となります。ただし、通常は損金処理よりも税額控除のほうが有利になるため、A 社でも損金処理ではなく税額控除を選択することにします。

税額控除の手順としては、**【図表 4-8】**のように、利子源泉税の金額を、別表 4『法人税額から控除される所得税額』に反映させておけば、課税所得を計算するうえでは加算調整されて損金不算入となるため、税額控除を選択する際の要件をここで満たすことになります。

なお、この時点では、法人税等の税金に絡んだ会計処理はこの源泉所得税の部分だけになるため、別表 4 で加算調整される税金処理はありません。ちなみに**≪手順 3≫**

で税金の会計処理が入っていますが、「未払法人税等」という貸借対照表に計上されている負債科目の相殺処理であって、「法人税、住民税及び事業税」などを使って費用処理（損金処理）をしているわけではないため、別表4には何も影響しません。

【図表 4-8　A 社の別表 4】

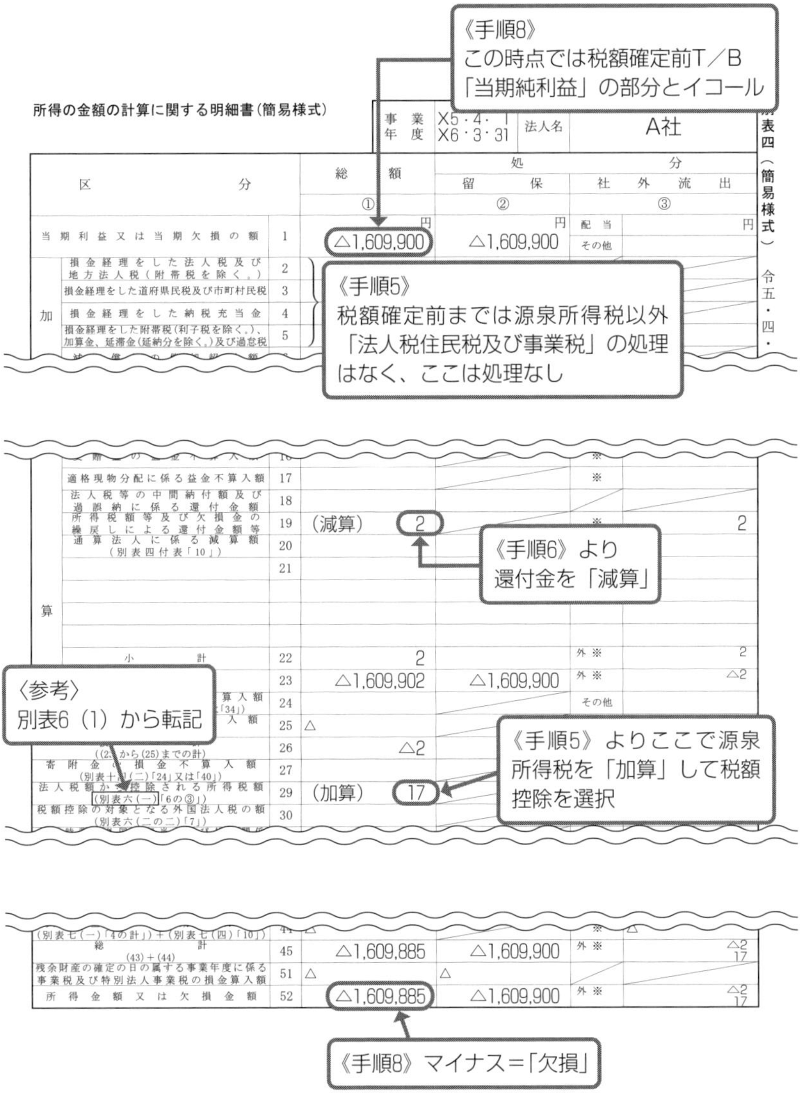

別表6（1）からの転記と別表1への転記

実務上、申告書を作成するに当たっては税務ソフトを利用するのが今では一般的です。利子源泉税等の源泉所得税に対し税額控除を選択する場合には、申告上必ず別表6（1）を作成しなければなりません。そのため、税務ソフトでは、別表6（1）を作成すれば、税額控除の対象となる利子源泉税等は別表4の『法人税額から控除される所得税額』に自動転記される仕組みになっていることがほとんどになります。

また、別表6（1）から別表4に転記された利子源泉税等の部分は、税務ソフトでは法人税を計算するためのシートである別表1へとさらに自動転記され、税額控除される仕組みにもなっているものが多いといえるでしょう。

≪手順6≫　税額確定前T／B「雑収入」をチェック

税額確定前T／B「雑収入」の中には、税金の還付が含まれているケースがあります。例えば、A社のように当期が赤字で納付する法人税が発生しない場合で、源泉徴収された所得税に対して税額控除を選択したときには、これを法人税から控除することができないため、その源泉所得税は翌期に還付されることになります。支払った税金がキャッシュとして戻ってくるという意味では、税額控除は有利な選択になります。

そして、還付されたときの会計処理については、前期に未収計上していなければ、還付された際に「雑収入」として処理することになるでしょう。仕訳としては、次のとおりです。

（A社の期中の仕訳（還付税金））
（現預金）2　／　（雑収入）2　：国税還付金

前期に源泉徴収された所得税に対し税額控除を選択した場合、**≪手順5≫**にもあるように申告上は損金不算入となりますが、一旦損金不算入として処理されたものが今度は逆に還付されることとなったときには、これらを益金不算入として取り扱う必要があります。

【図表4-9】のとおり、A社の「雑収入」の総勘定元帳をチェックすると、そこには前期で税額控除した利子源泉税の還付金が7月15日に入金されたことがわかります。

【図表 4-9 「雑収入」の総勘定元帳】

総 勘 定 元 帳

X5年　A社　　　　　　　　　　　　　　　　　　　　　　　　　　　雑収入

月日	伝票番号	摘要	相手科目名	借方	貸方	残高
7.15		国税還付金	普通預金		2	2
		※　7月度計　※		************0	************2	
3.31		※　次月繰越　※				2
		以下余白				

そして、還付を受けた源泉所得税を「雑収入」として会計上で収益処理した場合には、これらを税務上で益金不算入として処理します。少し戻りますが、**【図表 4-8】**をもう一度確認してみると、申告では、別表4『所得税額等及び欠損金の繰戻しによる還付金額等』によって減算調整されています。

勘定科目内訳明細書の「雑収入」の記載とも一致

会計上「雑収入」として処理した内容は、勘定科目内訳明細書にその内訳を記載します。そのため、源泉所得税が還付された場合にもその金額を記載することになります。そして、その金額は別表4で減算調整される『所得税額等及び欠損金の繰戻しによる還付金額等』と一致することになるため、この部分もチェックするようにしておきましょう。

≪手順7≫　申告調整項目の確認

税金関連の処理が終われば、次は会計上で費用処理されたもののうち、税務上のルールでは損金として認められないため損金不算入とすべきもの、あるいは逆に会計上の処理がないにもかかわらず申告上で損金算入できるもの、そして会計上で収益計上したものの益金不算入として取り扱うことができるものなど、申告調整すべきものがあるかどうかを検討していきます。

ただし、A社の場合には、申告調整すべき代表例となる引当金の計上など、複雑な会計処理はしていないため、税金関連の調整以外に申告調整すべき項目はないと判断することができ、**≪手順7≫**は省略となります。

≪手順 8≫　確定法人税等の金額の確認

申告調整すべき項目があればこれらを別表 4 と別表 5（1）を使って反映させますが、A 社の場合には複雑な会計処理もなく**≪手順 7≫**は省略となったため、いよいよ当期の確定法人税等の金額の計算に入ります。

まずは、別表 4 の出発点となる『当期利益又は当期欠損の額』の部分に、税額確定前 T／B「当期純利益」を転記します。ここではあくまでも税額確定前 T／B を使って仮の申告書を作っていきます。このときすでに利子源泉税の還付や源泉徴収された所得税の加減算処理が完了しているため、税額確定前 T／B「当期純利益」を転記したらそのまま別表 4 の最終値となる『所得金額又は欠損金額』の部分の金額を確認します。

【図表 4-8】の別表 4 は、すでに税額確定前 T／B「当期純利益」を反映させたものになっているため、もう一度**【図表 4-8】**に戻ってみると、別表 4 の最終数値がマイナス（欠損）になっていることがわかります。課税所得がマイナス、つまり欠損となったときは、中小企業であれば、通常納付すべき法人税等の税金は均等割だけということになります。

このように、A 社は当期も欠損となったため、当期の法人税等の税金の額は地方税の均等割の 70,000 円だけになることが確定しました。

確定法人税等の計上は事前にメモなどで対応

当期の確定法人税等の金額がいくらになるのか計算する場合、税額確定前 T／B を使って課税所得が一旦確定した時点で、例えば、税務ソフト上の納税一覧表などをプリントアウトするか、あるいは法人税や道府県民税、市町村民税のそれぞれの申告書から未払いとなる法人税等の税金の額を拾い出してメモをしておくとよいでしょう。**事例 1** では確定した法人税等の内容は均等割だけとなるためあまり効果的ではありませんが、こうした流れの詳細は**事例 4** 以降で確認することにします。

ちなみに、納税一覧表は税目別・申告書の提出先別に確定法人税等の金額が表示されているものを出力できる税務ソフトもあるため、のちのち決算数値に修正等が入った場合などに備え、なるべく詳細な書類を出力しておくとよいでしょう。また、メモなどで対応する場合にも、同じように税目別・申告書の提出先別にそれぞれの金額を書き残しておきます。

≪手順 9≫　決算整理仕訳で「未払法人税等」を計上

≪手順 8≫で、当期の確定法人税等が算定されたところで、実際の納税は翌期になるため、この時点では未払計上となります。

そのため、最後の決算整理仕訳として、確定法人税等の金額を次のとおり仕訳します。

(A 社の決算整理仕訳（未払法人税等の計上））
(法人税、住民税及び事業税）70,000　／　(未払法人税等）70,000
：当期確定法人税等

これにより、**【図表 4-10】**にあるように決算整理後残高試算表（後 T／B）が完成します。**【図表 4-4】**の税額確定前 T／B と**【図表 4-10】**の後 T／B のそれぞれの「税引前当期純利益」は変わっていませんが、後 T／B では「法人税、住民税及び事業税」の金額が 70,000 円増え、この「法人税、住民税及び事業税」は費用扱いになるため、「(税引後）当期純利益」が 70,000 円減少していることを確認しておきます。

【図表4-10　A社の後T／B】

試　算　表

（期末）

A社　　　　　　　　　　　　　　　　　自　X5年4月1日　至　X6年3月31日

勘定科目名	前月残	借方発生高	貸方発生高	当月残
普通預金	5,000,000	20,000,100	22,425,000	2,575,100
売掛金	2,000,000	21,000,000	20,000,000	3,000,000
商品	200,000	150,000	200,000	150,000
前払費用	0	100,000		100,000
流動資産	7,200,000	41,250,100	42,625,000	5,825,100
工具・器具	800,000		300,000	500,000
有形固定資産	800,000		300,000	500,000
固定資産	800,000		300,000	500,000
資産の部	8,000,000	41,250,100	42,925,000	6,325,100
買掛金	1,500,000	12,000,000	12,000,000	1,500,000
未払費用	0		5,000	5,000
未払法人税等	70,000	70,000	70,000	70,000
流動負債	1,570,000	12,070,000	12,075,000	1,575,000
負債の部	1,570,000	12,070,000	12,075,000	1,575,000
資本金	10,000,000			10,000,000
繰越利益剰余金	−3,570,000	1,679,900		−5,249,900
繰越利益剰余金	−3,570,000			−3,570,000
（うち当期純利益）	0	1,679,900		−1,679,900
利益剰余金	−3,570,000	1,679,900		−5,249,900
純資産の部	6,430,000	1,679,900		4,750,100
負債・純資産の部	8,000,000	13,749,900	12,075,000	6,325,100
商品売上高	0		21,000,000	21,000,000
純売上高	0		21,000,000	21,000,000
期首棚卸高	0	200,000		200,000
商品仕入高	0	12,000,000		12,000,000
期末棚卸高	0		150,000	150,000
売上原価	0	12,200,000	150,000	12,050,000
売上総利益	0	8,950,000		8,950,000
給料手当	0	8,000,000		8,000,000
減価償却費	0	300,000		300,000
通信費	0	60,000		60,000
支払手数料	0	1,000,000		1,000,000
地代家賃	0	1,300,000	100,000	1,200,000
販売費及び一般管理費	0	10,660,000	100,000	10,560,000
営業利益	0		1,610,000	−1,610,000
受取利息	0		115	115
雑収入	0		2	2
営業外収益	0		117	117
経常利益	0		1,609,883	−1,609,883
税引前当期純利益	0		1,609,883	−1,609,883
法人税、住民税及び事業税	0	70,017		70,017
当期純利益	0		1,679,900	−1,679,900

≪手順 10≫　別表 4『当期利益又は当期欠損の額』を後 T／B「当期純利益」に入替え

ここまでは、別表 4『当期利益又は当期欠損の額』の部分には、あくまでも確定法人税等を仮計算するだけのために、一旦税額確定前 T／B「(税引後) 当期純利益」の金額を計上していました。

しかし、**≪手順 9≫**で決算整理仕訳として確定法人税等を未払計上したことで、後 T／B が完成し、最終の「未払法人税等」と「(税引前) 当期純利益」が確定しました。

別表 4『当期利益又は当期欠損の額』は、必ず損益計算書の「当期純利益」と一致していなければならないため、ここでこれまで計上してきた別表 4『当期利益又は当期欠損の額』の金額を後 T／B「(税引後) 当期純利益」の金額に入れ替えます。

≪手順 11≫　「未払法人税等」を別表 4『損金経理をした納税充当金』へ

そして、最後に決算整理仕訳で反映した未払法人税等の金額 70,000 円を、別表 4 の『損金経理をした納税充当金』に計上します。

ここで、**≪手順 9≫**の決算整理仕訳をもう一度確認してみましょう。

「未払法人税等」の相手勘定は「法人税、住民税及び事業税」という費用科目です。つまり、「未払法人税等」(＝納税充当金) が費用処理 (＝損金経理) されている状態になっています。そして、A 社が計上した会計上の未払法人税等は実際に確定し、翌期に納付されることになる法人税等の税金であることに間違いはありません。しかし、税務上では決算整理仕訳で計上する未払法人税等はあくまでも見積もり計上されたものとして取り扱うため、未確定の未払法人税等は損金不算入として加算調整しなければなりません。

つまり、決算整理仕訳で計上した未払法人税等の 70,000 円は『損金経理をした納税充当金』として別表 4 で加算調整します。

こうして、最終の申告書が完成し、別表 4、別表 5 (1)、別表 5 (2) は**【図表 4-11】**のとおり完成します。

【図表 4-11-1　A 社の最終の別表 4、別表 5（1）、別表 5（2）】

所得の金額の計算に関する明細書（簡易様式）

事業年度	X5・4・1 X6・3・31	法人名	A社

別表四（簡易様式）　令五・四・一以

区分			総額 ①	処分		
当期利益又は当期欠損の額		1	円 △1,679,900	△1,679,900	その他	
加算	損金経理をした法人税及び地方法人税（附帯税を除く。）	2				
	損金経理をした道府県民税及び市町村民税	3				
	損金経理をした納税充当金	4	70,000	70,000		
	損金経理をした附帯税（利子税を除く。）、加算金、延滞金（延納分を除く。）及び過怠税	5			その他	
	減価償却の償却超過額	6				
	役員給与の損金不算入額	7			その他	
	交際費等の損金不算入額	8				
	通算法人に係る加算額（別表四付表「5」）	9				
		10				
	小計	11	70,000	70,000	外※	
減算	減価償却超過額の当期認容額	12				
	納税充当金から支出した事業税等の金額	13				
	受取配当等の益金不算入額（別表八（一）「5」）	14			※	
	外国子会社から受ける剰余金の配当等の益金不算入額（別表八（二）「26」）	15			※	
	受贈益の益金不算入額	16			※	
	適格現物分配に係る益金不算入額	17			※	
	法人税等の中間納付額及び過誤納に係る還付金額	18				
	所得税額等及び欠損金の繰戻しによる還付金額等	19	2		※	2
	通算法人に係る減算額（別表四付表「10」）	20			※	
		21				
	小計	22	2		外※	2
仮計 (1)＋(11)－(22)		23	△1,609,902	△1,609,900	外※	△2
対象純支払利子等の損金不算入額 （別表十七（二の二）「29」又は「34」）		24			その他	
超過利子額の損金算入額 （別表十七（二の三）「10」）		25	△		※	△
仮計 ((23)から(25)までの計)		26	△1,609,902	△1,609,900	外※	△2
寄附金の損金不算入額 （別表十四（二）「24」又は「40」）		27			その他	
法人税額から控除される所得税額 （別表六（一）「6の③」）		29	17		その他	17
税額控除の対象となる外国法人税の額 （別表六（二の二）「7」）		30			その他	
分配時調整外国税相当額及び外国関係会社等に係る控除対象所得税額等相当額 （別表六（五の二）「5の②」）+（別表十七（三の六）「1」）		31			その他	
合計 (26)＋(27)＋(29)＋(30)＋(31)		34	△1,609,885	△1,609,900	外※	△2 17
中間申告における繰戻しによる還付に係る災害損失欠損金額の益金算入額		37			※	
非適格合併又は残余財産の全部分配等による移転資産等の譲渡利益額又は譲渡損失額		38			※	
差引計 (34)＋(37)＋(38)		39	△1,609,885	△1,609,900	外※	△2 17
更生欠損金又は民事再生等評価換えが行われる場合の再生等欠損金の損金算入額（別表七（三）「9」又は「21」）		40	△		※	△
通算対象欠損金額の損金算入額又は通算対象所得金額の益金算入額（別表七の二「5」又は「11」）		41			※	
差引計 (39)＋(40)±(41)		43	△1,609,885	△1,609,900	外※	△2 17
欠損金等の当期控除額 （別表七（一）「4の計」）＋（別表七（四）「10」）		44	△		※	△
総計 (43)＋(44)		45	△1,609,885	△1,609,900	外※	△2 17
残余財産の確定の日の属する事業年度に係る事業税及び特別法人事業税の損金算入額		51	△	△		
所得金額又は欠損金額		52	△1,609,885	△1,609,900	外※	△2 17

後T／B「当期純利益」と一致

合計
△1,609,883円
＝後T／B「税引前当期純利益」
と一致

【図表4-8】の所得金額
と同じ（変わらない）

【図表 4-11-2　A 社の最終の別表 4、別表 5（1）、別表 5（2）】

利益積立金額及び資本金等の額の計算に関する明細書

事業年度	X5・4・1 X6・3・31	法人名	A社

別表五(一)　令五・四・一以後

I　利益積立金額の計算に関する明細書

区分		期首現在利益積立金額 ①	当期の増減 減 ②	当期の増減 増 ③	差引翌期首現在利益積立金額 ①－②＋③ ④
利益準備金	1	円	円	円	円
積立金	2				
	3				
	23				
	24				
繰越損益金（損は赤）	25	△3,570,000	△3,570,000	△5,249,900	△5,249,900
納税充当金	26	70,000	70,000	70,000	70,000
未納法人税等（退職年金等積立金に対するものを除く。）　未納法人税及び未納地方法人税（附帯税を除く。）	27	△	△	中間 △ 確定	△
未納法人税等　未払通算税効果額（附帯税の額に係る部分の金額を除く。）	28			中間 確定	
未納法人税等　未納道府県民税（均等割額を含む。）	29	△　20,000	△　20,000	中間 確定 △ 20,000	△　20,000
未納法人税等　未納市町村民税（均等割額を含む。）	30	△　50,000	△　50,000	中間 △ 確定 △ 50,000	△　50,000
差引合計額	31	△3,570,000	△3,570,000	△5,249,900	△5,249,900

後T／B純資産の部
「繰越利益剰余金」と一致

後T／B
「未払法人税等」と一致

II　資本金等の額の計算に関する明細書

区分		期首現在資本金等の額 ①	当期の増減 減 ②	当期の増減 増 ③	差引翌期首現在資本金等の額 ①－②＋③ ④
資本金又は出資金	32	10,000,000円	円	円	10,000,000円
資本準備金	33				
	34				
	35				
差引合計額	36	10,000,000			10,000,000

【図表 4-11-3　A 社の最終の別表 4、別表 5（1）、別表 5（2）】

租税公課の納付状況等に関する明細書

事業年度	X5・4・1 X6・3・31	法人名	A社

別表五(二)　令五・四・一以後終了事業年度分

税目及び事業年度			期首現在未納税額	当期発生税額	当期中の納付税額 充当金取崩しによる納付	仮払経理による納付	損金経理による納付	期末現在未納税額 ①+②-③-④-⑤
			①	②	③	④	⑤	⑥
法人税及び地方法人税	： ：	1	円		円	円	円	円
	： ：	2						
	当期分 中間	3		円				
	当期分 確定	4		0				0
	計	5		0				0
道府県民税	： ：	6						
	X4・4・1 X5・3・31	7	20,000		20,000			0
	当期分 中間	8						
	当期分 確定	9		20,000				20,000
	計	10	20,000	20,000	20,000			20,000
市町村民税	： ：	11						
	X4・4・1 X5・3・31	12	50,000		50,000			0
	当期分 中間	13						
	当期分 確定	14		50,000				50,000
	計	15	50,000	50,000	50,000			50,000
事業税及び特別法人事業税	： ：	16						
	： ：	17						
	当期中間分	18						
	計	19						
その他	損金算入のもの 利子税	20						
	延滞金（延納に係るもの）	21						
		22						
		23						
	損金不算入のもの 加算税及び加算金	24						
	延滞税	25						
	延滞金（延納分を除く。）	26						
	過怠税	27						
	源泉所得税	28		17			17	0
		29						

本来の確定税額

実務上「源泉所得税」を税額控除する場合にはここに表示しておく

後T／B（期首）「未払法人税等」と一致

納税充当金の計算

期首納税充当金	30	70,000 円	取崩額 その他 損金		円
繰入額 損金経理をした納税充当金	31	70,000	損金		
	32				
計 (31) + (32)	33	70,000	仮払税金消却	39	
取崩額 法人税額等 (5の③)+(10の③)+(15の③)	34	70,000	計 (34)+(35)+(36)+(37)+(38)+(39)	40	70,000
事業税及び特別法人事業税 (19の③)	35		期末納税充当金 (30) + (33) − (40)	41	70,000

後T／B（期末）「未払法人税等」と一致

通算法人の通算税効果額の発生状況等の明細

事業年度		期首現在未決済額	当期発生額	当期中の決済額 支払額	受取額	期末現在未決済額
		①	②	③	④	⑤
： ：	42	円		円	円	円
： ：	43					
当期分	44		中間 円 確定			
計	45					

≪手順 12≫　T／B と別表との整合性のチェック

そして、最後に忘れてはならないのが、第 3 章でいくつか確認した決算報告書（ここでは後 T／B）と別表との整合性のチェックです。

それでは、**事例 1** を使ってチェックしていきましょう。

まずは、別表 4 と後 T／B との整合性から見ていきます。

・別表 4『当期利益又は当期欠損の額』＝後 T／B「当期純利益」＝△ 1,679,900 円

・別表 4『損金経理をした納税充当金』＋『法人税額から控除される所得税額』
＝後 T／B「法人税、住民税及び事業税」＝70,017 円

次に、別表 5（1）のうち『差引翌期首現在利益積立金額』の部分と後 T／B との整合性をチェックします。

・別表 5（1）『納税充当金』＝後 T／B「未払法人税等」＝70,000 円

・別表 5（1）『繰越損益金（損は赤）』＝後 T／B「繰越利益剰余金」＝△ 5,249,900 円

そして、最後に別表 5（2）と後 T／B との整合性を確認します。

・別表 5（2）『期末納税充当金』＝後 T／B「未払法人税等」＝70,000 円

なお、この部分は上記の別表 5（1）『納税充当金』とも整合します。

申告書が完成したら、必ず決算報告書と申告書が整合する部分のチェックを忘れないように、決算業務の手順の中にチェック作業を加えておきましょう。

納税充当金の計上は課税所得には影響しない

確定法人税額等を計算する手順としては、一旦別表 4『当期利益又は当期欠損の額』に税額確定前 T／B「当期純利益」を計上して課税所得を計算し、この状態で確定法人税等の金額を算定します。そして、この確定法人税等を会計上で未払計上して後 T／B を完成させ、別表 4『当期利益又は当期欠損の額』に後 T／B の「（税引後）当期純利益」を改めて入れ替えます。そして、その未払計上した確定法人税等を別表 4『損金経理をした納税充当金』に計上すれば、別表 4 は完成です。

それでは、最初に確定法人税等を計算するために仮計算したときの別表 4 の課税所得と、最終の別表 4 の課税所得は変わらないのか、ここで確認しておきます。

【図表 4-12】のとおり、税額確定前 T／B をもとに作成した別表 4 では、「（税引後）当期純利益」を出発点とし、「法人税、住民税及び事業税」に計上されている源泉所得税 17 円を損金不算入として加算調整すれば、その金額は「税引前当期純利

【図表 4-12　税額確定前の別表 4 と確定後の別表 4 との比較】

税額確定前 T／B（抜粋）　　　　後 T／B（抜粋）

勘定科目名	前月	当月残	当月残
税引前当期純利益		−1,609,883	−1,609,883
法人税、住民税及び事業税		17	70,017
当期純利益		−1,609,900	−1,679,900

区分			総額 ①	総額 ①
当期利益又は当期欠損の額		1	△ 1,609,900	△ 1,679,900
加算	損金経理をした法人税及び地方法人税（附帯税を除く。）	2		
	損金経理をした道府県民税及び市町村民税	3		
	損金経理をした納税充当金	4		70,000
法人税額から控除される所得税額（別表六（一）「6の③」）		29	17	17

合計
△ 1,609,883
↓
「税引前当期純利益」

益」の金額に戻ります。

一方、後 T／B をもとに作成した別表 4 についても、同じように「(税引後) 当期純利益」を出発点とし、「法人税、住民税及び事業税」に計上された未払法人税等に相当する均等割 70,000 円と源泉所得税 17 円を損金不算入として加算すれば、やはりその金額は「税引前当期純利益」に戻ります。

課税所得を計算するうえでは、損金不算入となる法人税等の税金関連のものは対象にはなりません。そのため、課税所得の計算の出発点となる「(税引後) 当期純利益」の金額は、別表 4 の計算の流れの最初の段階でまずは「税引前当期純利益」に引き戻されます。つまり、未払法人税等の計上の有無によって「(税引後) 当期純利益」は減少し、これに合わせ別表 4 の出発点となる『当期利益又は当期欠損の額』が減少しても、結局は「法人税、住民税及び事業税」の部分が別表 4 の中で加算調整されます。そのため、未払法人税税等の計上があってもなくても課税所得の計算には何も影響しないことになります。

納税充当金の計上金額による課税所得への影響を検証

決算整理仕訳として未払計上した当期の確定法人税等は、中小企業の場合、翌期に納税する金額と一致させておくケースが実務上一般的かもしれません。

しかし、これまでのとおり、決算で計上する未払法人税等は税務上では見積もり計上の位置づけになります。

そこで、あくまでも見積もり計上であるのであれば、A 社が未払計上をする均等割を本来の70,000円とする場合と、誤って75,000円としてしまった場合とでは課税所得にどのような影響があるのか、ここで検証してみることにします。

【図表 4-13　納税充当金の計上額の違いによる課税所得の比較】

未払法人税等 70,000 円の後 T／B（抜粋）　／　75,000 円の後 T／B（抜粋）

勘定科目名	前月	当月残（70,000円の後）	当月残（75,000円の後）
税引前当期純利益		−1,609,883	−1,609,883
法人税、住民税及び事業税		70,017	75,017
当期純利益		−1,679,900	−1,684,900

区分			総額 ①（70,000円）	総額 ①（75,000円）
当期利益又は当期欠損の額		1	△ 1,679,900	△ 1,684,900
加算	損金経理をした法人税及び地方法人税（附帯税を除く。）	2		
	損金経理をした道府県民税及び市町村民税	3		
	損金経理をした納税充当金	4	70,000	75,000
法人税額から控除される所得税額（別表六（一）「6の③」）		29	17	17

合計
△ 1,609,883
↓
「税引前当期純利益」

【図表 4-13】のとおり、未払法人税等を 70,000 円とした場合には「（税引後）当期純利益」は△ 1,679,900 円となり、未払法人税等を 75,000 円とした場合には「（税引後）当期純利益」は△ 1,684,900 円となって、その差額は計上した均等割の差額 5,000 円となります。このように、未払法人税等を 5,000 円多く計上すれば、これにつられて「（税引後）当期純利益」は 5,000 円減少することになります。

つまり、決算で未払法人税等をいくら計上しても、その分だけ「法人税、住民税及び事業税」が多くなったり少なくなったりします。そして、これによってその分だけ「(税引後) 当期純利益」も少なくなったり多くなったりするため、費用計上した未払法人税等が損金不算入となる以上、計上された未払法人税等の金額の大きさによってこれが課税所得に影響することはありません。

事例 1 のまとめとして、**【図表 4−12】** と **【図表 4−13】** をもう一度見ておきましょう。同じ事例を使うと、税額確定前 T／B のケース、未払法人税等の計上が 70,000 円のケース、そして未払法人税等を 75,000 円に変えたケースのすべてにおいて、課税所得を計算するうえでは、一旦「税引前当期純利益」の△ 1,609,883 円に戻ります。

結論として、未払法人税等の計上の有無、あるいは計上の金額の多寡によって課税所得の計算のベースが影響することはないということが理解できたのではないでしょうか。

事例２

欠損年度に未払法人税等を少なく計上してしまったケース

事例２では、**事例１**と同じＡ社のデータを使って確認していきます。

事例１と同様、Ａ社は赤字続きのため、申告でも欠損が続いています。そのため、近年は法人県民税と法人市民税の均等割の納税だけとなっています。

当期（X6年３月期）決算整理仕訳の処理も完了し、最終段階の確定法人税等の計上になり、会計事務所のＡ社の担当者Ｘは普段のとおり均等割として70,000円の税金を未払計上しました。

しかし、Ａ社は○○県××市に本社があり、○○県の均等割は20,000円ですが、××市の均等割は条例による税率の超過課税により55,000円でした。

Ｘは、Ａ社の社長への決算報告のときに均等割の計上を誤ったことに気づき、××市の納付書は何とか書き換えて渡すことができましたが、会計事務所の先生からは申告書はこのまま修正せずに進めるよう指示を受けました。このようなとき申告にどのような影響があるのでしょうか。

解説

事例１のケースと同じく、赤字が連続している場合には、未払法人税等として計上する法人税等の税金は地方税の均等割のみとなります。しかし、納税が均等割だけであっても××市のように自治体によって税率が異なっていることもあるため注意が必要です。また、会計事務所の職員にとってはいくつも会社を担当していると均等割は70,000円だと思い込んでしまっていることもあるため、均等割の計上を誤ってしまうケースも少なくありません。

しかし、**事例１**でも確認をしたように、決算整理仕訳で計上する「未払法人税等」は、税務上ではあくまでも見積もり計上です。また、会計上でも確定した法人税等と同額を必ず計上しなければならないというわけでもありません。そのため、決算整理仕訳で計上した「未払法人税等」の金額と、実際に納税する税金の金額とが異なっていても、申告上問題になることはありません。しかし、未払計上した金額と実際の納税の金額が異なってしまったのであれば、当期以降の申告や会計処理に何らかの影響が出てくることになるでしょう。

そこで、**事例2**では、X6年3月期に未払法人税等の計上を少なくしてしまった場合の申告への影響について検証していくことにします。

≪手順1≫～≪手順8≫

事例1と同様になるため省略します。

≪手順9≫　決算整理仕訳で「未払法人税等」を計上

X6年3月期の法人税等の税金の納税は、**事例1**と同じように均等割のみとなりますが、Xは均等割を70,000円だと思い込んでいたため、次の仕訳のとおり未払法人税等の計上額は70,000円になっています。また、これにより、後T／B「未払法人税等」の残高も**【図表4-10】**（再掲）のとおり70,000円となります。

（A社の決算整理仕訳（未払法人税等の計上））
（法人税、住民税及び事業税）70,000　／　（未払法人税等）70,000
：当期確定法人税等

【図表 4-10　A 社（事例 2）の X6 年 3 月期の後 T／B（再掲）】

試　算　表

（期末）

A 社　　　　　　　　　　　　　　　　　　　　自　X5 年 4 月 1 日　至　X6 年 3 月 31 日

勘定科目名	前月残	借方発生高	貸方発生高	当月残
普通預金	5,000,000	20,000,100	22,425,000	2,575,100
売掛金	2,000,000	21,000,000	20,000,000	3,000,000
商品	200,000	150,000	200,000	150,000
前払費用	0	100,000		100,000
流動資産	7,200,000	41,250,100	42,625,000	5,825,100
工具・器具	800,000		300,000	500,000
有形固定資産	800,000		300,000	500,000
固定資産	800,000		300,000	500,000
資産の部	8,000,000	41,250,100	42,925,000	6,325,100
買掛金	1,500,000	12,000,000	12,000,000	1,500,000
未払費用	0		5,000	5,000
未払法人税等	70,000	70,000	70,000	70,000
流動負債	1,570,000	12,070,000	12,075,000	1,575,000
負債の部	1,570,000	12,070,000	12,075,000	1,575,000
資本金	10,000,000			10,000,000
繰越利益剰余金	−3,570,000	1,679,900		−5,249,900
繰越利益剰余金	−3,570,000			−3,570,000
(うち当期純利益)	0	1,679,900		−1,679,900
利益剰余金	−3,570,000	1,679,900		−5,249,900
純資産の部	6,430,000	1,679,900		4,750,100
負債・純資産の部	8,000,000	13,749,900	12,075,000	6,325,100
商品売上高	0		21,000,000	21,000,000
純売上高	0		21,000,000	21,000,000
期首棚卸高	0	200,000		200,000
商品仕入高	0	12,000,000		12,000,000
期末棚卸高	0		150,000	150,000
売上原価	0	12,200,000	150,000	12,050,000
売上総利益	0	8,950,000		8,950,000
給料手当	0	8,000,000		8,000,000
減価償却費	0	300,000		300,000
通信費	0	60,000		60,000
支払手数料	0	1,000,000		1,000,000
地代家賃	0	1,300,000	100,000	1,200,000
販売費及び一般管理費	0	10,660,000	100,000	10,560,000
営業利益	0		1,610,000	−1,610,000
受取利息	0		115	115
雑収入	0		2	2
営業外収益	0		117	117
経常利益	0		1,609,883	−1,609,883
税引前当期純利益	0		1,609,883	−1,609,883
法人税、住民税及び事業税	0	70,017		70,017
当期純利益	0		1,679,900	−1,679,900

≪手順 10≫～≪手順 11≫も同様

≪手順 10≫と**≪手順 11≫**も**事例 1** の流れと同じように、別表 4『当期利益又は当期欠損の額』には、後 T／B「当期純利益」を転記し、決算整理仕訳で反映した未払法人税等を別表 4『損金経理をした納税充当金』に計上します。

これで申告書は完成し、別表 4 は**【図表 4–11】**と同じになりますが、別表 5（2）は、**【図表 4–11（改）】**のとおり、『市町村民税』の部分が本来の均等割 55,000 円に変わります。ここに関しては、便宜上、前期には実際の確定額 55,000 円を未払計上してあり、これを納税していたものとします。つまり、当期だけ計上を誤ったものとします。

【図表 4–11–3（改） A 社（事例 2）の X6 年 3 月期の別表 5（2）】

租税公課の納付状況等に関する明細書

事業年度	X5・4・1 X6・3・31	法人名	A社

別表五(二) 令五・四・一以後終了事業年度分

税目及び事業年度				期首現在未納税額	当期発生税額	当期中の納付税額 充当金取崩しによる納付	仮払経理による納付	損金経理による納付	期末現在未納税額 ①+②−③−④−⑤
				①	②	③	④	⑤	⑥
法人税及び地方法人税		・　・	1	円		円	円	円	円
		・　・	2						
	当期分	中間	3		円				
		確定	4		0				0
	計		5		0				0
道府県民税		・　・	6						
		X4・4・1 X5・3・31	7	20,000		20,000			0
	当期分	中間	8						
		確定	9		20,000				20,000
	計		10	20,000	20,000	20,000			20,000
市町村民税		・　・	11						
		X4・4・1 X5・3・31	12	55,000		55,000			0
	当期分	中間	13						
		確定	14		55,000				55,000
	計		15	55,000	55,000	55,000			55,000
事特別		・　・	16						

このように、**事例 1** と**事例 2** の違いは、当期に会計上未払計上すべき均等割の金額ということになりますが、申告書はあくまでも会計上で計上した未払法人税等をベースに作成していくため、決算整理仕訳で未払法人税等をいくらで計上していたとしても課税所得に影響することはありません。これは、**事例 1【図表 4–13】**ですでに検証済みですが、せっかくなのでもう一度ここで確認しておきましょう。

A 社の X6 年 3 月期の後 T／B と別表 4 が**【図表 4–13】**の左側（「未払法人税等 70,000 円の後 T／B（抜粋）」）になります。そして、もし正しく均等割を計上していたとするならば、そのときの後T／Bと別表4は**【図表4-13】**の右側（「75,000円の後T／B（抜粋）」）です。

決算整理仕訳で計上した未払法人税等の相手勘定は「法人税、住民税及び事業税」の費用科目になります。そのため、計上する費用が少なければ税引後の「当期純利益」は多くなり、逆に計上する費用が多くなれば税引後の「当期純利益」は少なくなります。しかし、「法人税、住民税及び事業税」の影響を受けない「税引前当期純利益」は変わりません。

そして、別表4に目を向けると、決算整理仕訳で計上した「未払法人税等」は、別表4では『損金経理をした納税充当金』として損金不算入として加算調整されます。つまり、会計上、費用として処理された「法人税、住民税及び事業税」の計上金額によって税引後の「当期純利益」は大きくなったり小さくなったりしますが、もともと「法人税、住民税及び事業税」の部分は申告上では損金不算入となって否認されてしまうため、**【図表4-13】**のように、課税所得を計算するうえでは、結局

【図表4-13　納税充当金の計上額の違いによる課税所得の比較（再掲）】

未払法人税等70,000円の後T／B（抜粋）／75,000円の後T／B（抜粋）

勘定科目名	前月	当月残（未払法人税等70,000円の後T／B）	当月残（75,000円の後T／B）
税引前当期純利益		−1,609,883	−1,609,883
法人税、住民税及び事業税		70,017	75,017
当期純利益		−1,679,900	−1,684,900

区分			総額 ①（70,000円）	総額 ①（75,000円）
当期利益又は当期欠損の額		1	△ 1,679,900	△ 1,684,900
加算	損金経理をした法人税及び地方法人税（附帯税を除く。）	2		
加算	損金経理をした道府県民税及び市町村民税	3		
加算	損金経理をした納税充当金	4	70,000	75,000
法人税額から控除される所得税額（別表六（一）「6の③」）		29	17	17

合計
△ 1,609,883
↓
「税引前当期純利益」

一旦は後T／B「税引前当期純利益」に引き戻されます。

こうしたことから、決算整理仕訳で計上する未払法人税等の額が、翌期に納付する実際の法人税等の税金の金額よりも少なく計上してしまったとしても、当期の課税所得には影響がないことがわかります。

X7年3月期の会計処理と別表はどうなる？

X6年3月期では未払法人税等は計上不足となってしまいましたが、翌期X7年3月期で確定した本来の正しい均等割を納付したとき、会計上、税務上それぞれどのような影響があるのでしょうか。順に見ていくことにします。

まずは、会計処理についてです。X6年3月期の後T／B「未払法人税等」の期末残高は70,000円だったため、X7年3月期の「未払法人税等」の期首残高も当然70,000円になります。しかし、実際に納税しなければならない均等割の合計は75,000円になるため、納付の際の仕訳例の1つとして、次のような仕訳が考えられるでしょう。

（翌期：A社の期中の納税時の仕訳）
（未払法人税等）　70,000　／　（現預金）75,000
：前期確定法人税等納付
（法人税、住民税及び事業税）5,000　／
：前期確定法人税等納付

つまり、納税すべき法人税等の金額75,000円のうち70,000円はX6年3月期に計上した「未払法人税等」を取り崩し、それでも足りない部分はX7年3月期の費用として「法人税、住民税及び事業税」で処理する方法になります。

次に、別表について考えてみます。先に別表5(2)から見ていきますが、第4章の中の手順でいえば、**≪手順3≫**の部分になります。つまり**【図表4-14】**は、まだX7年3月期の決算整理仕訳で「未払法人税等」を計上する前の段階として、上記の「前期確定法人税等納付」の仕訳を反映させた別表ということになります。

『道府県民税』は均等割20,000円を「未払法人税等」の中から納付しているため、別表5(2)では『充当金取崩しによる納付』部分でこの20,000円を相殺処理することになるでしょう。

【図表 4-14　A 社（事例 2）の X7 年 3 月期の別表 5（2）（作成途中の段階）】

租税公課の納付状況等に関する明細書

事業年度	X6・4・1 X7・3・31	法人名	A社

別表五(二)　令五・四・一以後終了事業年度分

税目及び事業年度				期首現在未納税額	当期発生税額	当期中の納付税額			期末現在未納税額 ①+②−③−④−⑤
						充当金取崩しによる納付	仮払経理による納付	損金経理による納付	
				①	②	③	④	⑤	⑥
法人税及び地方法人税		・　・	1	円		円	円	円	円
		・　・	2						
	当期分	中間	3		円				
		確定	4		0				
	計		5		0				
道府県民税		・　・	6						
		X5・4・1 X6・3・31	7	20,000		20,000			0
	当期分	中間	8						
		確定	9		20,000				20,000
	計		10	20,000	20,000	20,000			20,000
市町村民税		・　・	11						
		X5・4・1 X6・3・31	12	55,000		50,000		5,000	0
	当期分	中間	13						
		確定	14		55,000				55,000
	計		15	55,000	55,000	50,000		5,000	55,000
特別法人事業税		・　・	16						
		・　・	17						

「法人税、住民税及び事業税」を使って納付

「未払法人税等」を取り崩して納付

これに対し『市町村民税』は、均等割が55,000円でしたがXは50,000円だと思い込んでいたことでX6年3月期の「未払法人税等」の計上は5,000円過少となってしまいました。そのため、別表5（2）では、50,000円は『充当金取崩しによる納付』で処理し、計上不足分5,000円は、会計仕訳で費用処理をしたとおり『損金経理による納付』として処理します。

これにより、納付が完了した『道府県民税』も『市町村民税』もX6年3月期の『期末現在未納税額』はゼロになります。そして、この時点で、会計上の「未払法人税等」もゼロになっているはずなので、**【図表 4-14】**では省略しましたが、別表5（2）の下『納税充当金の計算』の中の『期末納税充当金』もゼロになっています。

ちなみに、X7年3月期の決算整理仕訳では、次の仕訳のとおり、今度は間違えることなく75,000円の均等割を計上し、後T／Bが**【図表 4-15】**のように完成しました。

（A 社の X7 年 3 月期の決算整理仕訳（未払法人税等））
（法人税、住民税及び事業税）75,000　／　（未払法人税等）75,000
：当期法人税等確定額

【図表4-15　A社（事例2）の×7年3月期の後T／B】

試　算　表

（期末）

A社　　　　　　　　　　　　　　　　自　X6年4月1日　至　X7年3月31日

勘定科目名	前月残	借方発生高	貸方発生高	当月残
普通預金	2,575,100	25,000,000	26,335,000	1,240,100
売掛金	3,000,000	25,000,000	22,000,000	6,000,000
商品	150,000	500,000	200,000	450,000
前払費用	100,000			100,000
流動資産	5,825,100	50,500,000	48,535,000	7,790,100
工具・器具	500,000		300,000	200,000
有形固定資産	500,000		300,000	200,000
固定資産	500,000		300,000	200,000
資産の部	6,325,100	50,500,000	48,835,000	7,990,100
買掛金	1,500,000	15,500,000	16,000,000	2,000,000
未払費用	5,000	5,000	5,000	5,000
未払法人税等	70,000	70,000	75,000	75,000
流動負債	1,575,000	15,575,000	16,080,000	2,080,000
長期借入金	0		3,000,000	3,000,000
固定負債	0		3,000,000	3,000,000
負債の部	1,575,000	15,575,000	19,080,000	5,080,000
資本金	10,000,000			10,000,000
繰越利益剰余金	−5,249,900	1,840,000		−7,089,900
繰越利益剰余金	−5,249,900			−5,249,900
（うち当期純利益）	0	1,840,000		−1,840,000
利益剰余金	−5,249,900	1,840,000		−7,089,900
純資産の部	4,750,100	1,840,000		2,910,100
負債・純資産の部	6,325,100	17,415,000	19,080,000	7,990,100
商品売上高	0		25,000,000	25,000,000
純売上高	0		25,000,000	25,000,000
期首棚卸高	0	200,000		200,000
商品仕入高	0	16,000,000		16,000,000
期末棚卸高	0		500,000	500,000
売上原価	0	16,200,000	500,000	15,700,000
売上総利益	0	9,300,000		9,300,000
給料手当	0	8,000,000		8,000,000
減価償却費	0	300,000		300,000
通信費	0	65,000	5,000	60,000
支払手数料	0	1,200,000		1,200,000
地代家賃	0	1,500,000		1,500,000
販売費及び一般管理費	0	11,065,000	5,000	11,060,000
営業利益	0		1,760,000	−1,760,000
経常利益	0		1,760,000	−1,760,000
税引前当期純利益	0		1,760,000	−1,760,000
法人税、住民税及び事業税	0	80,000		80,000
当期純利益	0		1,840,000	−1,840,000

前期不足分 5,000 円
＋
当期未払法人税等
計上分 75,000 円

このとき、**【図表4–15】**の「法人税、住民税及び事業税」に注目してみましょう。X6年3月期に均等割の金額を間違えなければ、ここは75,000円になっていたでしょう。しかし、X6年3月期に均等割の計上が5,000円少なかったため、均等割を納付する際に不足分5,000円を「法人税、住民税及び事業税」で処理していました。そして、さらに決算整理仕訳でX7年3月期分の均等割として75,000円を未払計上しているため、後T／Bの「法人税、住民税及び事業税」は合計で80,000円（5,000円+75,000円）になっています。これらは、均等割という税金のため申告上は損金不算入として処理され、別表4は**【図表4–16】**のようになります。

【図表4–16　A社（事例2）のX7年3月期の別表4】

所得の金額の計算に関する明細書（簡易様式）

事業年度	X6・4・1 X7・3・31	法人名	A社

区分			総額 ①	処分 留保 ②	処分 社外流出 ③	
当期利益又は当期欠損の額		1	円 △1,840,000	円 △1,840,000	配当 その他	円
加算	損金経理をした法人税及び地方法人税（附帯税を除く。）	2				
	損金経理をした道府県民税及び市町村民税	3	5,000	5,000		
	損金経理をした納税充当金	4	75,000	75,000		
	損金経理をした附帯税（利子税を除く。）、加算金、延滞金（延納分を除く。）及び過怠税	5				
	減価償却の償却超過額	6				
	役員給与の損金不算入額	7				
	交際費等の損金不算入額	8				
	通算法人に係る加算額（別表四付表「5」）	9				
		10				
	小計	11	80,000	80,000	外※	
減算	減価償却超過額の当期認容額	12				
	納税充当金から支出した事業税等の金額	13				
	受取配当等の益金不算入額（別表八（一）「5」）	14				
	外国子会社から受ける剰余金の配当等の益金不算入額（別表八（二）「26」）	15				
	受贈益の益金不算入額	16				
	適格現物分配に係る益金不算入額	17			※	
	法人税等の中間納付額及び過誤納に係る還付金額	18				
	所得税額等及び欠損金の繰戻しによる還付金額等	19				
	通算法人に係る減算額（別表四付表「10」）	20				
		21				
	小計	22			外※	
仮計 (1)+(11)−(22)		23	△1,760,000	△1,760,000	外※	
対象純支払利子等の損金不算入額		24			その他	

別表四（簡易様式）　令五・四・…事業年度分

前期分の未払法人税等計上不足分として「法人税、住民税及び事業税」で処理した部分

当期分の「未払法人税等」として「法人税、住民税及び事業税」で処理した部分

合計80,000
＝後T／B「法人税、住民税及び事業税」

X6年3月期の均等割のうち、「法人税、住民税及び事業税」として費用処理せざるを得なかった5,000円は、相手勘定が「現預金」であったため、別表4では『損

金経理をした納税充当金』として取り扱うことができません。そのため、『損金経理をした道府県民税及び市町村民税』の部分で損金不算入の処理がされています。

そして、X7 年 3 月期の決算整理仕訳で「法人税、住民税及び事業税」として計上した 75,000 円の均等割については損金不算入となりますが、その相手勘定が「未払法人税等」になるため、ここは『損金経理をした納税充当金』で処理することになります。

事例 3

欠損年度に未払法人税等を多く計上してしまったケース

A 社は赤字続きで、申告でも欠損が続いているため、納税は法人県民税と法人市民税の均等割だけとなっているのはここまでの事例のとおりです。

事例 3 は、A 社は○○県××市に本社を置くほか、同じ県内の□□市にも営業所を設置しているという場合になります。そして、A 社は近年の業績不振の影響で、当期（X6 年 3 月期）の途中で□□市から営業所を撤退し、すべての業務の機能を本社の××市に集約することにしました。

当期の決算整理仕訳の処理も完了し、最後に未払法人税等として均等割を計上する段階になりましたが、会計事務所の担当者 Y は、前期と同じように□□市の均等割を 12 か月分のままで仕訳をしてしまいました。

申告書の作成も完了しているため、このまま申告を進めて行く予定ですが、こうしたケースでは申告にどのような影響があるのでしょうか。

解説

これまでのとおり、赤字が連続している場合には、未払法人税等の計上は均等割だけになります。**事例 3** では、期中に営業所を撤退したことで□□市の均等割が月割計算ということになりますが、Y は前期の決算整理仕訳をそのままマネをして 12 か月分を計上してしまいました。前期の処理をそのまま踏襲したがために処理を誤ってしまうということは、決算業務の中ではよくあるミスの 1 つになるため、要注意です。

さて、**事例 3** は、**事例 2** とは逆に、未払法人税等を過大に計上してしまったケースになりますが、決算整理仕訳で計上する「未払法人税等」は、税務上ではあくまでも見積もり計上であるということに変わりはありません。実務の中では、**事例 2** のように未払法人税等を実際の納税よりも少なく計上してしまったり、逆に今回のケースのように多く計上してしまったりすることは、それほど珍しいことではありません。

事例2でも確認しましたが、決算整理仕訳で計上した「未払法人税等」の相手勘定として費用計上された「法人税、住民税及び事業税」は損金不算入となるため、「税引前当期純利益」が課税所得計算の出発点となります。つまり、決算整理仕訳において「法人税、住民税及び事業税」を使って未払計上された法人税等の税金がいくらであっても、課税所得には何ら影響はありません。大切なのはその後の処理への対応ということになります。

今後の処理という点でいうならば、決算整理仕訳で計上した未払法人税等が実際の納税よりも多くなってしまったケースでは、翌期（X7年3月期）になって納税を済ませ、その仕訳を入れた時点では「未払法人税等」の残高はゼロにはならず残ってしまいます。こうなっても、X6年3月期の申告自体が誤りというわけではなく、X7年3月期の決算整理仕訳でひと工夫をすれば、X7年3月期の期末の「未払法人税等」の残高とその次の事業年度において実際に納税する税金の金額を一致させることができます。

そこで、X6年3月期に未払法人税等を多く計上してしまった場合の申告への影響と、X7年3月期の期中の「未払法人税等」の動きやその後の決算整理仕訳について考えていくことにします。

≪手順1≫～≪手順8≫

事例1と同様になるため省略します。

≪手順9≫　決算整理仕訳で「未払法人税等」を計上

X6年3月期において課税される実際の均等割の税額は、□□市からの営業所の撤退によって、以下のとおり月割計算が入るため、103,300円になります。

○○県（法人県民税：均等割）　20,000円
××市（法人市民税：均等割）　50,000円
□□市（法人市民税：均等割）　33,300円（＝50,000円×8月／12月（月割））
合計　103,300円

しかし、Yは□□市の均等割を上記のように月割計算せずに50,000円のままで処理してしまったため、次の仕訳のとおり、未払法人税等の計上を前期と同じく120,000円にしてしまいました。そして、この処理によって後T／Bは**【図表4-17】**のようになります。

（A社のX6年3月期の決算整理仕訳（未払法人税等の計上））
（法人税、住民税及び事業税）120,000　／　（未払法人税等）120,000
：当期確定法人税等

【図表4-17　A社（事例3）×6年3月期の後T／B】

試　算　表

（期末）

A社　　　　　　　　　　自　X5年4月1日　至　X6年3月31日

勘定科目名	前月残	借方発生高	貸方発生高	当月残
普通預金	5,000,000	20,000,100	22,475,000	2,525,100
売掛金	2,000,000	21,000,000	20,000,000	3,000,000
商品	200,000	150,000	200,000	150,000
前払費用	0	100,000		100,000
流動資産	7,200,000	41,250,100	42,675,000	5,775,100
工具・器具	800,000		300,000	500,000
有形固定資産	800,000		300,000	500,000
固定資産	800,000		300,000	500,000
資産の部	8,000,000	41,250,100	42,975,000	6,275,100
買掛金	1,500,000	12,000,000	12,000,000	1,500,000
未払費用	0		5,000	5,000
未払法人税等	120,000	120,000	120,000	120,000
流動負債	1,620,000	12,120,000	12,125,000	1,625,000
負債の部	1,620,000	12,120,000	12,125,000	1,625,000
資本金	10,000,000			10,000,000
繰越利益剰余金	−3,620,000	1,729,900		−5,349,900
繰越利益剰余金	−3,620,000			−3,620,000
（うち当期純利益）	0	1,729,900		−1,729,900
利益剰余金	−3,620,000	1,729,900		−5,349,900
純資産の部	6,380,000	1,729,900		4,650,100
負債・純資産の部	8,000,000	13,849,900	12,125,000	6,275,100
商品売上高	0		21,000,000	21,000,000
純売上高	0		21,000,000	21,000,000
期首棚卸高	0	200,000		200,000
商品仕入高	0	12,000,000		12,000,000
期末棚卸高	0		150,000	150,000
売上原価	0	12,200,000	150,000	12,050,000
売上総利益	0	8,950,000		8,950,000
給料手当	0	8,000,000		8,000,000
減価償却費	0	300,000		300,000
通信費	0	60,000		60,000
支払手数料	0	1,000,000		1,000,000
地代家賃	0	1,300,000	100,000	1,200,000
販売費及び一般管理費	0	10,660,000	100,000	10,560,000
営業利益	0		1,610,000	−1,610,000
受取利息	0		115	115
雑収入	0		2	2
営業外収益	0		117	117
経常利益	0		1,609,883	−1,609,883
税引前当期純利益	0		1,609,883	−1,609,883
法人税、住民税及び事業税	0	120,017		120,017
当期純利益	0		1,729,900	−1,729,900

≪手順 10≫～≪手順 11≫も同様

≪手順 10≫、**≪手順 11≫**も**事例 1** と同じく別表 4『当期利益又は当期欠損の額』には、後 T／B の「当期純利益」を計上し、決算整理仕訳で反映した未払法人税等を別表 4『損金経理をした納税充当金』に計上します。

【図表 4-18-1　A 社（事例 3）X6 年 3 月期の別表 4 と別表 5（2）】

後T／B「当期純利益」を転記

所得の金額の計算に関する明細書（簡易様式）

事業年度	X5・4・1 X6・3・31	法人名	A社

区分			総額 ①	処分 留保 ②	処分 社外流出 ③	
当期利益又は当期欠損の額		1	△1,729,900 円	△1,729,900 円	配当 その他	円
加算	損金経理をした法人税及び地方法人税（附帯税を除く。）	2				
	損金経理をした道府県民税及び市町村民税	3				
	損金経理をした納税充当金	4	120,000	120,000		
	損金経理をした附帯税（利子税を除く。）、加算金、延滞金（延納分を除く。）及び過怠税	5				
	減価償却の償却超過額	6				
	役員給与の損金不算入額	7				
	交際費等の損金不算入額	8				
	通算法人に係る加算額（別表四付表「5」）	9			外※	
		10				
	小計	11	120,000	120,000	外※	
減算	減価償却超過額の当期認容額	12				
	納税充当金から支出した事業税等の金額	13				
	受取配当等の益金不算入額	14			※	

決算整理仕訳で計上した会計上の
「未払法人税等」に相当する額

別表四（簡易様式）　令五・四・一以後終了事業年度分

【図表4-18-2　A社（事例3）X6年3月期の別表4と別表5（2)】

租税公課の納付状況等に関する明細書

事業年度	X5・4・1 X6・3・31	法人名	A社

別表五(二)　令五・四・一以後終了事業年度分

税目及び事業年度				期首現在未納税額 ①	当期発生税額 ②	当期中の納付税額 充当金取崩しによる納付 ③	当期中の納付税額 仮払経理による納付 ④	当期中の納付税額 損金経理による納付 ⑤	期末現在未納税額 ①+②−③−④−⑤ ⑥
法人税及び地方法人税		・　・	1	円		円	円	円	円
		・　・	2						
	当期分	中間	3		円				
		確定	4		0				0
	計		5		0				0
道府県民税		・　・	6						
		X4・4・1 X5・3・31	7	20,000		20,000			0
	当期分	中間	8						
		確定	9		20,000				20,000
	計		10	20,000	20,000	20,000			20,000
市町村民税		・　・	11						
		X4・4・1 X5・3・31	12	100,000		100,000			0
	当期分	中間	13						
		確定	14		83,300				83,300
	計		15	100,000	83,300	100,000			83,300
事業税及び特別法人事業税		・　・	16						
		・　・	17						
	当期中間分		18						
	計		19						
損	利子税		20						

□□市の均等割の月割計算が
反映された市町村民税の確定税額

納税充当金の計算

期首納税充当金		30	120,000円	取崩額 その他	損金算入のもの	36	円
繰入額	損金経理をした納税充当金	31	120,000		損金不算入のもの	37	
		32				38	
	計 (31)＋(32)	33	120,000		仮払税金消却	39	
取崩額	法人税額等 (5の③)＋(10の③)＋(15の③)	34	120,000	計 (34)＋(35)＋(36)＋(37)＋(38)＋(39)		40	120,000
	事業税及び特別法人事業税 (19の③)	35		期末納税充当金 (30)＋(33)−(40)		41	120,000

後T／B「未払法人税等」と一致
（ここは会計上の金額）

通算法人の通算税効果額の発生状況等の明細

事業年度			期首現在未決済額 ①	当期発生額 ②	当期中の決済額 支払額	当期中の決済額 受取額	期末現在未決済額
・　・		42	円				
・　・		43					
当期分		44		中間 円 確定			
計		45					

翌期の「未払法人税等」の動きと決算整理仕訳の工夫

まずは、X7年3月期の「未払法人税等」の総勘定元帳を確認してみましょう。X6年3月期に計上した未払法人税等は120,000円なのに対し、実際の納税は103,300円のため、残高は**【図表 4-19】**のようにゼロにはなりません。

【図表 4-19　A 社（事例 3）×7 年 3 月期「未払法人税等」総勘定元帳】

総　勘　定　元　帳

X6 年　A 社　　　　　　　　　　　　　　　　　　　　　　　　　　　未払法人税等

月 日	伝票番号	摘　　要	相 手 科 目 名	借　方	貸　方	残　高
4. 1		※　前期繰越　※				120,000
5.25	1	前期確定法人税等納付	普　通　預　金	103,300	納 税 完 了	16,700
		※　5 月度計　※		****103,300	**********0	
5.31		※　次月繰越　※				16,700
		以　下　余　白				

ゼロにはならず
残あり

A 社は赤字続きのため、中間納税もなく X7 年 3 月期の「未払法人税等」の残高は、何もしなければ、このままの残高で決算を迎えることになります。

そして、決算整理仕訳において X7 年 3 月期の「未払法人税等」を計上することになるわけですが、このとき、実際に納税する金額（X7 年 3 月期の均等割は、70,000 円になります）をそのまま計上してしまうと、**【図表 4-19】**で残った 16,700 円はいつまでも消えることはありません。

そこで、X7 年 3 月期で「未払法人税等」として正しい金額（実際に翌期になって納税する確定税額とイコールになる金額）にするための工夫をします。つまり、決算整理仕訳において、以下の仕訳を入れます。

（A 社の X7 年 3 月期の決算整理仕訳（未払法人税等の計上））
（法人税、住民税及び事業税）53,300　／　（未払法人税等）53,300
：当期確定法人税等

決算整理仕訳で計上する 53,300 円というのは、何の数字なのか。これは、X7 年 3 月期の「未払法人税等」の期末残高を 70,000 円に合わせるためだけの仕訳ということになります。つまり、X7 年 3 月期の前 T／B「未払法人税等」の残高 16,700 円に 53,300 円を追加すれば、X7 年 3 月期の後 T／B「未払法人税等」は、理想の期末

【図表 4-20　A 社（事例 3）×7 年 3 月期の後 T／B】

試　算　表

（期末）

A 社　　　　　　　　　　　　　　自　X6 年 4 月 1 日　至　X7 年 3 月 31 日

勘定科目名	前月残	借方発生高	貸方発生高	当月残
普通預金	2,575,100	25,000,000	26,363,300	1,211,800
売掛金	3,000,000	25,000,000	22,000,000	6,000,000
商品	150,000	500,000	200,000	450,000
前払費用	100,000			100,000
流動資産	5,825,100	50,500,000	48,563,300	7,761,800
工具・器具	500,000		300,000	200,000
有形固定資産	500,000		300,000	200,000
固定資産	500,000		300,000	200,000
資産の部	6,325,100	50,500,000	48,863,300	7,961,800
買掛金	1,500,000	15,500,000	16,000,000	2,000,000
未払費用	5,000	5,000	5,000	5,000
未払法人税等	120,000	103,300	53,300	70,000
流動負債	1,625,000	15,608,300	16,058,300	2,075,000
長期借入金	0		3,000,000	3,000,000
固定負債	0		3,000,000	3,000,000
負債の部	1,625,000	15,608,300	19,058,300	5,075,000
資本金	10,000,000			10,000,000
繰越利益剰余金	−5,299,900	1,813,300		−7,113,200
繰越利益剰余金	−5,299,900			−5,299,900
（うち当期純利益）	0	1,813,300		−1,813,300
利益剰余金	−5,299,900	1,813,300		−7,113,200
純資産の部	4,700,100	1,813,300		2,886,800
負債・純資産の部	6,325,100	17,421,600	19,058,300	7,961,800
商品売上高	0		25,000,000	25,000,000
純売上高	0		25,000,000	25,000,000
期首棚卸高	0	200,000		200,000
商品仕入高	0	16,000,000		16,000,000
期末棚卸高	0		500,000	500,000
売上原価	0	16,200,000	500,000	15,700,000
売上総利益	0	9,300,000		9,300,000
給料手当	0	8,000,000		8,000,000
減価償却費	0	300,000		300,000
通信費	0	65,000	5,000	60,000
支払手数料	0	1,200,000		1,200,000
地代家賃	0	1,500,000		1,500,000
販売費及び一般管理費	0	11,065,000	5,000	11,060,000
営業利益	0		1,760,000	−1,760,000
経常利益	0		1,760,000	−1,760,000
税引前当期純利益	0		1,760,000	−1,760,000
法人税、住民税及び事業税	0	53,300		53,300
当期純利益	0		1,813,300	−1,813,300

残高70,000円になるということです。

この決算整理仕訳を反映した後T／Bを**【図表4-20】**で確認してみましょう。

まず、「未払法人税等」の期末残高は、X7年3月期の翌期に納税すべき均等割の金額70,000円になっていることが確認できます。

次に、「法人税、住民税及び事業税」についてですが、決算整理仕訳で計上した53,300円が計上されています。ここで「税引前当期純利益」に注目してみましょう。また、合わせて**事例2**の**【図表4-15】**にも戻ってみると、どちらの「税引前当期純利益」の金額も同じ金額になっています。つまり、「税引前当期純利益」が同じであれば、課税所得には影響しないということはここまで確認してきたところです。

このように、決算整理仕訳で計上する「未払法人税等」を調整することで、X6年3月期の計上誤りをフォローすることができるとともに、決算整理仕訳で計上する「未払法人税等」の金額によって課税所得は影響されないということがわかれば、決算整理仕訳で計上する「未払法人税等」はあくまでも税務上では見積もり計上でしかないということも理解できたのではないでしょうか。

最後に念のため、**事例3**におけるX7年3月期の別表4と別表5 (2) を**【図表4-21】**

【図表4-21-1　A社（事例3）X7年3月期の別表4と別表5（2）】

後T／B「当期純利益」

所得の金額の計算に関する明細書（簡易様式）

事業年度	X6・4・1 X7・3・31	法人名	A社

区分			総額 ①	処分 留保 ②	処分 社外流出 ③	
	当期利益又は当期欠損の額	1	△1,813,300 円	△1,813,300 円	配当	円
					その他	
加算	損金経理をした法人税及び地方法人税（附帯税を除く。）	2				
	損金経理をした道府県民税及び市町村民税	3				
	損金経理をした納税充当金	4	53,300	53,300		
	損金経理をした附帯税（利子税を除く。）、加算金、延滞金（延納分を除く。）及び過怠税	5			その他	
	減価償却の償却超過額	6				
	役員給与の損金不算入額	7				
	交際費等の損金不算入額	8				
	通算法人に係る加算額（別表四付表「5」）	9				
		10				
	小計	11	53,300	53,300	外※	
	減価償却超過額の当期認容額	12				
	納税充当金から支出した事業税等の金額	13				
	受取配当等の益金不算入額	14			※	

後T／B「法人税住民税及び事業税」のうち「未払法人税等」の部分（ただし事例3では全額）

別表四（簡易様式）
令五・四・一以後終了事業年度分

で確認しておきましょう。

【図表 4-21-2　A 社（事例 3）X7 年 3 月期の別表 4 と別表 5（2)】

租税公課の納付状況等に関する明細書

事業年度	X6・4・1 X7・3・31	法人名	A社

別表五(二)　令五・四・一以後終了事業年度分

税目及び事業年度				期首現在未納税額 ①	当期発生税額 ②	当期中の納付税額 充当金取崩しによる納付 ③	仮払経理による納付 ④	損金経理による納付 ⑤	期末現在未納税額 ①+②−③−④−⑤ ⑥
法人税及び地方法人税		・　・	1	円		円	円	円	円
		・　・	2						
	当期分	中間	3		円				
		確定	4		0				0
	計		5		0				0
道府県民税		・　・	6						
		X5・4・1 X6・3・31	7	20,000		20,000			0
	当期分	中間	8						
		確定	9		20,000				20,000
	計		10	20,000	20,000	20,000			20,000
市町村民税		・　・	11						
		X5・4・1 X6・3・31	12	83,300		83,300			0
	当期分	中間	13						
		確定	14		50,000				50,000
	計		15	83,300	50,000	83,300			50,000
事業税及び特別法人事業税		・　・	16						
		・　・	17						
	当期中間分		18						
	計		19						
その他	損金算入のもの	利子税	20						
		延滞金（延納に係るもの）	21						
			22						
			23						
	損金不算入のもの	加算税及び加算金	24						
		延滞税	25						
		延滞金（延納分を除く。）	26						
		過怠税	27						
			28						
			29						

納税充当金の計算

期首納税充当金		30	120,000 円	取崩額 その他	損金算		
繰入額	損金経理をした納税充当金	31	53,300		損金不算		
		32					
	計 (31) + (32)	33	53,300		仮払税金消却	39	
取崩額	法人税額等 (5の③)+(10の③)+(15の③)	34	103,300		計 (34)+(35)+(36)+(37)+(38)+(39)	40	103,300
	事業税及び特別法人事業税 (19の③)	35		期末納税充当金 (30) + (33) − (40)		41	70,000

通算法人の通算税効果額の発生状況等の明細

会計上「未払法人税等」を取り崩した分だけをここで処理

X7年3月期の確定税額

決算整理仕訳での未払計上分

期中の「未払法人税等」の取崩分

後T／B「未払法人税等」と一致

事例 4

欠損年度の翌年度に課税所得が生じるケース

B株式会社（以下「B社」といいます）は、資本金30,000,000円、従業員35人の製造業を営む3月決算の中小企業です。前期（X5年3月期）は売上が減少し、ここ数年では珍しく申告で欠損となってしまいました。しかし、当期（X6年3月期）に入ると業績は回復し、黒字に転換したため、節税効果としてはあまり期待できませんが、決算整理仕訳で貸倒引当金を計上する予定です。

なお、当期の決算整理前残高試算表（前T／B）は**【図表4-22】**のとおりとなりました。

前期のように欠損となった場合には、納税は均等割だけとなり税金計算は難しくはありませんが、課税所得が生じる場合には税金計算が必要になってくるかと思います。決算整理仕訳で翌期に実際に納付する税金を「未払法人税等」として計上したい場合の決算業務の流れはどのようになりますか。

解説

事例4では、前期が赤字で当期が黒字になったケースということになります。また、前期では黒字であっても繰り越してきた欠損金が使えたことで法人税が発生しなかったものの、当期ですべて欠損金を使い切って課税所得が生じた場合なども同じようなケースになります。いずれにしても、**事例4**は、これまで未払法人税等の計上としては均等割だけだった決算業務から、一歩前進して税金計算を絡めた申告手続きとなります。

このようなケースでは、まず、前T／Bに未払法人税等の計上以外の決算整理仕訳を反映させて税額確定前T／Bを完成させておきます。次に、この税額確定前T／Bの「(税引後）当期純利益」を別表4『当期利益又は当期欠損の額』に転記して課税所得を確定させます。税務ソフトを利用していれば、この段階で法人税や地方税の各申告書の中で税額が自動計算されています。ただし、税額確定前T／Bの「(税引後）当期純利益」を別表4に転記するときには、事前に別表5（1）や別表5(2）も完成させておき、別表4の加減算項目の調整もすでに反映させておくことがポイントとなります。

それでは、これまでと同じ手順に従って、具体的に決算業務の流れを確認していきましょう。

≪手順 1≫ 決算整理仕訳の処理

まずは、期中の月次処理によって出来上がった**【図表 4-22】**の前 T／B に、決算業務の最初の工程として次の決算整理仕訳を反映させます。

これらが反映された税額確定前 T／B が**【図表 4-23】**になります。なお、B 社は製造業を営んでいますが、試算表があまり複雑にならないように、**事例 4** では製造原価報告書（C／R）は作成しないことにしておきます。

（B 社の決算整理仕訳）

①	（期首棚卸高）	5,000,000	／	（製品）	5,000,000	：期首棚卸
	（期首棚卸高）	3,000,000	／	（仕掛品）	3,000,000	：期首棚卸
	（製品）	6,000,000	／	（期末棚卸高）	6,000,000	：期末棚卸
	（仕掛品）	4,500,000	／	（期末棚卸高）	4,500,000	：期末棚卸
②	（減価償却費）	2,000,000	／	（建物）	2,000,000	：当期償却額
	（減価償却費）	500,000	／	（附属設備）	500,000	：当期償却額
	（減価償却費）	1,000,000	／	（機械装置）	1,000,000	：当期償却額
③	（貸倒引当金繰入）	500,000	／	（貸倒引当金）	500,000	：当期繰入

【図表4-22　B社の前T／B】

試　算　表

B社　　　　　　　　　　　　　　　　自　X5年4月1日　至　X6年3月31日

勘定科目名	前月残	借方発生高	貸方発生高	当月残
普通預金	60,000,000	1,002,011,000	1,015,181,500	46,829,500
売掛金	40,000,000	1,000,000,000	990,000,000	50,000,000
製品	5,000,000			5,000,000
半製品・仕掛品	3,000,000			3,000,000
流動資産	108,000,000	2,002,011,000	2,005,181,500	104,829,500
建物	15,000,000			15,000,000
建物付属設備	1,500,000			1,500,000
機械装置	2,000,000			2,000,000
土地	40,000,000			40,000,000
有形固定資産	58,500,000			58,500,000
固定資産	58,500,000			58,500,000
資産の部	166,500,000	2,002,011,000	2,005,181,500	163,329,500
買掛金	35,000,000	705,000,000	700,000,000	30,000,000
未払法人税等	180,000	180,000		0
未払消費税等	10,000,000	10,000,000	12,000,000	12,000,000
流動負債	45,180,000	715,180,000	712,000,000	42,000,000
長期借入金	45,000,000	20,000,000		25,000,000
固定負債	45,000,000	20,000,000		25,000,000
負債の部	90,180,000	735,180,000	712,000,000	67,000,000
資本金	30,000,000			30,000,000
繰越利益剰余金	46,320,000		20,009,500	66,329,500
繰越利益剰余金	46,320,000			46,320,000
(うち当期純利益)	0		20,009,500	20,009,500
利益剰余金	46,320,000		20,009,500	66,329,500
純資産の部	76,320,000		20,009,500	96,329,500
負債・純資産の部	166,500,000	735,180,000	732,009,500	163,329,500
商品売上高	0		1,000,000,000	1,000,000,000
純売上高	0		1,000,000,000	1,000,000,000
仕入高	0	700,000,000		700,000,000
売上原価	0	700,000,000		700,000,000
売上総利益	0	300,000,000		300,000,000
給料手当	0	200,000,000		200,000,000
修繕費	0	5,000,000		5,000,000
その他販管費	0	75,000,000		75,000,000
販売費及び一般管理費	0	280,000,000		280,000,000
営業利益	0	20,000,000		20,000,000
受取利息	0		10,000	10,000
雑収入	0		1,000	1,000
営業外収益	0		11,000	11,000
経常利益	0	20,011,000		20,011,000
税引前当期純利益	0	20,011,000		20,011,000
法人税、住民税及び事業税	0	1,500		1,500
当期純利益	0	20,009,500		20,009,500

【図表 4-23　B 社の税額確定前 T／B】

<u>試　算　表</u>

（期末）

B 社　　　　自　X5 年 4 月 1 日　至　X6 年 3 月 31 日

勘定科目名	前月残	借方発生高	貸方発生高	当月残
普通預金	60,000,000	1,002,011,000	1,015,181,500	46,829,500
売掛金	40,000,000	1,000,000,000	990,000,000	50,000,000
製品	5,000,000	6,000,000	5,000,000	6,000,000
半製品・仕掛品	3,000,000	4,500,000	3,000,000	4,500,000
貸倒引当金	0		500,000	−500,000
流動資産	108,000,000	2,012,511,000	2,013,681,500	106,829,500
建物	15,000,000		2,000,000	13,000,000
建物付属設備	1,500,000		500,000	1,000,000
機械装置	2,000,000		1,000,000	1,000,000
土地	40,000,000			40,000,000
有形固定資産	58,500,000		3,500,000	55,000,000
固定資産	58,500,000		3,500,000	55,000,000
資産の部	166,500,000	2,012,511,000	2,017,181,500	161,829,500
買掛金	35,000,000	705,000,000	700,000,000	30,000,000
未払法人税等	180,000	180,000		0
未払消費税等	10,000,000	10,000,000	12,000,000	12,000,000
流動負債	45,180,000	715,180,000	712,000,000	42,000,000
長期借入金	45,000,000	20,000,000		25,000,000
固定負債	45,000,000	20,000,000		25,000,000
負債の部	90,180,000	735,180,000	712,000,000	67,000,000
資本金	30,000,000			30,000,000
繰越利益剰余金	46,320,000		18,509,500	64,829,500
繰越利益剰余金	46,320,000			46,320,000
（うち当期純利益）	0		18,509,500	18,509,500
利益剰余金	46,320,000		18,509,500	64,829,500
純資産の部	76,320,000		18,509,500	94,829,500
負債・純資産の部	166,500,000	735,180,000	730,509,500	161,829,500
商品売上高	0		1,000,000,000	1,000,000,000
純売上高	0		1,000,000,000	1,000,000,000
期首棚卸高	0	8,000,000		8,000,000
仕入高	0	700,000,000		700,000,000
期末棚卸高	0		10,500,000	10,500,000
売上原価	0	708,000,000	10,500,000	697,500,000
売上総利益	0	302,500,000		302,500,000
給料手当	0	200,000,000		200,000,000
修繕費	0	5,000,000		5,000,000
減価償却費	0	3,500,000		3,500,000
貸倒引当金繰入	0	500,000		500,000
その他販管費	0	75,000,000		75,000,000
販売費及び一般管理費	0	284,000,000		284,000,000
営業利益	0	18,500,000		18,500,000
受取利息	0		10,000	10,000
雑収入	0		1,000	1,000
営業外収益	0		11,000	11,000
経常利益	0	18,511,000		18,511,000
税引前当期純利益	0	18,511,000		18,511,000
法人税、住民税及び事業税	0	1,500		1,500
当期純利益	0	18,509,500		18,509,500

「貸倒引当金」の計上額の確認

B社は決算整理仕訳にあるように、当期に貸倒引当金を計上しました。中小企業の場合には、税務上一定の範囲内で貸倒引当金の損金算入が認められています。この恩恵を受けるため、B社もいわゆる一括評価金銭債権に係る貸倒引当金を設定しました。しかし、税務上においては、一括評価金銭債権に係る貸倒引当金の繰入額は業種ごとに定められた法定繰入率の範囲内でしか損金算入が認められていません。

B社の場合、一括評価金銭債権に該当するものは、前T／B上では「売掛金」の50,000,000円ということになります。また、B社は製造業を営んでおり、この場合の法定繰入率は8/1000とされているため、B社にとって損金算入が認められる貸倒引当金の範囲は400,000円（=50,000,000円×8／1000）までとなります。

実務では、このように計算した税務上の範囲内での金額を会計上においても貸倒引当金の繰入額として計上しているケースが多いといえますが、B社は400,000円を超え500,000円の貸倒引当金を計上しているため、その超えた部分100,000円（T／B上500,000円－税務上の限度額400,000円）は損金不算入になるものとして、別表5（1）を介し別表4で加算調整の対象となります。

税務上の加減算項目は早めに認識しておこう

税金計算が絡む決算業務においては、B社の貸倒引当金のケースのように、税務上損金算入できない部分は決算整理仕訳を処理する段階で早めに把握しておくようにします。そうすれば、のちのち税金計算をする段階で、計算のやり直しの回数が少なくなり、スムーズな決算業務へとつながります。賞与引当金や退職給付引当金などの繰入れのように確実に損金算入が認められないもののほか、資本的支出に該当するものや費用計上した中で10万円以上になるものなどを事前にチェックしておくことも決算業務を進めるうえで重要な手順の1つといえます。

≪手順2≫　税額確定前T／B上の「未払法人税等」をチェック

B社では、前期に計上した「未払法人税等」は、**【図表4-24】**の総勘定元帳からわかるように、当期の5月25日に納税したことでその全額が相殺され、前T／B上の残高がゼロになっていることが確認できます。

【図表 4-24 「未払法人税等」の総勘定元帳】

総 勘 定 元 帳

X5 年　B 社　　　　　　　　　　　　　　　　　　　　未払法人税等

月 日	伝票番号	摘　　要	相 手 科 目 名	借　方	貸　方	残　高
4.1		※　前期繰越　※				180,000
5.25	1	前期確定県民税（均等割）	普 通 預 金	50,000		
〃	3	前期確定市民税（均等割）	普 通 預 金	130,000		0
		※　5 月度計　※		****180,000	**********0	
3.31		※　次月繰越　※				0
		以　下　余　白				

納税完了

全額相殺され
ゼロになる

≪手順 3≫　未払法人税等の動きを別表 5（2）に反映

こうして≪**手順 2**≫として「未払法人税等」の動きを確認したところで、次にその動きを別表 5（2）へと反映させていきます。これらの動きを反映した別表 5（2）は**【図表 4-25】**のとおりとなります。

【図表 4-25】にあるように、前期の確定法人税等の金額は、別表 5（2）『期首現在未納税額』に計上されます。ここに表示される金額は、実際に納付すべき前期分の法人税等の税金として確定した金額になります。

そして、B 社では、これら前期の確定法人税等の金額に対し、**【図表 4-24】**で確認したとおり、前期の決算整理仕訳で計上した「未払法人税等」を取り崩す形で会計処理をしています。会計上の「未払法人税等」と税務上の「納税充当金」とは同義になるため、別表 5（2）においても、前期の確定法人税等を『充当金取崩しによる納付』の部分を使って相殺処理することになります。

【図表 4-25　B 社の別表 5 (2)（作成途中の段階)】

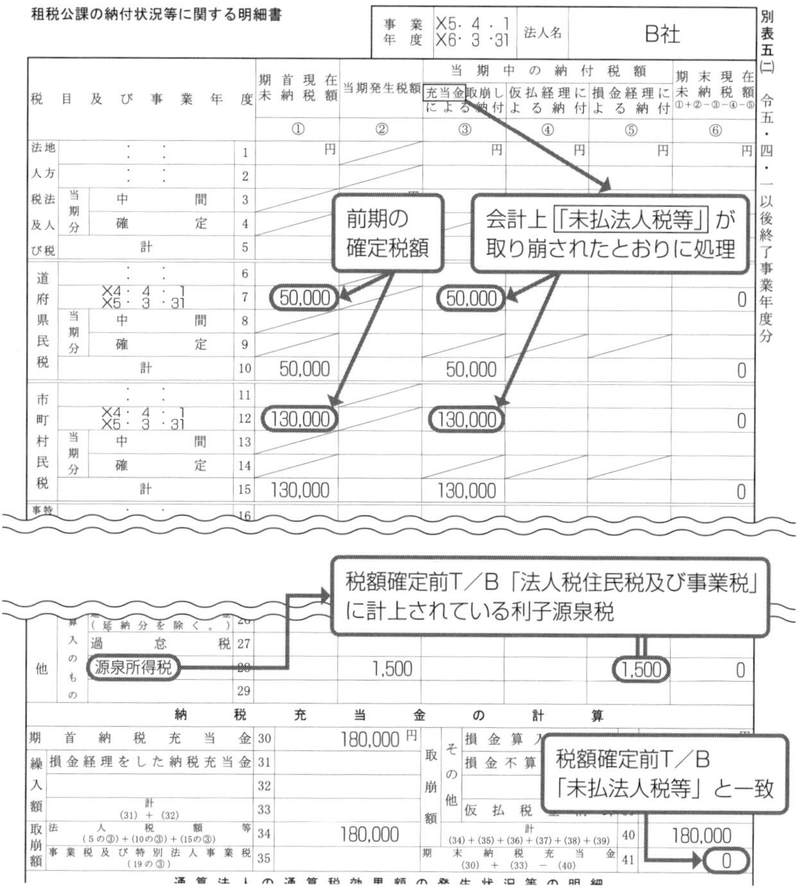

租税公課の納付状況等に関する明細書

事業年度	X5・4・1 X6・3・31	法人名	B社

別表五(二)　令五・四・一以後終了事業年度分

税目及び事業年度			期首現在未納税額 ①	当期発生税額 ②	当期中の納付税額 充当金取崩しによる納付 ③	仮払経理による納付 ④	損金経理による納付 ⑤	期末現在未納税額 ①+②−③−④−⑤ ⑥
法人税及び地方法人税	・ ：	1	円		円	円	円	円
	・ ：	2						
	当期分 中間	3						
	当期分 確定	4						
	計	5						
道府県民税	・ ：	6						
	X4・4・1 X5・3・31	7	50,000		50,000			0
	当期分 中間	8						
	当期分 確定	9						
	計	10	50,000		50,000			0
市町村民税	・ ：	11						
	X4・4・1 X5・3・31	12	130,000		130,000			0
	当期分 中間	13						
	当期分 確定	14						
	計	15	130,000		130,000			0
事業税	・ ：	16						
その他 損金不算入のもの	(延納分を除く。)	26						
	過怠税	27						
	源泉所得税	28		1,500			1,500	0
		29						

納税充当金の計算

期首納税充当金	30	180,000円	取崩額 その他 損金算入		円
繰入額 損金経理をした納税充当金	31		損金不算入		
	32				
計 (31)+(32)	33		仮払税金消却		
取崩額 法人税額等 (5の③)+(10の③)+(15の③)	34	180,000	計 (34)+(35)+(36)+(37)+(38)+(39)	40	180,000
事業税及び特別法人事業税 (19の③)	35		期末納税充当金 (30)+(33)−(40)	41	0

通算法人の通算税効果額の発生状況等の明細

別表 5 (2)『期末納税充当金』をチェックしておこう

ここで別表 5 (2) において期末納税充当金を計算するための『納税充当金の計算』に着目してみましょう。**【図表 4-25】**では、このうち『期首納税充当金』は前期の「未払法人税等」の期末残高、つまり当期の前 T／B における期首残高と一致しています。そして、**≪手順 3≫**によって別表 5 (2) に計上された前期の確定法人税等の処理が完了すると、別表 5 (2)『期末納税充当金』はゼロになっています。

つまり、この時点で、**【図表 4-23】**の税額確定前 T／B「未払法人税等」の残高と別表 5 (2)『期末納税充当金』の残高は一旦一致することになります。このように、まだ申告書の作成途中ですが、決算報告書（ここではT／B）の数字と別表の数字とが必ず一致する箇所については、こまめにチェックしながら申告書の作成を進めていきます。

≪手順4≫　税額確定前T／B「法人税、住民税及び事業税」のチェック

B社は前期が赤字（欠損）であったため、当期に中間納税はありません。中間納税があるケースでは、これを納付した際に「法人税、住民税及び事業税」で処理することもあるでしょう。

また、「法人税、住民税及び事業税」又は「租税公課」には、預金利息や配当金の受取りに際して源泉徴収された所得税が計上されています。**事例4**では省略しますが、**事例1**の**≪手順4≫**のように、税額確定前T／B上の「法人税、住民税及び事業税」や「租税公課」の総勘定元帳を使ってこれらを抽出しておきます。こうして抽出した源泉所得税を別表4に反映させれば税額控除を選択することができます。なお、**事例4**では、受取利息10,000円に対し1,500円の利子源泉税が源泉徴収されたため、B社はこれを「法人税、住民税及び事業税」で処理しています。

≪手順5≫　「法人税、住民税及び事業税」を別表4に反映

≪手順4≫にもあるように、源泉徴収された利子源泉税や配当源泉税などの所得税を損金不算入として選択した場合、当期の法人税から控除することができます。つまり、源泉所得税につき税額控除を選択するためには、**【図表4-26】**のとおり、別表4『法人税額から控除される所得税額』によって加算調整しておく必要があります。

なお、**【図表4-26】**の別表4には、いくつかの加減算調整が計上されていますが、これらは**≪手順6≫**、**≪手順7≫**で確認していきます。

源泉所得税は別表5（2）にも反映

もう一度戻って**【図表4-25】**の別表5（2）を見てみましょう。別表5（2）は租税公課の納付状況を表示するシートということになりますが、税額控除を選択するために損金不算入とした源泉所得税についても、別表5（2）『その他』の『損金不

【図表 4-26　B 社の別表 4】

税額確定前T／B「当期純利益」

所得の金額の計算に関する明細書（簡易様式）

事業年度	X5・4・1 X6・3・31	法人名	B社

別表四（簡易様式）　令五・四・一以後終了事業

御注意

1　沖縄の認定法人の課税の特例等の規定の適用を受ける法人にあっては、別様式による別表四を御使用ください。

2　「52」の「①」欄の金額は、「②」欄の金額に「③」欄の本書の金額を加算し、これから「※」の金額を加減算した額と符合することになります。

区分		総額 ①	処分 留保 ②	処分 社外流出 ③	
当期利益又は当期欠損の額	1	18,509,500 円	18,509,500 円	配当 その他	円
加算 損金経理をした法人税及び地方法人税（附帯税を除く。）	2				
加算 損金経理をした道府県民税及び市町村民税	3				
加算 損金経理をした納税充当金	4				
加算 損金経理をした附帯税（利子税を除く。）、加算金、延滞金（延納分を除く。）及び過怠税	5				
加算 減価償却の償却超過額	6				
加算 役員給与の損金不算入額	7			その他	
加算 交際費等の損金不算入額	8			その他	
加算 通算法人に係る加算額（別表四付表「5」）	9			外 ※	
加算 貸倒引当金繰入超過額	10	100,000	100,000		
加算 小計	11	100,000	100,000		
減算 減価償却超過額の当期認容額	12				
減算 納税充当金から支出した事業税等の金額	13				
減算 受取配当等の益金不算入額（別表八（一）「5」）	14				
減算 外国子会社から受ける剰余金の配当等の益金不算入額（別表八（二）「26」）	15				
減算 受贈益の益金不算入額	16				
減算 適格現物分配に係る益金不算入額	17				
減算 法人税等の中間納付額及び過誤納に係る還付金額	18				
減算 所得税額等及び欠損金の繰戻しによる還付金額等	19	1,000		※	1,000
減算 通算法人に係る減算額（別表四付表「10」）	20			※	
減算	21				
減算 小計	22	1,000		外 ※	1,000
仮計 (1)＋(11)－(22)	23	18,608,500			[illegible]
対象純支払利子等の損金不算入額（別表十七（二の二）「29」又は「34」）	24				
超過利子額の損金算入額（別表十七（二の三）「10」）	25	△			
仮計 ((23)から(25)までの計)	26	18,608,500	[illegible]		△1,000
寄附金の損金不算入額（別表十四（二）「24」又は「40」）	27			その他	
法人税額から控除される所得税額（別表六（一）「6の③」）	29	1,500		その他	1,500
税額控除の対象となる外国法人税の額（別表六（二の二）「7」）	30			その他	
分配時調整外国税相当額及び外国関係会社等に係る控除対象所得税額等相当額（別表六（五の二）「5の②」）+（別表十七（三の六）「1」）	31			その他	
合計 (26)＋(27)＋(29)＋(30)＋(31)	34	18,610,000			△1,000 1,500
中間申告における繰戻しによる還付に係る災害損失欠損金額の益金算入額	37				
非適格合併又は残余財産の全部分配等による移転資産等の譲渡利益額又は譲渡損失額	38				
差引計 (34)＋(37)＋(38)	39	18,610,000			△1,000 1,500
更生欠損金又は民事再生等評価換えが行われる場合の再生等欠損金の損金算入額（別表七（三）「9」又は「21」）	40	△			
通算対象欠損金額の損金算入額又は通算対象所得金額の益金算入額（別表七の二「5」又は「11」）	41			※	
差引計 (39)＋(40)±(41)	43	18,610,000	18,609,500	外 ※	△1,000 1,500
欠損金等の当期控除額（別表七（一）「4の計」）＋（別表七（四）「10」）	44	△ 2,000,000			2,000,000
総計 (43)＋(44)	45	16,610,000			△2,001,000 1,500
残余財産の確定の日の属する事業年度に係る事業税及び特別法人事業税の損金算入額	51	△	△		
所得金額又は欠損金額	52	16,610,000	18,609,500	外 ※	△2,001,000 1,500

このケースではここで加算すべきT／B「法人税住民税及び事業税」は、なし

《手順7》
加算

「留保」項目として別表5（1）にも反映

《手順6》
前期分の源泉税の還付分は益金不算入

《手順5》
源泉徴収された所得税を加算

《手順7》
前期の欠損を損金算入
(別表7より)

《手順8》ここをメモ

㊎

算入のもの』に「源泉所得税」などと表記して期中の動きを反映させておきます。預金利息の受取りに際して源泉徴収された所得税に対してＢ社では「法人税、住民税及び事業税」という費用科目で処理しているため、当期に発生した源泉所得税は『損金経理による納付』によって相殺処理することになります。

なお、この別表５(2)の処理については**事例１**では省略しましたが、これを省略したことで源泉所得税に対して税額控除の適用を受けることができなくなるということはありません。ただし、実務的には、ここに源泉所得税の金額を表示しておくのが一般的な処理になっていますので、ここで紹介したに過ぎません。

≪手順６≫　税額確定前Ｔ／Ｂ「雑収入」をチェック

Ｂ社は前期が赤字（欠損）となったため、前期の申告時にはその年度の**≪手順４≫**や**≪手順５≫**に従って、預金利息や配当の受取りの際に源泉徴収された所得税に対し税額控除を選択しています。そして、前期では法人税が発生しなかったことから、控除する相手がいないため、当期になってその源泉所得税の還付を受けることになります。

ここでは省略しますが、**【図表4−23】**の税額確定前Ｔ／Ｂ上の「雑収入」の総勘定元帳を確認すると、そこに計上されている1,000円すべてが前期に税額控除を選択した源泉所得税の還付金ということが判明しました。この時点でこれらは会計上では収益、税務的な視点でいえば益金として処理されていますが、前期の申告ではこれらは損金不算入として処理されていたため、これが還付されるときには益金不算入として取り扱うことになります。

こうした処理が**【図表4−26】**の別表４で反映されていますが、会計上「雑収入」に計上された利子源泉税の還付金1,000円は『所得税額等及び欠損金の繰戻しによる還付金額等』によって減算調整、つまり益金不算入となっています。

≪手順７≫　申告調整項目の確認

決算整理仕訳の段階で、おそらくはある程度申告調整をしなければならない項目が頭に入っているかと思いますが、まずは、前期以前からすでに別表５(1)に計上されているものを別表４に反映させる必要があるかどうかを検討していきます。**事例４**では登場しませんが、前期に計上した賞与引当金や、過去に償却超過となってしまった部分の当期の償却相当分の認容などが検討事項として挙げられるでしょう。

では、**事例 4** に従って申告調整が必要な項目を検討していきます。**≪手順 1≫**にもあったように、**事例 4** では決算整理仕訳で貸倒引当金を計上しています。B 社は会計上 500,000 円を計上していますが、税務上では 400,000 円までしか計上が認められていません。つまり、その差額 100,000 円が申告上は計上オーバーということになるため、ここで加算調整が必要になります。

なお、この引当超過となった 100,000 円は、翌期の決算整理仕訳などにおいてこの貸倒引当金 500,000 円を洗替処理（戻入処理によって収益として認識）をした際に減算調整することができるため、留保項目として別表 5（1）に転記しておきますが、このときの別表 4 と別表 5（1）の流れについては**【図表 4–27】**のとおりになります。

【図表 4–27　貸倒引当金繰入超過額の別表 4 と別表 5（1）への反映】

別表五(一)

区分		期首現在利益積立金額	当期の増減		差引翌期首現在利益積立金額 ①−②+③
			減	増	
		①	②	③	④
貸倒引当金				100,000	❶ → 100,000

❷
別表 5（1）の『増』
→別表 4「加算」へ

別表四

区分			総額	処分	
				留保	社外流出
			①	②	③
加算					
	貸倒引当金繰入超過額	10	100,000	❸ → 100,000	

別表 5（1）と別表 4 の流れ

【図表 4–27】では、貸倒引当金の繰入超過部分に対し別表 5（1）『増』→別表 4「加算」の流れで作成しましたが、実務では、この流れの方が、別表 4「加算」→別

表5（1）『増』の流れで作成するよりも一般的な流れになります。

なぜなら、申告書全般の作成の流れとして、先ほども説明しましたが、まずは別表5（1）『期首現在利益積立金額』に残っているものが当期に解消できるかどうかを検討することになります。そして、こうした前期から繰り越された留保項目に対しては、例えば、別表5（1）『減』→別表4「減算」という形で流れていくため、当期の加算項目などに対しても別表5（1）『増』→別表4「加算」という同じ流れで作っていくのが自然の流れになるといえるでしょう。また、こうした一定の同じ流れで申告書を作成していくと、別表5（1）から別表4への転記漏れが少なくなります。

別表4への転記は1項目ずつ、丁寧に

中小企業の申告書では加減算項目が出てくることはあまりないかもしれません。しかし、賞与引当金などの負債性引当金をいくつも計上しているようなケースでは、毎年いくつもの加減算処理が必要になってきます。そんなとき、例えば、別表5（1）の『減』や『増』を先にすべて処理した後に、まとめて別表4の「減算」や「加算」にそれぞれ計上していくというような流れで作成してしまうと、別表4への転記漏れにつながります。

別表5（1）で『減』又は『増』の処理をした項目は、その項目ごとに1つずつ別表4で「減算」又は「加算」するようにし、さらに税務ソフトを利用している場合には、その都度、転記したごとに差額検証機能を使って、別表5（1）と別表4の転記ミスがないか確認するようにしましょう。

繰越欠損金の損金算入

B社は前期が赤字だったため、前期の別表4で算出された欠損金額は、翌期以降へと繰り越されます。そして、これらの欠損金は翌期以降に課税所得が生じた場合、損金算入することで、その年度の課税所得と相殺することができます。

B社も前期に発生した2,000,000円の欠損金を繰り越し、当期の所得金額と相殺するために別表4『欠損金等の当期控除額』において損金算入しています。

過去の欠損金は別表7（1）というシートに10年間分が集約され、所得金額が生じた年度に古いものから順に相殺するため、繰越欠損金は別表7（1）から引き出さ

れるイメージになります。

≪手順8≫　確定法人税等の金額の確認

別表5 (2) において法人税等に関する税金処理が終わり、会計処理を見直しながら別表4での申告調整が完了すれば、いよいよ税金計算に入ります。**事例4**ではこの**≪手順8≫**がメインになります。

念のため、ここまでの流れを振り返っておきましょう。この時点で、**【図表4−26】**の別表4『当期利益又は当期欠損の額』には、税額確定前T／B「当期純利益」18,509,500円が転記されています。そして、「法人税、住民税及び事業税」で処理された預金利息に係る源泉所得税1,500円が、別表4『法人税額から控除される所得税額』で加算されているため、この2つの処理だけを見れば課税所得は一旦、税額確定前T／B「税引前当期純利益」18,511,000円（「当期純利益」18,509,500円＋「法人税、住民税及び事業税」1,500円）に引き戻されています。

なお、**事例5**で改めて確認することにしますが、例えば、中間納付をした法人税等の税金を会計上「法人税、住民税及び事業税」で処理した場合にも、T／B上の「当期純利益」は、別表4『損金経理をした法人税及び地方法人税』や『損金経理をした道府県民税及び市町村民税』によって加算調整されるため、同じように課税所得は一旦、税額確定前T／B「税引前当期純利益」に引き戻されることになります。

次に、会計処理のうち税務上では認められない処理に対しては、別表4で申告調整することになりますが、**事例4**では、前期に損金不算入とした利子源泉税の還付分を雑収入に計上しているため、これを益金不算入するため減算調整し、貸倒引当金の繰入額に対しては超過額があるため加算調整します。

これら一連の処理によって課税所得が確定し、これがすべて反映されている別表4が**【図表4−26】**ということになりますが、この状態で当期の確定法人税等を計算していきます。計算するといっても実務上は税務ソフトを利用して申告をしているケースがほとんどになるため、本書でも税務ソフトを利用した確定法人税等の計算方法を前提として進めていきます。

まず、**【図表4−26】**の別表4は、この時点での完成版になるため、ここで別表4の最終数値である『所得金額又は欠損金額』16,610,000円をメモしておきます。会計上の最終処理としては決算整理仕訳で未払法人税等を計上することになりますが、これによって課税所得が変動することはありません。そこで、本来の別表４の最終版で課税所得が変動していないことをチェックするために、ここでメモを残しておきます。

次に、法人税と地方法人税の確定税額が表記されている別表１を覗いてみます。あくまでもイメージになりますが、**【図表 4-28】**のようになっています。

ここで別表１から『差引確定法人税額』と『差引確定地方法人税額』をメモしておきます。続けて**【図表 4-29】**のように、地方税の確定税額が表記されている道府県民税と市町村民税の申告書を確認します。そして、それぞれの地方税の申告書に表記された『この申告書により納付すべき○○税額』の部分をメモしておきます。

【図表 4-28　B 社の別表 1（イメージ）】

別表一　各事業年度の所得に係る申告書－内国法人の分……令五・四・一以後終了事業年度等分

税務署受付印	令和　年　月　日　税務署長殿
納税地	電話(　　　)　－
(フリガナ)	
法人名	B社
法人番号	
(フリガナ)	
代表者	
代表者住所	

所管 / 業種目 / 概況書 / 要否 / 別表等	
通算グループ整理番号	
通算親法人整理番号	
法人区分	普通法人（特定の医療法人を除く。）、一般社団法人等、みなし公益法人等又は人格のない社団等 / 左記以外の公益法人等、協同組合等又は特定の医療法人
事業種目	製造業
期末現在の資本金の額又は出資金の額	30,000,000円　非中小法人
同上が1億円以下の普通法人のうち中小法人に該当しないもの	
同非区分	特定同族会社 / 同族会社 / 非同族会社
旧納税地及び旧法人名等	
添付書類	貸借対照表 / 損益計算書 / 株主(社員)資本等変動計算書又は損益金処分表 / 勘定科目内訳明細書 / 事業概況書 / 組織再編成に係る契約書等の写し、組織再編成に係る移転資産等の明細書

※税務署処理欄

青色申告	一連番号
整理番号	12345678
事業年度（至）	年　月　日
売上金額	兆　十億　百万
申告年月日	年　月　日
通信日付印 / 確認 / 庁指定 / 局指定 / 指導等 / 区分	年　月　日
申告区分	法人税：中間 / 期限後 / 修正　地方法人税：中間 / 期限後 / 修正

X5 年 4 月 1 日　事業年度分の法人税　確定　申告書

X6 年 3 月 31 日　課税事業年度分の地方法人税　確定　申告書

（中間申告の場合の計算期間　令和　年　月　日　令和　年　月　日）

適用額明細書提出の有無	有	無
税理士法第30条の書面提出有	有	
税理士法第33条の2の書面提出有	有	

この申告書による法人税額の計算

項目	番号	金額（十億・百万・千・円）
所得金額又は欠損金額（別表四「52の①」）	1	166,10,000 → 16610000
法人税額 (48)+(49)+(50)	2	3197520
法人税額の特別控除額（別表六(六)「5」）	3	
税額控除超過額相当額等の加算額	4	
土地譲渡利益金　課税土地譲渡利益金額（別表三(二)「24」）+（別表三(二の二)「25」）+（別表三(三)「20」）	5	000
土地譲渡利益金　同上に対する税額 (62)+(63)+(64)	6	
留保金　課税留保金額（別表三(一)「4」）	7	000
留保金　同上に対する税額（別表三(一)「8」）	8	
		00
法人税額計 (2)−(3)+(4)+(6)+(8)	9	3197520
分配時調整外国税相当額及び外国関係会社等に係る控除対象所得税額等相当額の控除額（別表六(五の二)「7」）+（別表十七(三の六)「3」）	10	
仮装経理に基づく過大申告の更正に伴う控除法人税額	11	
控除税額（((9)−(10)−(11))と(18)のうち少ない金額）	12	1500
差引所得に対する法人税額 (9)−(10)−(11)−(12)	13	3196000
中間申告分の法人税額	14	00
差引確定法人税額 (13)−(14)（中間申告の場合はその税額とし、マイナスの場合は(22)へ記入）	15	3196000

ここをメモ → 3196000

この申告書による地方法人税額の計算

項目	番号	金額
課税標準法人税額の計算　基準法人税額　所得の金額に対する法人税額（(2)−(3)+(4)+(6)+(9の外書)−別表六(二)付表六「7の計」）	28	3197520
課税標準法人税額の計算　基準法人税額　課税留保金額に対する法人税額 (8)	29	
課税標準法人税額 (28)+(29)	30	3197000
地方法人税額 (53)	31	329291
税額控除超過額相当額の加算額（別表六(二)付表六「14の計」）	32	
課税留保金額に係る地方法人税額 (54)	33	
所得地方法人税額 (31)+(32)+(33)	34	329291
分配時調整外国税相当額及び外国関係会社等に係る控除対象所得税額等相当額の控除額（(別表六(五の二)「8」+別表十七(三の六)「4」)と(34)のうち少ない金額）	35	
仮装経理に基づく過大申告の更正に伴う控除地方法人税額	36	
外国税額の控除額（((34)−(35)−(36))と(65)のうち少ない金額）	37	
差引地方法人税額 (34)−(35)−(36)−(37)	38	329200
中間申告分の地方法人税額	39	00
差引確定地方法人税額 (38)−(39)（中間申告の場合はその税額とし、マイナスの場合は(42)へ記入）	40	329200

ここをメモ → 329200

控除税額の計算

項目	番号	金額
所得税の額（別表六(一)「6の③」）	16	1500
外国税額（別表六(二)「23」）	17	
計 (16)+(17)	18	1500
控除した金額 (12)	19	1500
控除しきれなかった金額 (18)−(19)	20	0

この申告による還付金額

項目	番号	金額
所得税額等の還付金額 (20)	21	
中間納付額 (14)−(13)	22	
欠損金の繰戻しによる還付請求税額	23	外
計 (21)+(22)+(23)	24	外
この申告が修正申告である場合のこの申告により納付すべき法人税額又は減少する還付請求税額 (57)	25	外　00
欠損金等の当期控除額（別表七(一)「4の計」）+（別表七(三)「9」若しくは「21」又は別表七(四)「10」）	26	2000000
翌期へ繰り越す欠損金額（別表七(一)「5の合計」）	27	

この申告による還付金額（地方法人税）

項目	番号	金額
外国税額の還付金額 (67)	41	
中間納付額 (39)−(38)	42	
計 (41)+(42)	43	外
この申告が修正申告である場合のこの申告により納付すべき地方法人税額 (61)	44	00
剰余金・利益の配当（剰余金の分配）の金額		
残余財産の最後の分配又は引渡しの日		令和　年　月　日
決算確定の日		X6 年 05 月 25 日

還付を受けようとする金融機関等	銀行 / 金庫・組合 / 農協・漁協　本店・支店 / 出張所 / 本所・支所　預金　郵便局名等
口座番号	ゆうちょ銀行の貯金記号番号　－
※税務署処理欄	

税理士署名	

【図表 4-29-1　B 社の地方税の申告書（イメージ）】

第六号様式（提出用）

※処理事項	発信年月日・通信日付印	確認	整理番号	事務所	区分	管理番号	申告区分
						1234567890	

受付印	令和　年　月　日
	××県××県税事務所長　殿
法人番号	
この申告の基礎	法人税の令和　年　月　日の修正申告・更正・決定・再更正による。
申告年月日	年　月　日
所在地（本県が支店等の場合は本店所在地と併記）	（電話　）
事業種目	製造業
期末現在の資本金の額又は出資金の額（解散日現在の資本金の額又は出資金の額）	30000000
同上が1億円以下の普通法人のうち中小法人等に該当しないもの	非中小法人等
（ふりがな）法人名	B社
期末現在の資本金の額及び資本準備金の額の合算額	30000000
（ふりがな）代表者氏名	
（ふりがな）経理責任者氏名	
期末現在の資本金等の額	30000000

X5 年 4 月 1 日から X6 年 3 月 31 日までの 事業年度分又は連結事業年度分の 道府県民税・事業税・特別法人事業税の確定申告書※

（事業税）

摘要		No.	課税標準	税率（/100）	税額
所得割	所得金額総額（㊽－㊾）又は別表5㊱	㉘	16610000		
	年400万円以下の金額	㉙	4000000	3.5000	140000
	年400万円を超え年800万円以下の金額	㉚	4000000	5.3000	212000
	年800万円を超える金額	㉛	8610000	7.0000	602700
	計　㉙＋㉚＋㉛	㉜	16610000		954700
	軽減税率不適用法人の金額	㉝	000		00
付加価値割	付加価値額総額	㉞			
	付加価値額	㉟	000		00
資本割	資本金等の額総額	㊱			
	資本金等の額	㊲	000		00
収入割	収入金額総額	㊳			
	収入金額	㊴	000		00

摘要	No.	金額	摘要	No.	金額
合計事業税額　㉜＋㉟＋㊲＋㊴又は㉝＋㉟＋㊲＋㊴				㊵	954700
事業税の特定寄附金税額控除額	㊶		仮装経理に基づく事業税額の控除額	㊷	
差引事業税額　㊵－㊶－㊷	㊸	954700	既に納付の確定した当期分の事業税額	㊹	00
租税条約の実施に係る事業税額の控除額	㊺		この申告により納付すべき事業税額㊸－㊹－㊺	㊻	954700
㊻の内訳　所得割	㊼	954700	付加価値割	㊽	00
㊻の内訳　資本割	㊾	00	収入割	㊿	00
㊻のうち見込納付額	51		差引　㊻－51	52	954700

（特別法人事業税）

摘要	No.	課税標準	税率（/100）	税額
所得割に係る特別法人事業税額	53	954700	37.0	353200
収入割に係る特別法人事業税額	54	00		00
合計特別法人事業税額（53＋54）	55			353200

摘要	No.	金額	摘要	No.	金額
仮装経理に基づく特別法人事業税額の控除額	56		差引特別法人事業税額55－56	57	353200
既に納付の確定した当期分の特別法人事業税額	58	00	租税条約の実施に係る特別法人事業税額の控除額	59	
この申告により納付すべき特別法人事業税額　57－58－59	60	353200	60のうち見込納付額	61	
差引　60－61	62	353200			

ここをメモ

所得金額の計算の内訳		No.	金額
所得金額（法人税の明細書（別表4）の（34））又は個別所得金額（法人税の明細書（別表4の2付表）の（42））		63	18610000
加算	損金の額又は個別帰属損金額に算入した所得税額及び復興特別所得税額	64	
	損金の額又は個別帰属損金額に算入した海外投資等損失準備金勘定への繰入額	65	
減算	益金の額又は個別帰属益金額に算入した海外投資等損失準備金勘定からの戻入額	66	
	外国の事業に帰属する所得以外の所得に対して課された外国法人税額	67	
仮計　63＋64＋65－66－67		68	18610000
繰越欠損金額等若しくは災害損失金額又は債務免除等があった場合の欠損金額等の当期控除額		69	2000000
法人税の所得金額（法人税の明細書（別表4）の（52））又は個別所得金額（法人税の明細書（別表4の2付表）の（55））		70	16610000
法第15条の4の徴収猶予を受けようとする税額		71	
還付請求	中間納付額	72	

（道府県民税）

摘要		No.	金額
（使途秘匿金税額等）法人税法の規定によって計算した法人税額		①	（　）3197520
試験研究費の額等に係る法人税額の特別控除額		②	
還付法人税額等の控除額		③	
退職年金等積立金に係る法人税額		④	
課税標準となる法人税額又は個別帰属法人税額　①＋②－③＋④		⑤	3197000
2以上の道府県に事務所又は事業所を有する法人における課税標準となる法人税額又は個別帰属法人税額		⑥	000
法人税割額（⑤又は⑥×/100）		⑦	31970
道府県民税の特定寄附金税額控除額		⑧	
税額控除超過額相当額の加算額		⑨	
外国関係会社等に係る控除対象所得税額等相当額又は個別控除対象所得税額等相当額の控除額		⑩	
外国の法人税等の額の控除額		⑪	
仮装経理に基づく法人税割額の控除額		⑫	
差引法人税割額　⑦－⑧＋⑨－⑩－⑪－⑫		⑬	31900
既に納付の確定した当期分の法人税割額		⑭	00
租税条約の実施に係る法人税割額の控除額		⑮	
この申告により納付すべき法人税割額　⑬－⑭－⑮		⑯	31900
均等割額	算定期間中において事務所等を有していた月数	⑰	12月
	50,000円×⑰/12	⑱	50000
	既に納付の確定した当期分の均等割額	⑲	00
	この申告により納付すべき均等割額　⑱－⑲	⑳	50000
この申告により納付すべき道府県民税額　⑯＋⑳		㉑	81900
㉑のうち見込納付額		㉒	
差引　㉑－㉒		㉓	81900
東京都に申告する場合の⑦の計算	特別区分の課税標準額	㉔	000
	同上に対する税額　㉔×/100	㉕	
	市町村分の課税標準額	㉖	000
	同上に対する税額　㉖×/100	㉗	

ここをメモして
合計をチェック

法人税の期末現在の資本金等の額又は連結個別資本金等の額	30000000
法人税の当期の確定税額又は連結法人税個別帰属支払額	3196000
決算確定の日	X6・5・25
解散の日	・　・
残余財産の最後の分配又は引渡しの日	・　・
申告期限の延長の処分（承認）の有無	事業税　有・無　法人税　有・無
法人税の申告書の種類	（青色）・その他
この申告が中間申告の場合の計算期間	・　・
翌期の中間申告の要否	（要）・否
国外関連者の有無	有・無
還付を受けようとする金融機関及び支払方法	銀行　支店　口座番号（普通・当座）
関与税理士署名	（電話　）

【図表 4-29-2　B 社の地方税の申告書（イメージ）】

第二十号様式（提出用）

※処理事項	発信年月日	通信日付印	確認	整理番号	事務所区分	管理番号	申告区分
						2345678901	

受付印

令和　　年　　月　　日

△△市長　　殿

法人番号	申告年月日
	年　月　日

所在地（本市町村が支店等の場合は本店所在地と併記）	（電話　　　）	この申告の基礎	1. 法人税の令和　年　月　日の修正申告書の提出による。 2. 法人税の令和　年　月　日の更正・決定・再更正による。
（ふりがな）		事業種目	製造業
法人名	B社	期末現在の資本金の額又は出資金の額	30,000,000
（ふりがな）代表者氏名	（ふりがな）経理責任者氏名	期末現在の資本金の額及び資本準備金の額の合算額	30,000,000
		期末現在の資本金等の額	30,000,000

X5 年 4 月 1 日から X6 年 3 月 31 日までの 事業年度分又は連結事業年度分 の市町村民税の　確定　申告書 ※

摘要		課税標準（十億・百万・千・円）	税率（100分）	法人税割額 税額
（使途秘匿金税額等） 法人税法の規定によって計算した法人税額	①	（　　） 3197520		
試験研究費の額等に係る法人税額の特別控除額	②			
還付法人税額等の控除額	③			
退職年金等積立金に係る法人税額	④			
課税標準となる法人税額又は個別帰属法人税額及びその法人税割額　①+②−③+④	⑤	3197000	6.000	191820
2以上の市町村に事務所又は事業所を有する法人における課税標準となる法人税額又は個別帰属法人税額及びその法人税割額　（⑤/㉒×㉓）	⑥	000		
市町村民税の特定寄附金税額控除額	⑦			
外国関係会社等に係る控除対象所得税額等相当額又は個別控除対象所得税額等相当額の控除額	⑧			
外国の法人税等の額の控除額	⑨			
仮装経理に基づく法人税割額の控除額	⑩			
差引法人税割額　⑤−⑦−⑧−⑨−⑩又は⑥−⑦−⑧−⑨−⑩	⑪			191800
既に納付の確定した当期分の法人税割額	⑫			00
租税条約の実施に係る法人税割額の控除額	⑬			
この申告により納付すべき法人税割額　⑪−⑫−⑬	⑭			191800
均等割額　算定期間中において事務所等を有していた月数	⑮	12 月	130,000 円×⑮/12 ⑯	130000
均等割額　既に納付の確定した当期分の均等割額			⑰	00
均等割額　この申告により納付すべき均等割額　⑯−⑰			⑱	130000
この申告により納付すべき市町村民税額　⑭+⑱			⑲	321800
⑲のうち見込納付額			⑳	
差引　⑲−⑳			㉑	321800

当該市町村内に所在する事務所、事業所又は寮等 名称	事務所、事業所又は寮等の所在地	分割基準 当該法人の全従業者数	分割基準 左のうち当該市町村分の従業者数	当該市町村分の均等割の税率適用区分に用いる従業者数
			人	人
合計		㉒　人	㉓	㉔　35

指定都市に申告する場合の⑯の計算 区名	※区コード	月数	従業者数	均等割額
			人	円 00
				00
				00
				00
				00
				00
				00
				00

決算確定の日	X6・5・25	法人税の申告書の種類	㊔青色・その他
解散の日	・　・	翌期の中間申告の要否	㊫要・否
残余財産の最後の分配又は引渡しの日	・　・		
法人税の期末現在の資本金等の額又は連結個別資本金等の額	30,000,000 円		
この申告が中間申告の場合の計算期間	・　・ ・　・	法人税の申告期限の延長の処分の有無	有・無
還付を受けようとする金融機関及び支払方法	銀行　支店 口座番号（普通・当座）		
還付請求税額			
法第15条の4の徴収猶予を受けようとする税額			

関与税理士署名	（電話　　　）

こうして**≪手順 8≫**の中で記したメモの中身を紹介しておきますが、**【図表 4-30】**のように簡単な感じのもので十分です。

税務ソフトを使った確定法人税等の算定から決算整理仕訳の中で「未払法人税等」を計上するまでの工程は、それぞれ独自の方法があるかと思いますが、その中の１つの方法として参考にしてみてください。

【図表 4-30 「未払法人税等」を計上するためのメモ（例）】

課税所得　16,610,000

法人税	3,196,000	5,236,800
地方法人税	329,200	
県民税	税割31,900＋均等割50,000＝81,900	
事業税	954,700＋353,200＝1,307,900	
市民税	税割191,800＋均等割130,000＝321,800	

≪手順 9≫　決算整理仕訳で「未払法人税等」を計上

最終の決算整理仕訳として、**≪手順 8≫**のメモに書いた確定法人税等をＴ／Ｂに反映させます。仕訳の内容としては、次のように「未払法人税等」を合計で１本の仕訳とするか、あるいは税目ごとの仕訳になります。ただし、ここは申告書に影響する部分ではないため、あまり気にするところではありません。

（B 社の決算整理仕訳（未払法人税等の計上））
（法人税、住民税及び事業税）5,236,800　／　（未払法人税等）5,236,800
：当期確定法人税等

この仕訳によって、**【図表 4-31】**のとおり、後Ｔ／Ｂが完成します。

【図表 4-31　B 社の後 T／B】

試　算　表

（期末）

B 社　　　　自　X5 年 4 月 1 日　至　X6 年 3 月 31 日

勘定科目名	前月残	借方発生高	貸方発生高	当月残
普通預金	60,000,000	1,002,011,000	1,015,181,500	46,829,500
売掛金	40,000,000	1,000,000,000	990,000,000	50,000,000
製品	5,000,000	6,000,000	5,000,000	6,000,000
半製品・仕掛品	3,000,000	4,500,000	3,000,000	4,500,000
貸倒引当金	0		500,000	−500,000
流動資産	108,000,000	2,012,511,000	2,013,681,500	106,829,500
建物	15,000,000		2,000,000	13,000,000
建物付属設備	1,500,000		500,000	1,000,000
機械装置	2,000,000		1,000,000	1,000,000
土地	40,000,000			40,000,000
有形固定資産	58,500,000		3,500,000	55,000,000
固定資産	58,500,000		3,500,000	55,000,000
資産の部	166,500,000	2,012,511,000	2,017,181,500	161,829,500
買掛金	35,000,000	705,000,000	700,000,000	30,000,000
未払法人税等	180,000	180,000	5,236,800	5,236,800
未払消費税等	10,000,000	10,000,000	12,000,000	12,000,000
流動負債	45,180,000	715,180,000	717,236,800	47,236,800
長期借入金	45,000,000	20,000,000		25,000,000
固定負債	45,000,000	20,000,000		25,000,000
負債の部	90,180,000	735,180,000	717,236,800	72,236,800
資本金	30,000,000			30,000,000
繰越利益剰余金	46,320,000		13,272,700	59,592,700
繰越利益剰余金	46,320,000			46,320,000
（うち当期純利益）	0		13,272,700	13,272,700
利益剰余金	46,320,000		13,272,700	59,592,700
純資産の部	76,320,000		13,272,700	89,592,700
負債・純資産の部	166,500,000	735,180,000	730,509,500	161,829,500
商品売上高	0		1,000,000,000	1,000,000,000
純売上高	0		1,000,000,000	1,000,000,000
期首棚卸高	0	8,000,000		8,000,000
仕入高	0	700,000,000		700,000,000
期末棚卸高	0		10,500,000	10,500,000
売上原価	0	708,000,000	10,500,000	697,500,000
売上総利益	0	302,500,000		302,500,000
給料手当	0	200,000,000		200,000,000
修繕費	0	5,000,000		5,000,000
減価償却費	0	3,500,000		3,500,000
貸倒引当金繰入	0	500,000		500,000
その他販管費	0	75,000,000		75,000,000
販売費及び一般管理費	0	284,000,000		284,000,000
営業利益	0	18,500,000		18,500,000
受取利息	0		10,000	10,000
雑収入	0		1,000	1,000
営業外収益	0		11,000	11,000
経常利益	0	18,511,000		18,511,000
税引前当期純利益	0	18,511,000		18,511,000
法人税、住民税及び事業税	0	5,238,300		5,238,300
当期純利益	0	13,272,700		13,272,700

≪手順 10≫　別表 4『当期利益又は当期欠損の額』を後 T／B「当期純利益」に入替え

別表 4 は、この時点ではまだ確定税額前 T／B「当期純利益」が計上されているため、**≪手順 9≫**の決算整理仕訳で計上した「未払法人税等」が反映された後 T／B「当期純利益」に入れ替えます。

≪手順 11≫　「未払法人税等」を別表 4『損金経理をした納税充当金』へ

≪手順 10≫で入れ替えた後 T／B「当期純利益」が、税額確定前 T／B「当期純利益」よりも減っているのは、**≪手順 9≫**で「未払法人税等」の相手勘定として計上した「法人税、住民税及び事業税」の税金費用分ということになります。これらは税務上あくまでも見積費用として取り扱われるため、不確定債務ということと、税金という側面から、損金不算入になるという理解でよいでしょう。こうした点から、決算整理仕訳で計上した「未払法人税等」に相当する部分を別表 4『損金経理をした納税充当金』として加算調整します。

≪手順 10≫と**≪手順 11≫**を反映した別表 4、別表 5 (1)、そして別表 5 (2) は**【図表 4-32】**のとおりとなります。

【図表 4-32-1　B 社の最終の別表 4、別表 5（1）、別表 5（2）】

所得の金額の計算に関する明細書（簡易様式）

事業年度	X5・4・1 X6・3・31	法人名	B社

区分		総額 ①	処分 留保 ②	社外流出 ③	
当期利益又は当期欠損の額	1	円 13,272,700	円 13,272,700	配当 その他	円
加算 損金経理をした法人税及び地方法人税（附帯税を除く。）	2				
損金経理をした道府県民税及び市町村民税	3				
損金経理をした納税充当金	4	5,236,800	5,236,800		
損金経理をした附帯税（利子税を除く。）、加算金、延滞金（延納分を除く。）及び過怠税	5				
減価償却の償却超過額	6				
役員給与の損金不算入額	7				
交際費等の損金不算入額	8				
通算法人に係る加算額（別表四付表「5」）	9			外※	
貸倒引当金繰入超過額	10	100,000	100,000		
小計	11	5,336,800	5,336,800	外※	
減算 減価償却超過額の当期認容額	12				
納税充当金から支出した事業税等の金額	13				
受取配当等の益金不算入額（別表八（一）「5」）	14			※	
外国子会社から受ける剰余金の配当等の益金不算入額（別表八（二）「26」）	15			※	
受贈益の益金不算入額	16			※	
適格現物分配に係る益金不算入額	17			※	
法人税等の中間納付額及び過誤納に係る還付金額	18				
所得税額等及び欠損金の繰戻しによる還付金額等	19	1,000		※	1,000
通算法人に係る減算額（別表四付表「10」）	20			※	
	21				
小計	22	1,000		外※	1,000
仮計 (1)＋(11)－(22)	23	18,608,500	18,609,500	外※	△1,000
対象純支払利子等の損金不算入額（別表十七（二の二）「29」又は「34」）	24			その他	
超過利子額の損金算入額（別表十七（二の三）「10」）	25	△		※	△
仮計 ((23)から(25)までの計)	26	18,608,500	18,609,500	外※	△1,000
寄附金の損金不算入額（別表十四（二）「24」又は「40」）	27			その他	
法人税額から控除される所得税額（別表六（一）「6の③」）	29	1,500		その他	1,500
税額控除の対象となる外国法人税の額（別表六（二の二）「7」）	30			その他	
分配時調整外国税相当額及び外国関係会社等に係る控除対象所得税額等相当額（別表六（五の二）「5の②」）＋（別表十七（三の六）「1」）	31			その他	
合計 (26)＋(27)＋(29)＋(30)＋(31)	34	18,610,000	18,609,500	外※	△1,000 1,500
中間申告における繰戻しによる還付に係る災害損失欠損金額の益金算入額	37			※	
非適格合併又は残余財産の全部分配等による移転資産等の譲渡利益額又は譲渡損失額	38			※	
差引計 (34)＋(37)＋(38)	39	18,610,000	18,609,500	外※	△1,000 1,500
更生欠損金又は民事再生等評価換えが行われる場合の再生等欠損金の損金算入額（別表七（三）「9」又は「21」）	40	△			
通算対象欠損金額の損金算入額又は通算対象所得金額の益金算入額（別表七の二「5」又は「11」）	41				
差引計 (39)＋(40)±(41)	43	18,610,000			△1,000 1,500
欠損金等の当期控除額（別表七（一）「4の計」）＋（別表七（四）「10」）	44	△ 2,000,000			2,000,000
総計 (43)＋(44)	45	16,610,000	18,609,500	外※	△2,001,000 1,500
残余財産の確定の日の属する事業年度に係る事業税及び特別法人事業税の損金算入額	51	△	△		
所得金額又は欠損金額	52	16,610,000	18,609,500	外※	△2,001,000 1,500

別表四（簡易様式）　令五・四・一以後終了事業年度分

後T／B「当期純利益」

「未払法人税等」の決算整理を反映

後T／B「法人税、住民税及び事業税」

後T／B「税引前当期純利益」

【図表4-30】の課税所得のメモと同じ（変わらない）

【図表 4-32-2　B 社の最終の別表 4、別表 5（1）、別表 5（2）】

利益積立金額及び資本金等の額の計算に関する明細書

事業年度	X5・4・1 X6・3・31	法人名	B社

別表五(一)　令五・四・一以後終了

I　利益積立金額の計算に関する明細書

区分		期首現在利益積立金額	当期の増減 減	当期の増減 増	差引翌期首現在利益積立金額 ①－②＋③
		①	②	③	④
利益準備金	1	円	円	円	円
積立金	2				
貸倒引当金	3			100,000	100,000
	4				
	5				
	23				
	24				
繰越損益金（損は赤）	25	46,320,000	46,320,000	59,592,700	59,592,700
納税充当金	26	180,000	180,000	5,236,800	5,236,800
未納法人税等（退職年金等積立金に対するものを除く。） 未納法人税及び未納地方法人税（附帯税を除く。）	27	△		中間 △ 確定 △3,525,200	△ 3,525,200
未納法人税等 未払通算税効果額（附帯税の額に係る部分の金額を除く。）	28			中間 確定	
未納法人税等 未納道府県民税（均等割額を含む。）	29	△ 50,000	△ 50,000	中間 △ 確定 △ 81,900	△ 81,900
未納法人税等 未納市町村民税（均等割額を含む。）	30	△ 130,000	△ 130,000	中間 △ 確定 △ 321,800	△ 321,800
差引合計額	31	46,320,000	46,320,000	61,000,600	61,000,600

B／Sの表示

翌期『減』の対象
⇒繰越し

後T／B
「繰越利益剰余金」

後T／B
「未払法人税等」

II　資本金等の額の計算に関する明細書

区分		期首現在資本金等の額	当期の増減 減	当期の増減 増	差引翌期首現在資本金等の額 ①－②＋③
		①	②	③	④
資本金又は出資金	32	30,000,000円	円	円	30,000,000円
資本準備金	33				
	34				
	35				
差引合計額	36	30,000,000			30,000,000

【図表 4-32-3　B 社の最終の別表 4、別表 5（1)、別表 5（2)】

租税公課の納付状況等に関する明細書

事業年度	法人名
X5・4・1 X6・3・31	B社

別表五(二)　令五・四・一以後終了事業年度分

税目及び事業年度			期首現在未納税額 ①	当期発生税額 ②	当期中の納付税額 充当金取崩しによる納付 ③	仮払経理による納付 ④	損金経理による納付 ⑤	期末現在未納税額 ①+②−③−④−⑤ ⑥
法人税及び地方法人税	：：	1	円		円	円	円	円
	：：	2						
	当期分 中間	3		円				
	当期分 確定	4		3,525,200				3,525,200
	計	5		3,525,200				3,525,200
道府県民税	：：	6						
	X4・4・1 X5・3・31	7	50,000		50,000			0
	当期分 中間	8						
	当期分 確定	9		81,900				81,900
	計	10	50,000	81,900	50,000			81,900
市町村民税	：：	11						
	X4・4・1 X5・3・31	12	130,000		130,000			0
	当期分 中間	13						
	当期分 確定	14		321,800				321,800
	計	15	130,000	321,800	130,000			321,800
事業税及び特別法人事業税	：：	16						
	：：	17						
	当期中間分	18						
	計	19						
その他 損金算入のもの	利子税	20						
	延滞金（延納に係るもの）	21						
		22						
		23						
その他 損金不算入のもの	加算税及び加算金	24						
	延滞税	25						
	延滞金（延納分を除く。）	26						
	過怠税	27						
	源泉所得税	28		1,500			1,500	0
		29						

(計上されていれば(事例5参照))

後T／B「法人税、住民税及び事業税」

納税充当金の計算

期首納税充当金	30	180,000円	取崩額 その他	損金算入のもの		円
繰入額 損金経理をした納税充当金	31	5,236,800		損金不算入のもの		
繰入額	32				38	
繰入額 計 (31)＋(32)	33	5,236,800		仮払税金消却	39	
取崩額 法人税額等 (5の③)＋(10の③)＋(15の③)	34	180,000	計	(34)＋(35)＋(36)＋(37)＋(38)＋(39)	40	180,000
取崩額 事業税及び特別法人事業税 (19の③)	35		期末納税充当金	(30)＋(33)−(40)	41	5,236,800

後T／B「未払法人税等」

通算法人の通算税効果額の発生状況等の明細

事業年度		期首現在未決済額 ①	当期発生額 ②	当期中の決済額 支払額 ③	受取額 ④	期末現在未決済額 ⑤
：：	42	円		円	円	円
：：	43					
当期分	44		中間 円 確定			
計	45					

≪手順12≫　T／Bと別表との整合性のチェック

最後に後T／Bと別表との整合性のチェックをします。ここでは**事例4**に従ったチェックになります。

まずは、別表4と後T／Bとの整合性からです。

・別表4『当期利益又は当期欠損の額』＝後T／B「当期純利益」＝13,272,700円

・別表4『損金経理をした納税充当金』＋『法人税額から控除される所得税額』 ＝後T／B「法人税、住民税及び事業税」＝5,238,300円

なお、ここでは、別表4に計上された貸倒引当金繰入超過額は、後T／B上の期末残高とは整合性をチェックすることはできませんが、改めて加算調整をした金額に誤りがないか再度確認をしておきます。

また、『所得税額等及び欠損金の繰戻しによる還付金額等』に計上した前期の利子源泉税の還付金の額についても、例えば、「勘定科目内訳明細書」の雑益等の内訳に還付金等として計上した金額と整合性が図れているかどうかも合わせて確認するようにしましょう。

次に、別表5⑴のうち『差引翌期首現在利益積立金額』の部分と後T／Bとの整合性をチェックします。

・別表5（1）『納税充当金』＝後T／B「未払法人税等」＝5,236,800円

・別表5（1）『繰越損益金（損は赤）』＝後T／B「繰越利益剰余金」＝59,592,700円

そして、最後に別表5⑵と後T／Bとの整合性を確認します。

・別表5（2）『期末納税充当金』＝後T／B「未払法人税等」＝5,236,800円

なお、**事例1**でも確認しましたが、この部分は上記の別表5⑴『納税充当金』とも整合します。

メモに記しておいた課税所得の確認

もう一度、**≪手順8≫**で記しておいたメモを見返してみましょう。「課税所得」の部分になりますが、メモ上の「課税所得」はまだ決算整理仕訳で「未払法人税等」を計上していない税額確定前の段階での仮の課税所得ということになります。そして、**≪手順9≫**によって「未払法人税等」を計上し、**≪手順10≫**でこれを反映させて完成させた別表4が**【図表4-32】**ということになりますが、ここでの『所得金額又は欠損金額』とメモに残した課税所得とは同額になります。

つまり、決算整理仕訳で確定法人税等を計上しても、申告（課税所得）には何も影響しないことわかります。そして、これが申告書を完成させるうえで欠かせないチェックになるといえます。

こうしたチェックは**《手順12》**のチェック前に行うようにし、合わせてもう一度別表１や地方税の申告書に表記されたそれぞれの税目ごとの確定税額と、**【図表 4-30】**のように残したメモに記載した確定税額とが一致していることもチェックするようにしましょう。

事例 5

中間納付があった事業年度のケース

株式会社C（以下「C社」といいます）は、資本金10,000,000円、従業員20人の建設業を営む3月決算の中小企業です。ここ数年は受注が順調で黒字が続いています。

会計処理の特徴として、中小企業会計では珍しいですが、伝統的に賞与引当金を計上しており、また従業員の退職に備え退職給付引当金も計上しています。前期（X5年3月期）も黒字で申告では納税となったため、当期（X6年3月期）の11月に法人税などの中間納付をしています。

決算業務については、未払法人税等以外の決算整理仕訳はすでに処理済みで、税額確定前の残高試算表は**【図表4-33】**のとおりとなっています。なお、期中での中間納付分の法人税等の税金は「法人税、住民税及び事業税」として費用処理をしています。

このように中間納付がある場合の申告書の作成手順はどのような流れになりますか。また、会計上引当金を計上しているケースでは申告調整も出てくるかと思いますが、何か特別な処理は必要になってくるのでしょうか。なお、決算整理仕訳で未払法人税等を計上するときは、翌期の納付のときに経理担当者が仕訳で混乱しないように、前期と同様、確定税額を計上したいと考えています。

解説

C社では、賞与引当金や退職給付引当金を計上しています。引当金の繰入れは税務上損金算入することが認められず別表4で加算調整が必要となる一方で、取り崩すときには益金不算入又は損金算入され、別表4で減算調整をすることになります。なお、これらの引当金はともに将来に向けていずれ解消するものになるため、留保項目として別表5（1）に転記されます。申告調整の方法としては、**事例4【図表4-27】**のような流れとなり、特別な処理が必要になるわけではありません。流れに沿って事務的に進めて行けば、申告調整の処理そのものに対してそれほど難しいテクニックが求められるわけではありません。

【図表 4-33　C 社の税額確定前 T／B】

試　算　表

（期末）

C 社　　　　　　　　　　　　　　自　X5 年 4 月 1 日　至　X6 年 3 月 31 日

勘定科目名	前月残	借方発生高	貸方発生高	当月残
普通預金	50,000,000	353,000,000	337,460,000	65,540,000
売掛金	30,000,000	2,000,000		32,000,000
未成工事支出金	5,000,000	6,000,000	5,000,000	6,000,000
棚卸資産	5,000,000	6,000,000	5,000,000	6,000,000
流動資産	85,000,000	361,000,000	342,460,000	103,540,000
建物	20,000,000		1,000,000	19,000,000
機械装置	3,000,000		700,000	2,300,000
土地	40,000,000			40,000,000
有形固定資産	63,000,000		1,700,000	61,300,000
固定資産	63,000,000		1,700,000	61,300,000
資産の部	148,000,000	361,000,000	344,160,000	164,840,000
買掛金	25,000,000		3,000,000	28,000,000
未払法人税等	3,000,000	3,000,000		0
賞与引当金	2,000,000	2,000,000	3,000,000	3,000,000
流動負債	30,000,000	5,000,000	6,000,000	31,000,000
長期借入金	45,000,000	6,000,000		39,000,000
退職給付引当金	15,000,000	5,000,000	2,500,000	12,500,000
固定負債	60,000,000	11,000,000	2,500,000	51,500,000
負債の部	90,000,000	16,000,000	8,500,000	82,500,000
資本金	10,000,000			10,000,000
繰越利益剰余金	48,000,000		24,340,000	72,340,000
繰越利益剰余金	48,000,000			48,000,000
（うち当期純利益）	0		24,340,000	24,340,000
利益剰余金	48,000,000		24,340,000	72,340,000
純資産の部	58,000,000		24,340,000	82,340,000
負債・純資産の部	148,000,000	16,000,000	32,840,000	164,840,000
売上高	0		350,000,000	350,000,000
純売上高	0		350,000,000	350,000,000
期首棚卸高	0	5,000,000		5,000,000
仕入高	0	60,000,000		60,000,000
外注費	0	100,000,000		100,000,000
期末棚卸高	0		6,000,000	6,000,000
売上原価	0	165,000,000	6,000,000	159,000,000
売上総利益	0	191,000,000		191,000,000
給料手当	0	90,000,000		90,000,000
賞与引当金繰入	0	3,000,000		3,000,000
退職給与引当金繰入	0	2,500,000		2,500,000
減価償却費	0	1,700,000		1,700,000
その他販管費	0	70,000,000		70,000,000
販売費及び一般管理費	0	167,200,000		167,200,000
営業利益	0	23,800,000		23,800,000
経常利益	0	23,800,000		23,800,000
賞与引当金戻入	0		2,000,000	2,000,000
特別利益	0		2,000,000	2,000,000
税引前当期純利益	0	25,800,000		25,800,000
法人税、住民税及び事業税	0	1,460,000		1,460,000
当期純利益	0	24,340,000		24,340,000

また、C社は期の途中で中間納付をしています。**事例5**ではこれらを「法人税、住民税及び事業税」として費用処理しているため、別表5（2）では中間分の『当期発生税額』を『損金経理による納付』で処理するとともに、法人事業税等以外の法人税等の税金は損金不算入になるため、これらは別表4の中で加算調整していきます。

申告書の作成手順としては、まず、税金関連のものから順に処理していくことにします。つまり、別表5（2）を先に完成させておいて、次に引当金に対して別表5（1）を使いながら別表4で申告調整していくという流れが一般的な流れになります。

なお、C社では中間納付をした際の会計仕訳として、「法人税、住民税及び事業税」の費用科目で処理していますが、場合によっては、中間納付分を「仮払税金」などの資産科目や「未払法人税等」のマイナスとして処理する方法も考えられます。C社のように、毎期順調に課税所得が発生しているような場合には、後者（未払法人税等のマイナス処理）による方法も多いため、せっかくなので、中間納付分を「未払法人税等」によって処理したケースについても後半で確認することにします。

≪手順1≫～≪手順3≫

事例5では、未払法人税等以外の決算整理仕訳がすでに処理されているため**≪手順1≫**は省略します。

また、**≪手順2≫**～**≪手順3≫**についても、前期に確定税額が計上され、**【図表4-33】**のとおり「未払法人税等」の残高がこの時点では整理されてゼロになっているため、その動きを別表5（2）に反映させて次の**≪手順4≫**に進みます。別表5（2）の作成の流れは、中間納付分と合わせて次の**≪手順4≫**で確認することにします。

≪手順4≫　税額確定前T／B「法人税、住民税及び事業税」のチェック

事例5では、預金利息や配当金の受取りに際して源泉徴収される所得税についてはあえて省略することにしました。こうすることで別表4とT／Bとの整合性がこれまでよりも見やすくなるでしょう。それでは、まずは中間納付をした法人税等の税金だけに注目して別表5（2）と別表4の中の動きを見ていくことにします。

先に別表5（2）から確認していきますが、別表5（2）を作成する前に、T／B上

の「法人税、住民税及び事業税」の総勘定元帳を確認しておきます。中間納付したものが費用計上されているかどうかは**【図表 4-34】**で確認できます。まだこの時点では当期の確定税額を未払計上していないため、中間納付をした分だけが「法人税、住民税及び事業税」に計上されている状態になっています。

【図表 4-34 「法人税、住民税及び事業税」の総勘定元帳】

総　勘　定　元　帳

X5年　C社　　　　法人税、住民税及び事業税

月 日	伝票番号	摘　　要	相手科目名	借　方	貸　方	残　高
11.29	1	法人税、地方法人税中間納付	普通預金	1,100,000		
〃	2	法人県民税中間納付	普通預金	45,000		
〃	3	法人事業税等中間納付	普通預金	220,000		
〃	4	法人市民税中間納付	普通預金	95,000		1,460,000
		※ 11月度計 ※		***1,460,000	**********0	
		※ 年 間 計 ※		1,460,000	0	
3.31		※ 損益へ振替 ※			1,460,000	0
		以 下 余 白				

次に、実際に納税をした中間納付分を別表5 (2) に反映させますが、**【図表 4-35】**のとおり、会計処理に合わせて『損金経理による納付』として相殺処理しておきます。

ここで念のため、前期の確定税額の処理についても合わせて見ておきます。前期の確定税額は、会計上前期に計上した「未払法人税等」を取り崩す形で納税しているため、別表5 (2) では『充当金取崩しによる納付』として相殺処理をします。

この段階で一旦別表5 (2)『期末納税充当金』も確認しておきます。ここは、T／B上の「未払法人税等」の金額とイコールになる部分ですが、**【図表 4-33】**の税額確定前T／Bの「未払法人税等」の金額はゼロになっているということは、別表5 (2)『期末納税充当金』も同じくゼロになります。

【図表 4-35 C 社の別表 5 (2)(作成途中の段階)】

租税公課の納付状況等に関する明細書

別表五(二) 令五・四・一以後終了事業年度分

税目及び事業年度				期首現在未納税額	当期発生税額	当期中 充当金取崩しによる納付	仮払経理による納付	損金経理による納付	未納税額 ①+②−③−④−⑤
				①	②	③	④	⑤	⑥
法人税及び地方法人税		・ ・	1	円		円	円	円	円
		X4・4・1 X5・3・31	2	2,300,000		2,300,000			0
	当期分	中間	3		1,100,000円			1,100,000	0
		確定	4		4,223,100				4,223,100
	計		5	2,300,000	5,323,100	2,300,000		1,100,000	4,223,100
道府県民税		・ ・	6						
		X4・4・1 X5・3・31	7	50,000		50,000			0
	当期分	中間	8		45,000			45,000	0
		確定	9		23,200				23,200
	計		10	50,000	68,200	50,000		45,000	23,200
市町村民税		・ ・	11						
		X4・4・1 X5・3・31	12	200,000		200,00			0
	当期分	中間	13		95,000			95,000	0
		確定	14		244,500				244,500
	計		15	200,000	339,500	200,000		95,000	244,500
事業税及び特別法人事業税		・ ・	16						
		X4・4・1 X5・3・31	17		450,000	450,000			
	当期中間分		18		220,000				
	計		19		670,000	450,000		220,000	0
その他	損金算入のもの	利子税	20						
		延滞金(延納に係るもの)	21						
			22						
			23						
	損金不算入のもの	加算税及び加算金	24						
		延滞税	25						
		延滞金(延納分を除く。)	26						
		過怠税	27						
			28						
			29						

納税充当金の計

期首納税充当金		30	3,000,000円	取崩額	その他 損金算入の		
繰入額	損金経理をした納税充当金	31			その他 損金不算入のもの	37	
		32				38	
	計 (31)+(32)	33			仮払税金消却	39	
取崩額	法人税額等 (5の③)+(10の③)+(15の③)	34	2,550,000		計 (34)+(35)+(36)+(37)+(38)+(39)	40	3,000,000
	事業税及び特別法人事業税 (19の③)	35	450,000	期末納税充当金 (30)+(33)−(40)		41	0

通算法人の通算税効果額の発生状況等の明細

事業年度		期首現在未決済額	当期発生額	当期中の決済額 支払額	当期中の決済額 受取額	期末現在未決済額
		①	②	③	④	⑤
・ ・	42	円		円	円	円
・ ・	43					
当期分	44		中間 円 確定			
計	45					

T/B「未払法人税等」の取崩し

T/B「法人税、住民税及び事業税」で処理

別表4で加算

計 140,000円

別表4『納税充当金から支出した事業税等の金額』へ

合計3,000,000 =税額確定前T/B 期首「未払法人税等」(前月残)

合計1,460,000 =税額確定前T/B「法人税、住民税及び事業税」と一致

税額確定前T/B「未払法人税等」残高(=ゼロ)と一致

≪手順5≫　「法人税、住民税及び事業税」を別表4に反映

別表4では、会計上費用処理された法人税等の税金のうち、法人事業税等を除いては損金不算入として処理します。また、これとは逆に、会計上費用処理されずに納付した法人事業税等については、別表4で減算処理をします。

【図表 4-36】を使って、それぞれ確認してみます。

まずは、後者の法人事業税等の処理から確認することにします。そもそも会計上費用処理されずに納付した法人事業税等とはどのようなものになるかというと、これらは前期に計上した未払法人税等の中に含まれている法人事業税等の部分になります。つまり、前期に未払計上された法人事業税等は当期に入って納税が完了しますが、会計処理としては「未払法人税等」という負債科目を取り崩して納税しているため、費用処理されていません。しかし、税務上納税が完了した法人事業税等については損金算入することができるため、**【図表 4-36】**のように、別表4『納税充当金から支出した事業税等の金額』として減算調整することになります。別表4のこの部分は、まさにそのままの表現になっているといえますが、ここは、**【図表 4-35】**の別表5 (2) 『事業税及び特別法人事業税』の動きのうち、前期分の納税として処理した『充当金取崩しによる納付』の部分が転記されてきます。

その他の前期に未払計上された法人事業税等以外の法人税等の税金に関しては、税務上は損金不算入になりますが、これらも当期に入って納税が完了しています。同じように会計上は「未払法人税等」を取り崩すことで納税処理をしていますが、この処理ならば損益計算書を介していないため費用計上されてはおらず、税務上の観点からは損金算入されていません。そのため、別表4では処理なし、ということになります。

次に、当期に中間納付した法人税等の税金に関する別表4の処理について、同じように**【図表 4-36】**を使って見ていきます。中間納付の際には、会計上「法人税、住民税及び事業税」として費用処理されています。繰り返しになりますが、法人事業税等以外の法人税等の税金は税務上では損金不算入となるため、今度は会計上費用処理された法人事業税等以外の法人税等の税金については、別表4において加算調整することになります。ちなみに、別表5 (2) を作成する際には、納付した法人税等の税金の動きを会計処理に従って区分しますが、別表5 (2) の中で『損金経理による納付』として処理した部分は、税務ソフト上では、別表4に自動転記される

【図表 4-36　C 社の別表 4】

T／B「法人税、住民税及び事業税」で
処理された部分を税目別に加算
（損金算入できる法人事業税等を除く）
＝別表5（2）『損金経理による納付』

所得の金額の計算に関する明細書（簡易様式）

事業年度	X5・4・1 X6・3・31	法人名	C社

別表四（簡易様式）　令五・四・一以後終了事業年度分

区分			総額	処分 留保	処分 社外流出	
			①	②	③	
当期利益又は当期欠損の額		1	円 24,340,000	円 24,340,000	配当	円
					その他	
加算	損金経理をした法人税及び地方法人税（附帯税を除く。）	2	1,100,000	1,100,000		
	損金経理をした道府県民税及び市町村民税	3	140,000	140,000		
	損金経理をした納税充当金	4				
	損金経理をした附帯税（利子税を除く。）、加算金、延滞金（延納分を除く。）及び過怠税	5			その他	
	減価償却の償却超過額	6				
	役員給与の損金不算入額	7			その他	
	交際費等の損金不算入額	8			その他	
	通算法人に係る加算額（別表四付表「5」）	9			外※	
	賞与引当金繰入額否認	10	3,000,000	3,000,000		
	退職給付引当金繰入額否認		2,500,000	2,500,000		
	小計	11	6,740,000	6,740,000	外※	
減算	減価償却超過額の当期認容額	12				
	納税充当金から支出した事業税等の金額	13	450,000	450,000		
	受取配当等の益金不算入額（別表八（一）「5」）	14			※	
	外国子会社から受ける剰余金の配当等の益金不算入額（別表…					
	受贈益の益金不…					
	適格現物分配に係る益…					
	法人税等の中間納…過誤納に係る還…					
	所得税額等及び…繰戻しによる還…					
	通算法人に係る減算額（別表四付表「10」）	20			※	
	賞与引当金繰入額認容	21	2,000,000	2,000,000		
	退職給付引当金取崩額認容		5,000,000	5,000,000		
	小計	22	7,450,000	7,450,000	外※	
仮計（1）＋（11）－（22）		23	23,630,000	23,630,000	外※	
残余財産の確定の日の属する事業年度に係る事業税及び特別法人事業税の損金算入額		51	△	△		
所得金額又は欠損金額		52	23,630,000	23,630,000	外※	

未払計上されていた法人事業税等などの450,000円に対し
（未払法人税等）450,000／（現預金）450,000で処理した部分
└──▸ 損金経理されなかったのでここで減算調整

御注意
1　沖縄の認定法人の課税の特例等の規定の適用を受ける法人にあっては、別様式による別表四を御使用ください。
2　「52」の「①」欄の金額は、「②」欄の金額に「③」欄の本書の金額を加算し、これから「※」の金額を加減算した額と符合す

仕組みになっていることがほとんどとです。

具体的に確認していきましょう。**【図表 4-35】**の別表 5（2）において『損金経理による納付』で処理された『法人税及び地方法人税』の 1,100,000 円は、別表 4『損金経理をした法人税及び地方法人税（附帯税を除く。）』へと転記されています。同じように、別表 5（2）『損金経理による納付』で処理された『道府県民税』45,000 円と『市町村民税』95,000 円の合計 140,000 円は、別表 4『損金経理をした道府県民税及び市町村民税』へと転記され、加算調整されます。なお、別表 5（2）『損金経理による納付』で処理された法人事業税等については、もともと損金算入が認められているため、損金経理した処理を否認する必要はなく、別表 4 で申告調整する必要はありません。

別表上の税金関連の処理と税額確定前Ｔ／Ｂとの整合

この時点では、まだ申告書は作成途中ですが、**≪手順 5≫**の段階で、一旦期中で納付した税金関連の処理が完了するため、別表 4 の税金に絡んだ処理とＴ／Ｂ上の残高との整合性のチェックをしておきましょう。

まず、**≪手順 4≫**でも確認しましたが、別表 5（2）『期末納税充当金』とＴ／Ｂ上の「未払法人税等」がイコールになっているかどうか。この時点ではどちらもゼロになっているので整合性に問題はありません。

同じく別表 5（2）『損金経理による納付』の部分の合計とＴ／Ｂ上の「法人税、住民税及び事業税」がイコールになっているかどうか。**事例 5** では、預金利息や配当金に係る源泉所得税はないものとしていますので、Ｔ／Ｂ上の「法人税、住民税及び事業税」の残高と、別表 5『損金経理による納付』の合計 1,460,000 円が一致します。

なお、別表 4 では、『損金経理をした法人税及び地方法人税』1,100,000 円と『損金経理をした道府県民税及び市町村』140,000 円との合計で 1,240,000 円を加算調整していることになりますが、これは、Ｔ／Ｂ上の「法人税、住民税及び事業税」1,460,000 円の金額のうち損金算入が認められている法人事業税等の中間納付分の金額 220,000 円を除いた金額と一致しますので、念のため、ここもチェックしておきましょう。

≪手順6≫　税額決定前T／B「雑収入」をチェック

事例5は前期も課税所得が発生し、預金利息や配当金の受取りに際して源泉徴収された所得税があっても税額控除あるいは損金算入しているため、源泉所得税として還付されるものはありません。つまり、申告に影響する税金関連の還付は発生しないため、ここは省略となります。

≪手順7≫　申告調整項目の確認

別表5(2)と別表4を使って税金関連の処理が完了したところで、次は、会計上で処理したもののうち、税務上では認められない処理のものを申告調整する段階へと進みます。

事例4では、中小企業でも節税方法の1つとして活用される貸倒引当金について、税務上認められる範囲を超えて会計処理がなされた場合の申告調整について確認しました。**事例5**では、それ以外の代表的な申告調整項目として、「賞与引当金」と「退職給付引当金」を取り上げることにします。

まずは賞与引当金について見ていきます。賞与引当金は、通常、「流動負債」に計上されます。会計処理の方法としては、前期に計上した賞与引当金を期中の賞与の支給時に取り崩す方法と、期末の決算整理仕訳の中で洗替処理する方法のいずれかになります。

仕訳の例としては、次のような処理が考えられます。

(前者) 期中取り崩しの処理と決算整理＜仕訳例＞

＜期中＞

(賞与引当金)	2,000,000	／	(現預金)	2,500,000	：夏季賞与
(賞与)	500,000	／			

＜決算整理＞

(賞与引当金繰入)	3,000,000	／	(賞与引当金)	3,000,000	：当期繰入

(後者) 洗替処理＜仕訳例＞

＜期中＞

(賞与)	2,500,000	／	(現預金)	2,500,000	：夏季賞与

＜決算整理＞

（賞与引当金）	2,000,000	／	（賞与引当金戻入）	2,000,000	：前期戻入
（賞与引当金繰入）	3,000,000	／	（賞与引当金）	3,000,000	：当期繰入

会計上、夏季賞与として期中で費用処理されるのは、前者の場合、「賞与」として計上した500,000円の部分だけということになります。キャッシュアウトは2,500,000円ですが、差額の2,000,000円は前期の費用に帰属する部分として、前期にすでに賞与引当金の繰入れとして費用計上されているため、当期では費用として認識しません。また、後者の場合も一旦期中で「賞与」としてキャッシュアウトした2,500,000円の全額を費用として認識していますが、そのうち前期の費用に帰属する部分として前期に繰り入れた賞与引当金2,000,000円を決算整理仕訳の中で戻入益として相殺処理しているため、結局は夏季賞与として当期に費用認識するのは500,000円ということになります。

いずれにしても、税務上の処理に目を向けると、賞与引当金は税務上では認められない費用ということになるため、前期で費用計上した賞与引当金2,000,000円は損金不算入として前期の別表4で加算（否認）されているはずです。そして当期の申告の中でこのまま何もしなければ、当期に夏季賞与として2,500,000円のキャッシュアウトがあるにもかかわらず、損金となる部分は前期と当期を通じても会計上で費用処理された500,000円だけということになってしまいます。

そこで、前期に加算調整された賞与引当金2,000,000円を当期の申告の中で減算（認容）して損金処理をすれば、当期の費用（損金経理）分500,000円と合わせて2,500,000円が損金算入されることになります。

ちなみに、当期に「賞与引当金繰入」として費用計上された賞与引当金3,000,000円は全額損金不算入として別表4で加算調整されますが、翌期にこれを取り崩す処理がされると、当期と同じように必ず減算（認容）することが認められるため、これを留保項目として別表5（1）に転記しておきます。なお、前期も同様の処理がなされているため、**【図表4-37】**のように、前期に会計上計上された賞与引当金2,000,000円が『期首現在利益積立金額』に引き継がれ、当期に『減』として取り崩します。

【図表4-37　C社の別表5（1）】

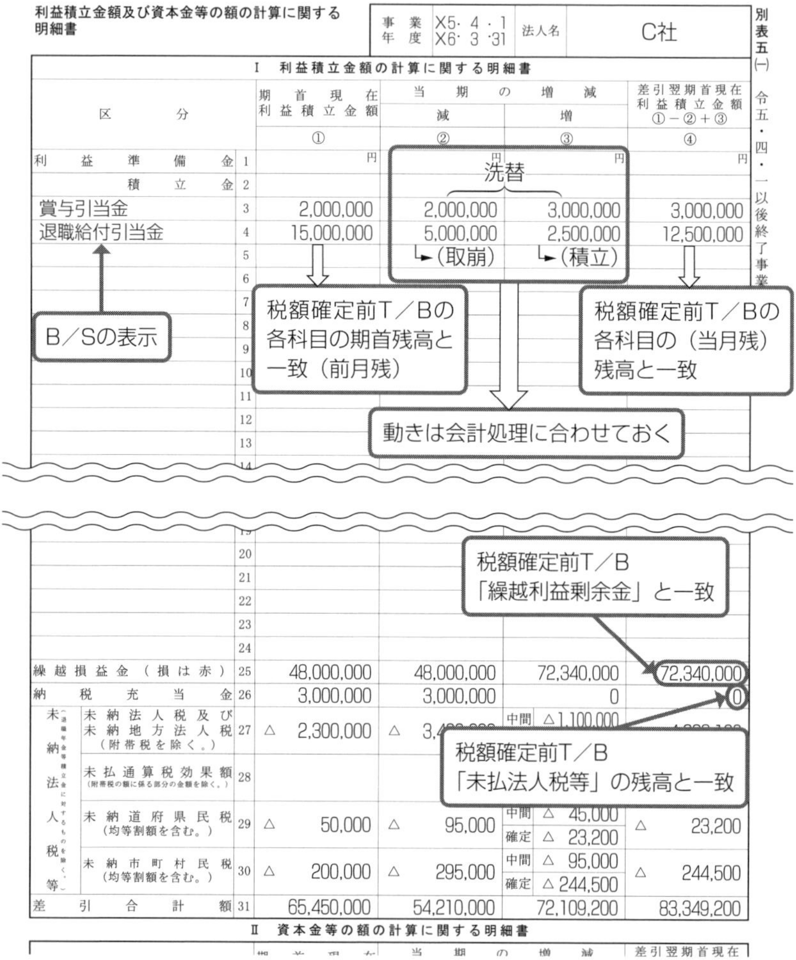

利益積立金額及び資本金等の額の計算に関する明細書

事業年度	X5・4・1 X6・3・31	法人名	C社

別表五(一)　令五・四・一以後終了事業

I　利益積立金額の計算に関する明細書

区分		期首現在利益積立金額 ①	当期の増減 減 ②	当期の増減 増 ③	差引翌期首現在利益積立金額 ①－②＋③ ④
利益準備金	1	円	円	円	円
積立金	2		洗替	洗替	
賞与引当金	3	2,000,000	2,000,000	3,000,000	3,000,000
退職給付引当金	4	15,000,000	5,000,000	2,500,000	12,500,000
	5		└►（取崩）	└►（積立）	
	6				
	7				
	8				
	9				
	10				
	11				
	12				
	13				
	20				
	21				
	22				
	23				
	24				
繰越損益金（損は赤）	25	48,000,000	48,000,000	72,340,000	72,340,000
納税充当金	26	3,000,000	3,000,000	0	0
未納法人税等（退職年金等積立金に対するものを除く。） 未納法人税及び未納地方法人税（附帯税を除く。）	27	△ 2,300,000	△ 3,4[illegible]	中間 △1,100,000	[illegible]
未払通算税効果額（附帯税の額に係る部分の金額を除く。）	28				
未納道府県民税（均等割額を含む。）	29	△ 50,000	△ 95,000	中間 △ 45,000 確定 △ 23,200	△ 23,200
未納市町村民税（均等割額を含む。）	30	△ 200,000	△ 295,000	中間 △ 95,000 確定 △ 244,500	△ 244,500
差引合計額	31	65,450,000	54,210,000	72,109,200	83,349,200

II　資本金等の額の計算に関する明細書

	期首現在	当期の増減	差引翌期首現在

B／Sの表示

税額確定前T／Bの各科目の期首残高と一致（前月残）

税額確定前T／Bの各科目の（当月残）残高と一致

動きは会計処理に合わせておく

税額確定前T／B「繰越利益剰余金」と一致

税額確定前T／B「未払法人税等」の残高と一致

今度は「退職給付引当金」について見ていきます。退職給付引当金は、通常、「固定負債」に計上されるものになります。退職給付引当金は、従業員等の将来の退職に備えるために積み立てておくものになりますが、繰入（費用）処理をして積み上げても、税務上では損金算入することが認められません。損金不算入として税務上も積み上げられた退職給付引当金が税務上損金算入として認められるのは、従業員の退職を原因としてこれらを取り崩したタイミングになります。**事例5**では、次の仕訳のとおり、従業員の退職により期中で5,000,000円が取り崩され、将来の従業員の退職に備え期末要支給額として12,500,000円になるように決算整理仕訳で繰り入れていますが、これらを別表5（1）に反映させたものが**【図表 4-37】**になります。

＜期中＞
（退職給付引当金）　5,000,000／（現預金）　5,000,000　：T 退職
＜決算整理＞
（退職給付引当金繰入）2,500,000／（退職給付引当金）2,500,000　：当期繰入

事例 5 では退職金の支給が1件だけでしたが、こうした引当金を計上するような会社では年度内に数件の退職も想定されます。そのため、例えば**【図表 4-38】**のように総勘定元帳を使って期中の動きを確認すれば、別表上でも引当金の期中の動きを正確に把握することができます。

【図表 4-38 「退職給付引当金」の総勘定元帳】

総　勘　定　元　帳

X5年　C社　　　　退職給付引当金

月 日	伝票番号	摘　　要	相手科目名	借　方	貸　方	残　高
4. 1		※　前期繰越　※				15,000,000
11.15	5	T 退職	普　通　預　金	5,000,000		10,000,000
		※　11月度計　※		***5,000,000	**********0	
3.31		当期繰入	退職給与引当金繰入		2,500,000	12,500,000
		※　期末月計　※		**********0	***2,500,000	
		※　年 間 計　※		5,000,000	2,500,000	
3.31		※　次期繰越　※				12,500,000
		以　下　余　白				

メモ

（首）　15,000,000
取崩　△　5,000,000　→減算
積立　＋　2,500,000　→加算
（未）　12,500,000　=B／S
この動きを別表5（1）にも反映

こうして、別表5（1）『減』として処理された前期分の賞与引当金と当期に取り崩された退職給付引当金は、税務上認容されたものとして別表4の減算へ、そして

別表５（1）『増』として処理された賞与引当金と退職給付引当金の当期の積立て部分は税務上否認されるべきものとして別表４の加算へと転記され、**【図表 4-36】**のように別表４が完成します。

引当金と別表５（1）の動き（参考）

事例５では、会計上賞与引当金と退職給付引当金を計上しているケースを取り上げました。どちらも負債性引当金として税務上は全額損金不算入になるものですが、両者の違いは貸借対照表の表示場所になります。

通常、賞与引当金は流動負債に、退職給付引当金は固定負債にそれぞれ計上されますが、それぞれの会計処理方法としては、流動負債に計上される引当金は洗替処理、固定負債に計上される引当金は期中での使用部分の取崩しと期末時点での必要相当（見積相当）分までの積み上げというのが一般的に多い処理になるといえるでしょう。

実務では、流動負債に計上されている引当金も固定負債に計上されている引当金も、別表５（1）『期首現在利益積立金額』に計上されているものすべてを洗替処理の方法によって統一的に『減』で取り崩し、Ｔ／Ｂ上の残高と合うようにその残高をそのまま『増』に計上するといった手法も見受けられます。しかし、なるべく会計処理をそのまま別表にも反映する形で別表５（1）を作成していくと、会計処理の動きがより明確になり、ミスも少なくなります。

≪手順８≫　確定法人税等の金額の確認

ここまでの手順を踏んでいくと一旦別表４が完成し、課税所得が確定します。課税所得が確定すれば未払法人税等の金額も確定させることができます。この時点ではまだ別表４『当期利益又は当期欠損の額』は税額確定前Ｔ／Ｂの「当期純利益」が計上されていますが、確定法人税額等を算出するうえでは課税所得が確定していればこれ以上確定法人税額等の金額が変動することはありません。

それでは、まずはこの別表４をもと完成した別表１や地方税の申告書を**【図表 4-39】**で確認してみましょう。

【図表 4-39-1　C 社の別表 1 と地方税の申告書（イメージ）】

別表一　各事業年度の所得に係る申告書－内国法人の分……令五・四・一以後終了事業年度等分

税務署受付印　令和　年　月　日　税務署長殿

納税地	電話(　　)　　－
(フリガナ)	
法人名	C社
法人番号	
(フリガナ)	
代表者	
代表者住所	

通算グループ整理番号	
通算親法人整理番号	
法人区分	
事業種目	建設業
期末現在の資本金の額又は出資金の額	10,000,000円
同非区分	特定同族会社　同族会社　非同族会社
旧納税地及び旧法人名等	
添付書類	

青色申告	一連番号
整理番号	98765432
事業年度（至）	年　月　日
売上金額	
申告年月日	年　月　日

X5 年 4 月 1 日 事業年度分の法人税 確定 申告書
課税事業年度分の地方法人税 確定 申告書
X6 年 3 月 31 日（中間申告の場合の計算期間　令和　年　月　日 令和　年　月　日）

適用額明細書提出の有無　有　無
税理士法第30条の書面提出有　有
税理士法第33条の2の書面提出有　有

この申告書による法人税額の計算

	項目	番号	金額（円）
	所得金額又は欠損金額（別表四「52の①」）	1	23630000
	法人税額 (48)+(49)+(50)	2	4826160
	法人税額の特別控除額（別表六(六)「5」）	3	
	税額控除超過額相当額等の加算額	4	
土地譲渡利益金	課税土地譲渡利益金額	5	000
	同上に対する税額 (62)+(63)+(64)	6	
留保金	課税留保金額（別表三(一)「4」）	7	000
	同上に対する税額（別表三(一)「8」）	8	
			00
	法人税額計 (2)−(3)+(4)+(6)+(8)	9	4826160
	分配時調整外国税相当額及び外国関係会社等に係る控除対象所得税額等相当額の控除額	10	
	仮装経理に基づく過大申告の更正に伴う控除法人税額	11	
	控除税額	12	
	差引所得に対する法人税額 (9)−(10)−(11)−(12)	13	4826100
	中間申告分の法人税額	14	1000000
	差引確定法人税額 (13)−(14)（中間申告の場合はその税額とし、マイナスの場合は(22)へ記入）	15	3826100

この申告書による地方法人税額の計算

	項目	番号	金額（円）
課税標準法人税額の計算	基準法人税額	28	4826160
	課税留保金額に対する法人税額 (8)	29	
	課税標準法人税額 (28)+(29)	30	4826000
	地方法人税額 (53)	31	497078
	税額控除超過額相当額の加算額	32	
	課税留保金額に係る地方法人税額 (54)	33	
	所得地方法人税額 (31)+(32)+(33)	34	497078
	分配時調整外国税相当額及び外国関係会社等に係る控除対象所得税額等相当額の控除額	35	
	仮装経理に基づく過大申告の更正に伴う控除地方法人税額	36	
	外国税額の控除額	37	
	差引地方法人税額 (34)−(35)−(36)−(37)	38	497000
	中間申告分の地方法人税額	39	100000
	差引確定地方法人税額 (38)−(39)（中間申告の場合はその税額とし、マイナスの場合は(42)へ記入）	40	397000

	項目	番号	金額（円）
控除税額の計算	所得税の額（別表六(一)「6の③」）	16	
	外国税額（別表六(二)「23」）	17	
	計 (16)+(17)	18	
	控除した金額 (12)	19	
	控除しきれなかった金額 (18)−(19)	20	
この申告による還付金額	所得税額等の還付金額 (20)	21	
	中間納付額 (14)−(13)	22	
	欠損金の繰戻しによる還付請求税額	23	
	計 (21)+(22)+(23)	24	
	この申告が修正申告である場合のこの申告により納付すべき法人税額又は減少する還付請求税額 (57)	25	00
	欠損金等の当期控除額	26	
	翌期へ繰り越す欠損金額（別表七(一)「5の合計」）	27	
この申告による還付金額	外国税額の還付金額 (67)	41	
	中間納付額 (39)−(38)	42	
	計 (41)+(42)	43	
	この申告が修正申告である場合のこの申告により納付すべき地方法人税額 (61)	44	00

剰余金・利益の配当（剰余金の分配）の金額
残余財産の最後の分配又は引渡しの日　令和　年　月　日
決算確定の日　X6 05 25

還付を受けようとする金融機関等　銀行・金庫・組合・農協・漁協　本店・支店・出張所・本所・支所　預金　郵便局名等　口座番号　ゆうちょ銀行の貯金記号番号　－
※税務署処理欄

税理士署名

《事例5》では
中間納付控除後をメモ

【図表 4-39-2　C 社の別表 1 と地方税の申告書（イメージ）】

第六号様式（提出用）

※処理事項	発信年月日	通信日付印	確認	整理番号	事務所	区分	管理番号	申告区分

受付印	令和　年　月　日 △△県△△県税事務所長　殿	法人番号	この申告の基礎：法人税の　年　月　日の修正申告・更正・決定・再更正による。	申告年月日　年　月　日

所在地（本県が支店等の場合は本店所在地と併記）	（電話　　　）	事業種目	建設業
		期末現在の資本金の額又は出資金の額（解散日現在の資本金の額又は出資金の額）	10000000
(ふりがな) 法人名	C社	同上が1億円以下の普通法人のうち中小法人等に該当しないもの	非中小法人等
(ふりがな) 代表者氏名	(ふりがな) 経理責任者氏名	期末現在の資本金の額及び資本準備金の額の合算額	10000000
		期末現在の資本金等の額	10000000

X5 年 4 月 1 日から　X6 年 3 月 31 日までの 事業年度分又は連結事業年度分の 道府県民税・事業税・特別法人事業税 の確定申告書※

（事業税）

摘要		番号	課税標準	税率(1/100)	税額
所得割	所得金額総額（㊸－㊹）又は別表5㊱	㉘	23630000		
	年400万円以下の金額	㉙	4000000	3.5000	140000
	年400万円を超え年800万円以下の金額	㉚	4000000	5.3000	212000
	年800万円を超える金額	㉛	15630000	7.0000	1094100
	計　㉙＋㉚＋㉛	㉜	23630000		1446100
	軽減税率不適用法人の金額	㉝	000		00
付加価値割	付加価値額総額	㉞			
	付加価値額	㉟	000		00
資本割	資本金等の額総額	㊱			
	資本金等の額	㊲	000		00
収入割	収入金額総額	㊳			
	収入金額	㊴	000		00
合計事業税額　㉜＋㉟＋㊲＋㊴又は㉝＋㉟＋㊲＋㊴		㊵			1446100

項目	番号	金額	項目	番号	金額
事業税の特定寄附金税額控除額	㊶		仮装経理に基づく事業税額の控除額	㊷	
差引事業税額　㊵－㊶－㊷	㊸	1446100	既に納付の確定した当期分の事業税額	㊹	150000
租税条約の実施に係る事業税額の控除額	㊺		この申告により納付すべき事業税額㊸－㊹－㊺	㊻	1296100
㊻の内訳　所得割	㊼	1296100	付加価値割	㊽	00
㊻の内訳　資本割	㊾	00	収入割	㊿	00
㊻のうち見込納付額	51		差引　㊻－51	52	1296100

（特別法人事業税）

摘要	番号	課税標準	税率(1/100)	税額
所得割に係る特別法人事業税額	53	1446100	37.0	535000
収入割に係る特別法人事業税額	54	00		00
合計特別法人事業税額（53＋54）	55			535000

項目	番号	金額	項目	番号	金額
仮装経理に基づく特別法人事業税額の控除額	56		差引特別法人事業税額55－56	57	535000
既に納付の確定した当期分の特別法人事業税額	58	70000	租税条約の実施に係る特別法人事業税額の控除額	59	
この申告により納付すべき特別法人事業税額57－58－59	60	465000	60のうち見込納付額	61	
差引　60－61	62	465000			

（道府県民税）

（使途秘匿金税額等）法人税法の規定によって計算した法人税額	①	4826160
試験研究費の額等に係る法人税額の特別控除額	②	
還付法人税額等の控除額	③	
退職年金等積立金に係る法人税額	④	
課税標準となる法人税額又は個別帰属法人税額　①＋②－③＋④	⑤	4826000
2以上の道府県に事務所又は事業所を有する法人における課税標準となる法人税額又は個別帰属法人税額	⑥	000
法人税割額（⑤又は⑥×1.00/100）	⑦	48260
道府県民税の特定寄附金税額控除額	⑧	
税額控除超過額相当額の加算額		
外国関係会社等に係る控除対象所得税額等相当額又は個別控除対象所得税額等相当額の控除額		
外国の法人税等の額の控除額		
仮装経理に基づく法人税割額の控除額		
差引法人税割額　⑦－⑧＋⑨－⑩－⑪－⑫	⑬	48200
既に納付の確定した当期分の法人税割額	⑭	35000
租税条約の実施に係る法人税割額の控除額	⑮	
この申告により納付すべき法人税割額　⑬－⑭－⑮	⑯	13200
均等割額　算定期間中において事務所等を有していた月数	⑰	12月
均等割額　20,000円×⑰/12	⑱	20000
均等割額　既に納付の確定した当期分の均等割額	⑲	10000
均等割額　この申告により納付すべき均等割額　⑱－⑲	⑳	10000
この申告により納付すべき道府県民税額　⑯＋⑳	㉑	23200
㉑のうち見込納付額	㉒	
差		23200
東京都の場合の⑦の計算		000
		000
同上に対する税額　㉖×/100	㉗	

《事例5》では
中間納付控除後
をメモ

《事例5》では
中間納付控除後
をメモ

所得金額の計算の内訳	番号	金額
所得金額（法人税の明細書（別表4）の(34)）又は個別所得金額（法人税の明細書（別表4の2付表）の(42)）	63	23630000
加算　損金の額又は個別帰属損金額に算入した所得税額及び復興特別所得税額	64	
加算　損金の額又は個別帰属損金額に算入した海外投資等損失準備金勘定への繰入額	65	
減算　益金の額又は個別帰属益金額に算入した海外投資等損失準備金勘定からの戻入額	66	
減算　外国の事業に帰属する所得以外の所得に対して課された外国法人税額	67	
仮計　63＋64＋65－66－67	68	23630000
繰越欠損金額等若しくは災害損失金額又は債務免除等があった場合の欠損金額等の当期控除額	69	
法人税の所得金額（法人税の明細書（別表4）の(52)）又は個別所得金額（法人税の明細書（別表4の2付表）の(55)）	70	23630000
法第15条の4の徴収猶予を受けようとする税額	71	
還付請求　中間納付額	72	

法人税の期末現在の資本金等の額又は連結個別資本金等の額	10000000
法人税の当期の確定税額又は連結法人税個別帰属支払額	4826100
決算確定の日	X6・5・25
解散の日	・　・
残余財産の最後の分配又は引渡しの日	・　・
申告期限の延長の処分（承認）の有無	事業税　有・無　法人税　有・無
法人税の申告書の種類	(青色)・その他
この申告が中間申告の場合の計算期間	・　・
翌期の中間申告の要否	(要)・否
国外関連者の有無	有・無
還付を受けようとする金融機関及び支払方法	銀行　支店　口座番号（普通・当座）

関与税理士署名

（電話　　　）

【図表 4-39-3　C 社の別表 1 と地方税の申告書（イメージ）】

第二十号様式（提出用）

※処理事項	発信年月日 / 通信日付印	確認	整理番号	事務所区分	管理番号	申告区分
			567890123			

受付印

令和　　年　　月　　日

□□市長　　殿

法人番号	申告年月日
	年　月　日

所在地（本市町村が支店等の場合は本店所在地と併記）	（電話　　　）	この申告の基礎	1. 法人税の令和　年　月　日の修正申告書の提出による。 2. 法人税の令和　年　月　日の更正・決定・再更正による。
（ふりがな）		事業種目	建設業
法人名	C社	期末現在の資本金の額又は出資金の額	10000000
（ふりがな） 代表者氏名	（ふりがな） 経理責任者氏名	期末現在の資本金の額及び資本準備金の額の合算額	10000000
		期末現在の資本金等の額	10000000

X5 年 4 月 1 日から　X6 年 3 月 31 日までの　事業年度分又は連結事業年度分の市町村民税の　確定　申告書 ※

摘要		課税標準	税率（100分の）	法人税割額 税額
（使途秘匿金税額等） 法人税法の規定によって計算した法人税額	①	4826160		
試験研究費の額等に係る法人税額の特別控除額	②			
還付法人税額等の控除額	③			
退職年金等積立金に係る法人税額	④			
課税標準となる法人税額又は個別帰属法人税額及びその法人税割額　①+②−③+④	⑤	4826000	6.000	289560
2 以上の市町村に事務所又は事業所を有する法人における課税標準となる法人税額又は個別帰属法人税額及びその法人税割額　(⑤/㉒×㉓)	⑥	000		
市町村民税の特定寄附金税額控除額	⑦			
外国関係会社等に係る控除対象所得税額等相当額又は個別控除対象所得税額等相当額の控除額	⑧			
外国の法人税等の額の控除額	⑨			
仮装経理に基づく法人税割額の控除額	⑩			
差引法人税割額　⑤−⑦−⑧−⑨−⑩又は⑥−⑦−⑧−⑨−⑩	⑪			289500
既に納付の確定した当期分の法人税割額	⑫			70000
租税条約の実施に係る法人税割額の控除額	⑬			
この申告により納付すべき法人税割額　⑪−⑫−⑬	⑭			219500
均等割額　算定期間中において事務所等を有していた月数	⑮	12 月	50,000円×⑮/12　⑯	50000
均等割額　既に納付の確定した当期分の均等割額	⑰			25000
均等割額　この申告により納付すべき均等割額　⑯−⑰	⑱			25000
この申告により納付すべき市町村民税額　⑭+⑱	⑲			244500
⑲のうち見込納付額	⑳			
差引　⑲−⑳	㉑			244500

《事例5》では
中間納付控除後
をメモ

当該市町村内に所在する事務所、事業所又は寮等　名称	事務所、事業所又は寮等の所在地	分割基準　当該法人の全従業者数	左のうち当該市町村分の従業者数	当該市町村分の均等割の税率適用区分に用いる従業者数
			人	人
合計		㉒　人	㉓	㉔ 20

指定都市に申告する場合の⑯の計算　区名	※区コード	月数	従業者数	均等割額
			人	00 円
				00
				00
				00
				00
				00
				00
				00

決算確定の日	X6・5・25	法人税の申告書の種類	（青色）・その他
解散の日	・　・	翌期の中間申告の要否	（要）・否
残余財産の最後の分配又は引渡しの日	・　・		
法人税の期末現在の資本金等の額又は連結個別資本金等の額	10,000,000 円		
この申告が中間申告の場合の計算期間	・　・ ・　・	法人税の申告期限の延長の処分の有無	有・無
還付を受けようとする金融機関及び支払方法	銀行　支店 口座番号（普通・当座）		
還付請求税額			
法第15条の 4 の徴収猶予を受けようとする税額			

関与税理士署名	（電話　　　）

そして、**事例4**と同じく、**【図表4-36】**の現時点での別表4の課税所得の金額と、**【図表4-39】**の別表1や地方税の申告書に表記されたそれぞれの税目の金額を**【図表4-40】**のようにメモしておきます。このとき、C社は納税を済ませた中間納付分を「法人税、住民税及び事業税」として費用処理しているため、最終のT／B上の「法人税、住民税及び事業税」の金額が年間分の税額となるように、ここではそれぞれの申告書に表記された税額のうち、中間納付分を差し引いた『差引確定法人税額』、『差引確定地方法人税額』あるいは『この申告書により納付すべき○○税額』の部分をメモします。つまり、ここは翌期に納税することになる未払いとして認識する部分ということになります。

【図表4-40　「未払法人税等」を計上するためのメモ（例）】

課税所得　23,630,000

法人税	3,826,100	6,251,900
地方法人税	397,000	
県民税	税割13,200＋均等割10,000＝23,200	
事業税	1,296,100＋465,000＝1,761,100	
市民税	税割219,500＋均等割25,000＝244,500	

≪手順9≫　決算整理仕訳で「未払法人税等」を計上

未払法人税等として計上する税額を申告書からピックアップしてメモをしたら、決算整理仕訳の最終の仕訳として、次のように「未払法人税等」を計上し、**【図表4-41】**のとおり後T／Bを完成させます。

（C社の決算整理仕訳（未払法人税等の計上））
（法人税、住民税及び事業税）6,215,900　／　（未払法人税等）6,251,900
：当期確定法人税等

【図表4-41　C社の後T／B】

試　算　表

（期末）

C社　　　　　　　　　　　　　　　　　　　自　X5年4月1日　至　X6年3月31日

勘定科目名	前月残	借方発生高	貸方発生高	当月残
普通預金	50,000,000	353,000,000	337,460,000	65,540,000
売掛金	30,000,000	2,000,000		32,000,000
未成工事支出金	5,000,000	6,000,000	5,000,000	6,000,000
流動資産	85,000,000	361,000,000	342,460,000	103,540,000
建物	20,000,000		1,000,000	19,000,000
機械装置	3,000,000		700,000	2,300,000
土地	40,000,000			40,000,000
有形固定資産	63,000,000		1,700,000	61,300,000
固定資産	63,000,000		1,700,000	61,300,000
資産の部	148,000,000	361,000,000	344,160,000	164,840,000
買掛金	25,000,000		3,000,000	28,000,000
未払法人税等	3,000,000	3,000,000	6,251,900	6,251,900
賞与引当金	2,000,000	2,000,000	3,000,000	3,000,000
流動負債	30,000,000	5,000,000	12,251,900	37,251,900
長期借入金	45,000,000	6,000,000		39,000,000
退職給付引当金	15,000,000	5,000,000	2,500,000	12,500,000
固定負債	60,000,000	11,000,000	2,500,000	51,500,000
負債の部	90,000,000	16,000,000	14,751,900	88,751,900
資本金	10,000,000			10,000,000
繰越利益剰余金	48,000,000		18,088,100	66,088,100
繰越利益剰余金	48,000,000			48,000,000
（うち当期純利益）	0		18,088,100	18,088,100
利益剰余金	48,000,000		18,088,100	66,088,100
純資産の部	58,000,000		18,088,100	76,088,100
負債・純資産の部	148,000,000	16,000,000	32,840,000	164,840,000
売上高	0		350,000,000	350,000,000
純売上高	0		350,000,000	350,000,000
期首棚卸高	0	5,000,000		5,000,000
仕入高	0	60,000,000		60,000,000
外注費	0	100,000,000		100,000,000
期末棚卸高	0		6,000,000	6,000,000
売上原価	0	165,000,000	6,000,000	159,000,000
売上総利益	0	191,000,000		191,000,000
給料手当	0	90,000,000		90,000,000
賞与引当金繰入	0	3,000,000		3,000,000
退職給与引当金繰入	0	2,500,000		2,500,000
減価償却費	0	1,700,000		1,700,000
その他販管費	0	70,000,000		70,000,000
販売費及び一般管理費	0	167,200,000		167,200,000
営業利益	0	23,800,000		23,800,000
経常利益	0	23,800,000		23,800,000
賞与引当金戻入	0		2,000,000	2,000,000
特別利益	0		2,000,000	2,000,000
税引前当期純利益	0	25,800,000		25,800,000
法人税、住民税及び事業税	0	7,711,900		7,711,900
当期純利益	0	18,088,100		18,088,100

≪手順 10≫　別表 4『当期利益又は当期欠損の額』を後 T／B「当期純利益」に入替え

≪手順 11≫　「未払法人税等」を別表 4『損金経理をした納税充当金』へ

未払法人税等を T／B に反映させたら、最後に後 T／B「当期純利益」と未払計上をした法人税等の税金を別表 4 に反映させます。

事例 5では、**≪手順 10≫**と**≪手順 11≫**を合わせて進めていきますが、このように一旦申告書は完成しているものの、何らかの誤りで決算修正が入ったような場合には、**≪手順 8≫**～**≪手順 11≫**の工程を一連の工程としてまとめて修正していきます。

それでは、別表 4『当期利益又は当期欠損の額』を後 T／B「当期純利益」に入れ替え、そして同時に決算整理仕訳で損金経理して費用計上した未払法人税等の金額を別表 4『損金経理をした納税充当金』に計上します。

こうして完成した別表 4 と別表 5（1）、そして別表 5（2）は**【図表 4-42】**のとおりとなります。

【図表 4-42-1　C 社の最終の別表 4、別表 5（1）、別表 5（2）】

所得の金額の計算に関する明細書（簡易様式）

別表四（簡易様式）　令五・四・一以後終了事業年度分

	区分		総額 ①	処分 留保 ②	処分 社外流出 ③
	当期利益又は当期欠損の額	1	円 18,088,100	18,088,1	
加	損金経理をした法人税及び地方法人税（附帯税を除く。）	2	1,100,000	1,100,0	
	損金経理をした道府県民税及び市町村民税	3	140,000	140,0	
	損金経理をした納税充当金	4	6,251,900	6,251,9	
	損金経理をした附帯税（利子税を除く。）、加算金、延滞金（延納分を除く。）及び過怠税	5			
	減価償却の償却超過額				
	役員給与の損金不算入額				
	交際費等の損金不算入額				その他
	通算法人に係る加算額（別表四付表「5」）				外 ※
	賞与引当金繰入額否認	10	3,000,000	3,000,000	
	退職給付引当金繰入額否認		2,500,000	2,500,000	
算					
	小計	11	12,991,900	12,991,900	外 ※
減	減価償却超過額の当期認容額	12			
	納税充当金から支出した事業税等の金額	13	450,000	450,000	
	受取配当等の益金不算入額（別表八（一）「5」）	14			※
	外国子会社から受ける剰余金の配当等の益金不算入額（別表八（二）「26」）	15			※
	受贈益の益金不算入額	16			
	適格現物分配に係る益金不算入額	17			
	法人税等の中間納付額及び過誤納に係る還付金額	18			
	所得税額等及び欠損金の繰戻しによる還付金額等	19			
	通算法人に係る減算額（別表四付表「10」）	20			※
	賞与引当金繰入額認容	21	2,000,000	2,000,000	
	退職給付引当金取崩額認容		5,000,000	5,000,000	
算					
	小計	22	7,450,000	7,450,000	外 ※
	仮計 (1)+(11)−(22)	23	23,630,000	23,630,000	外 ※
	対象純支払利子等の損金不算入額（別表十七（二の二）「29」又は「34」）	24			その他
	残余財産の確定の日の属する事業年度に係る事業税及び特別法人事業税の損金算入額	51	△	△	
	所得金額又は欠損金額	52	23,630,000	23,630,000	外 ※

後T／B「当期純利益」

損金算入されるので別表4には現れない

＋損金経理した法人事業税等220,000円（別表5（2））＝後T／B「法人税、住民税及び事業税」

決算整理仕訳で計上した「未払法人税等」

前期未払計上した法人事業税等→「減算」＝損金算入（別表5（2））

【図表4-40】メモ「課税所得」と一致

【図表 4-42-2　C 社の最終の別表 4、別表 5（1)、別表 5（2)】

利益積立金額及び資本金等の額の計算に関する明細書

事業年度	X5・4・1 X6・3・31	法人名	C社

別表五㈠　令五・四・一以後終了事業年度分

Ⅰ　利益積立金額の計算に関する明細書

区分		期首現在利益積立金額	当期の増減 減	当期の増減 増	差引翌期首現在利益積立金額 ①－②＋③
		①	②	③	④
利益準備金	1	円	円	円	円
積立金	2				
賞与引当金	3	2,000,000	2,000,000	3,000,000	3,000,000
退職給付引当金	4	15,000,000	5,000,000	2,500,000	12,500,000
	5				
	6				
	7				
	8				
	9				

後T／B各科目
期末残高と一致

後T／B「未払法人税等」
＝別表5（2)『期末納税充当金』
と一致

後T／B
「繰越利益剰余金」
と一致

区分		①	②	③	④
	20				
	21				
	22				
	23				
	24				
繰越損益金（損は赤）	25	48,000,000	48,000,000	66,088,100	66,088,100
納税充当金	26	3,000,000	3,000,000	6,251,900	6,251,900
未納法人税等（退職年金等積立金に対するものを除く。） 未納法人税及び未納地方法人税（附帯税を除く。）	27	△ 2,300,000	△ 3,400,000	中間 △ 1,100,000 確定 △ 4,223,100	△ 4,223,100
未払通算税効果額（附帯税の額に係る部分の金額を除く。）	28			中間 確定	
未納道府県民税（均等割額を含む。）	29	△ 50,000	△ 95,000	中間 △ 45,000 確定 △ 23,200	△ 23,200
未納市町村民税（均等割額を含む。）	30	△ 200,000	△ 295,000	中間 △ 95,000 確定 △ 244,500	△ 244,500
差引合計額	31	65,450,000	54,210,000	72,109,200	83,349,200

Ⅱ　資本金等の額の計算に関する明細書

区分		期首現在資本金等の額	当期の増減 減	当期の増減 増	差引翌期首現在資本金等の額 ①－②＋③
		①	②	③	④
資本金又は出資金	32	10,000,000 円	円	円	10,000,000 円
資本準備金	33				
	34				
	35				
差引合計額	36	10,000,000			10,000,000

【図表 4-42-3　C 社の最終の別表 4、別表 5（1）、別表 5（2）】

租税公課の納付状況等に関する明細書

事業年度	X5・4・1 X6・3・31	法人名	C社

別表五㈡　令五・四・一以後終了事業年度分

税目及び事業年度		期首現在未納税額 ①	当期発生税額 ②	当期中の納付税額 充当金取崩しによる納付 ③	仮払経理による納付 ④	損金経理による納付 ⑤	期末現在未納税額 ①+②−③−④−⑤ ⑥
法人税及び地方法人税　・　・	1	円		円	円	円	円
法人税及び地方法人税　X4・4・1 X5・3・31	2	2,300,000		2,300,000			0
法人税及び地方法人税　当期分　中間	3		1,100,000円			1,100,000	0
法人税及び地方法人税　当期分　確定	4		4,223,100				4,223,100
法人税及び地方法人税　計	5	2,300,000	5,323,100	2,300,000		1,100,000	4,223,100
道府県民税　・　・	6						
道府県民税　X4・4・1 X5・3・31	7	50,000		50,000			0
道府県民税　当期分　中間	8		45,000			45,000	0
道府県民税　当期分　確定	9		23,200				23,200
道府県民税　計	10	50,000	68,200	50,000		45,000	23,200
市町村民税　・　・	11						
市町村民税　X4・4・1 X5・3・31	12	200,000		200,000			0
市町村民税　当期分　中間	13		95,000			95,000	0
市町村民税　当期分　確定	14		244,500				244,500
市町村民税　計	15	200,000	339,500	200,000		95,000	244,500
事業税及び特別法人事業税　・　・	16						
事業税及び特別法人事業税　X4・4・1 X5・3・31	17		450,000	450,000			0
事業税及び特別法人事業税　当期中間分	18		220,000			220,000	0
事業税及び特別法人事業税　計	19		670,000	450,000		220,000	0
その他　損金算入のもの　利子税	20						
その他　損金算入のもの　延滞金（延納に係るもの）	21						
その他　損金算入のもの	22						
その他　損金算入のもの	23						
その他　損金不算入のもの　加算税及び加算金	24						
その他　損金不算入のもの　延滞税	25						
その他　損金不算入のもの　延滞金（延納分を除く。）	26						
その他　損金不算入のもの　過怠税	27						
その他　損金不算入のもの	28						
その他　損金不算入のもの	29						

合計3,000,000円

当期「未払法人税」の取崩（マイナス）の合計

合計1,460,000円

合計7,711,900円
＝後T／B
「法人税、住民税及び事業税」

納税充当金の計算

期首納税充当金	30	3,000,000円	取崩額　その他　損金算入のも		円
繰入額　損金経理をした納税充当金	31	6,251,900	取崩額　その他　損金不算入のも		
繰入額	32		取崩額　その他		
繰入額　計 (31)＋(32)	33	6,251,900	取崩額　その他　仮払税金消		
取崩額　法人税額等 (5の③)＋(10の③)＋(15の③)	34	2,550,000	取崩額　計 (34)＋(35)＋(36)＋(37)＋(38)＋(39)	40	3,000,000
取崩額　事業税及び特別法人事業税 (19の③)	35	450,000	期末納税充当金 (30)＋(33)−(40)	41	6,251,900

後T／B
「未払法人税等」

通算法人の通算税効果額の発生状況等の明細

≪手順 12≫　T／B と別表との整合性のチェック

そして、忘れてはならないのが、別表の各数値と後 T／B の残高との整合性の最終チェックになります。

まずは、別表 4 からのチェックになります。

・別表４『当期利益又は当期欠損の額』＝後Ｔ／Ｂ「当期純利益」＝18,088,100円

・別表４『損金経理をした法人税及び地方法人税』＋『損金経理をした道府県民税及び市町村民税』＋『損金経理をした納税充当金』＋別表５（2）『損金経理による納付』のうち、『事業税及び特別法人事業税』（＋『法人税額から控除される所得税額』）＝後Ｔ／Ｂ「法人税、住民税及び事業税」＝7,711,900円

２つ目のチェックは、**事例５**では中間納付分を会計上「法人税、住民税及び事業税」として費用（損金経理）処理をしているため、同じように別表上において「損金経理」と認識して計上した部分を集計します。そのため、次のチェックも成立します。

・別表５（2）『損金経理による納付』部分を集計した金額＋別表５（2）『損金経理をした納税充当金』＝後Ｔ／Ｂ「法人税、住民税及び事業税」＝7,711,900円

なお、別表４のチェックの１つとして、課税所得となる『所得金額又は欠損金額』＝税額確定前にメモをした課税所得＝23,630,000円となることも忘れないようにしましょう。

また、このとき、別表４『納税充当金から支出した事業税等の金額』として450,000円が減算されています。これは、前期に未払計上をした未払法人税等のうちの法人事業税等の部分になります。ここは、未払法人税等という負債科目を取り崩したために損金経理されなかった法人事業税等を損金算入（減算）するために、別表５（2）『充当金取崩しによる納付』のうち『事業税及び特別法人事業税』の部分が転記されてきます。

次に、別表５（1）のうち『差引翌期首現在利益積立金額』の部分と後Ｔ／Ｂとの整合性をチェックしますが、**事例５**の場合には、留保された賞与引当金と退職給付引当金の残高チェックも行います。

・別表５（1）『納税充当金』＝後Ｔ／Ｂ「未払法人税等」＝6,251,900円

・別表５（1）『繰越損益金（損は赤）』＝後Ｔ／Ｂ「繰越利益剰余金」＝66,088,100円

・別表５（1）『賞与引当金』＝後Ｔ／Ｂ「賞与引当金」＝3,000,000円

・別表５（1）『退職給付引当金』＝後Ｔ／Ｂ「退職給付引当金」＝12,500,000円

そして、最後に別表５（2）と後Ｔ／Ｂとの整合性を確認します。別表５（2）については、別表４のところでも１つ確認しましたが、それとは別に次のチェックも必ず行います。

・別表５（2）『期末納税充当金』＝後Ｔ／Ｂ「未払法人税等」＝6,251,900円

中間納付分を「未払法人税等」のマイナスで処理した場合

Ｃ社は期の途中で中間納付をした部分を「法人税、住民税及び事業税」として費用処理しましたが、実務ではこれを「未払法人税等」のマイナスで処理するケースも珍しくありません。そこで、こうしたケースでの申告の手順を確認してみます。

≪手順３≫　未払法人税等の動きを別表５（2）に反映

Ｃ社が中間納付をした金額は、**【図表4−34】**の「法人税、住民税及び事業税」の総勘定元帳より1,460,000円ということがわかりますが、これを「未払法人税等」で処理すると税額確定前Ｔ／Ｂは、**【図表4−43】**のようになります。

このとき、Ｔ／Ｂ上では「未払法人税等」がマイナスになっていることがわかります。こうしてＴ／Ｂの中にマイナス表示されるものがあることを嫌って、中間納付分に関しては「法人税、住民税及び事業税」として費用処理を選択するケースが多いといえるかもしれません。

先の本題の例では、前期に未払計上をした法人税等の税金の納税によって「未払法人税等」がゼロになったため、**≪手順３≫**を省略しましたが、この例では、ここで未払法人税等のマイナスとして取り扱った中間納付分の動きを別表５（2）に反映させます。この場合の別表５（2）の処理を**【図表4−44】**で見ていきます。

先の本題の例では、中間納付分を「法人税、住民税及び事業税」で費用処理していたため、別表５（2）においては当期発生税額を『損金経理による納付』にて相殺処理をしました。しかし、今回のケースでは中間納付分を「未払法人税等」で処理しているため、別表５（2）においてはこの中間納付分を『充当金取崩しによる納付』で相殺処理します。

さて、ここで『期末納税充当金』に着目してみましょう。**【図表4−44】**では△1,460,000円になっていますが、**【図表4−43】**の税額確定前Ｔ／Ｂ「未払法人税等」のマイナス残高に一致していることがわかります。ここは、この時点でのチェックポイントということになります。

【図表 4-43　C 社の税額確定前 T／B】

試　算　表

（期末）

C 社　　　　　　　　　　　　　　自　X5 年 4 月 1 日　至　X6 年 3 月 31 日

勘定科目名	前月残	借方発生高	貸方発生高	当月残
普通預金	50,000,000	353,000,000	337,460,000	65,540,000
売掛金	30,000,000	2,000,000		32,000,000
未成工事支出金	5,000,000	6,000,000	5,000,000	6,000,000
流動資産	85,000,000	361,000,000	342,460,000	103,540,000
建物	20,000,000		1,000,000	19,000,000
機械装置	3,000,000		700,000	2,300,000
土地	40,000,000			40,000,000
有形固定資産	63,000,000		1,700,000	61,300,000
固定資産	63,000,000		1,700,000	61,300,000
資産の部	148,000,000	361,000,000	344,160,000	164,840,000
買掛金	25,000,000		3,000,000	28,000,000
未払法人税等	3,000,000	4,460,000		−1,460,000
賞与引当金	2,000,000	2,000,000	3,000,000	3,000,000
流動負債	30,000,000	6,460,000	6,000,000	29,540,000
長期借入金	45,000,000	6,000,000		39,000,000
退職給付引当金	15,000,000	5,000,000	2,500,000	12,500,000
固定負債	60,000,000	11,000,000	2,500,000	51,500,000
負債の部	90,000,000	17,460,000	8,500,000	81,040,000
資本金	10,000,000			10,000,000
繰越利益剰余金	48,000,000		25,800,000	73,800,000
繰越利益剰余金	48,000,000			48,000,000
（うち当期純利益）	0		25,800,000	25,800,000
利益剰余金	48,000,000		25,800,000	73,800,000
純資産の部	58,000,000		25,800,000	83,800,000
負債・純資産の部	148,000,000	17,460,000	34,300,000	164,840,000
売上高	0		350,000,000	350,000,000
純売上高	0		350,000,000	350,000,000
期首棚卸高	0	5,000,000		5,000,000
仕入高	0	60,000,000		60,000,000
外注費	0	100,000,000		100,000,000
期末棚卸高	0		6,000,000	6,000,000
売上原価	0	165,000,000	6,000,000	159,000,000
売上総利益	0	191,000,000		191,000,000
給料手当	0	90,000,000		90,000,000
賞与引当金繰入	0	3,000,000		3,000,000
退職給与引当金繰入	0	2,500,000		2,500,000
減価償却費	0	1,700,000		1,700,000
その他販管費	0	70,000,000		70,000,000
販売費及び一般管理費	0	167,200,000		167,200,000
営業利益	0	23,800,000		23,800,000
経常利益	0	23,800,000		23,800,000
賞与引当金戻入	0		2,000,000	2,000,000
特別利益	0		2,000,000	2,000,000
税引前当期純利益	0	25,800,000		25,800,000
当期純利益	0	25,800,000		25,800,000

【図表 4-44　C 社の別表 5（2）（作成途中の段階）】

租税公課の納付状況等に関する明細書

事業年度	X5・4・1 X6・3・31	法人名	C社

別表五(二)　令五・四・一以後終了事業年度分

税目及び事業年度			期首現在未納税額	当期発生税額	当期中の納付税額 充当金取崩しによる納付	仮払経理によ…	損金経理に…	期末現在未納税額 ④−⑤
			①	②	③			
法人税及び地方法人税	・　・	1	円		円			円
	X4・4・1 X5・3・31	2	2,300,000		2,300,000			0
	当期分 中間	3		1,100,000円	1,100,000			0
	当期分 確定	4		4,223,100				4,223,100
	計	5	2,300,000	5,323,100	3,400,000			4,223,100
道府県民税	・　・	6						
	X4・4・1 X5・3・31	7	50,000		50,000			0
	当期分 中間	8		45,000	45,000			0
	当期分 確定	9		23,200				23,200
	計	10	50,000	68,200	95,000			23,200
市町村民税	・　・	11						
	X4・4・1 X5・3・31	12	200,000		200,000			0
	当期分 中間	13		95,000	95,000			0
	当期分 確定	14		244,500				244,500
	計	15	200,000	339,500	295,000			244,500
事業税及び特別法人事業税	・　・	16						
	X4・4・1 X5・3・31	17		450,000	450,000			0
	当期中間分	18		220,000	220,000			0
	計	19		670,000	670,000			0
損	利子税	20						

中間納付分
「未払法人税等」を
取り崩して納付

納税充当金の計算						
期首納税充当金	30	3,000,000円	取崩額 その他	損金算入のもの	36	円
繰入額 損金経理をした納税充当金	31			損金不算入のもの	37	
	32				38	
計 (31)＋(32)	33			仮払税金消却	39	
取崩額 法人税額等 (5の③)＋(10の③)＋(15の③)	34	3,790,000		計 (34)＋(35)＋(36)＋(37)＋(38)＋(39)	40	4,460,000
事業税及び特別法人事業税 (19の③)	35	670,000		期末納税充当金 (30)＋(33)−(40)	41	△1,460,000

税額確定前T／B
「未払法人税等」
マイナス表示で一致

通算法人の通算税効果額の発生状況等の明細						
事業年度		期首現在未決済額	当期発生額	当期中の決済額 支払額	受…	期末現在…
		①	②	③		
・　・	42	円		円		
・　・	43					
当期分	44		中間 円 確定			
計	45					

≪手順 4≫～≪手順 7≫

今回は税額確定前 T／B からもわかるように「法人税、住民税及び事業税」の計上はゼロになっているため、**≪手順 4≫**～**≪手順 5≫**は省略となり、**≪手順 6≫**～

≪手順7≫についても、先の本題の例と同じ流れになるため省略します。

≪手順8≫　確定法人税等の金額の確認

中間納付分の会計処理が異なっても、別表5 (2) の処理の方法が異なるだけで課税所得の金額に影響が出るわけではありません。念のため、このケースにおける現時点での別表4を**【図表4-45】**で確認しておきましょう。

それでは、**【図表4-36】**と比べてみます。まず、別表4の一番下の計算結果となる課税所得は変わりません。『当期利益又は当期欠損の額』はそれぞれの税額確定前T／B「当期純利益」から転記されるため別表4の出発は違いますが、法人税等の税金が損金経理されているのかどうかによって別表4での加減算の処理が異なり調整されます。これらは別表5 (2) での処理方法が反映されてきているわけですが、結局、税金に対する会計処理の方法によって課税所得が変動することはないことがここでわかります。

課税所得に影響がなければ、確定法人税額にも影響はありません。つまり、別表1や地方税の申告書は、先の例の**【図表4-39】**とまったく同じものになりますが、決算整理仕訳で未払計上するためにメモをする確定税額の金額には注意が必要です。

【図表 4-45　C 社の別表 4】

所得の金額の計算に関する明細書（簡易様式）

事業年度	X5・4・1 X6・3・31	法人名	C社

区分			総額	処分	
				留保	社外流出
			①	②	③
当期利益又は当期欠損の額		1	円 25,800,000	円	
加算	損金経理をした法人税及び地方法人税（附帯税を除く。）	2			
	損金経理をした道府県民税及び市町村民税	3			
	損金経理をした納税充当金	4			
	損金経理をした附帯税（利子税を除く。）、加算金、延滞金（延納分を除く。）及び過怠税	5			
	減価償却の償却超過額	6			
	役員給与の損金不算入額	7			その他
	交際費等の損金不算入額	8			その他
	通算法人に係る加算額（別表四付表「5」）	9			外※
	賞与引当金繰入額否認	10	3,000,000	3,000,000	
	退職給付引当金繰入額否認		2,500,000	2,500,000	
	小計	11	5,500,000	5,500,000	外※
減算	減価償却超過額の当期認容額	12			
	納税充当金から支出した事業税等の金額	13	670,000	670,000	
	受取配当等の益金不算入額（別表八（一）「5」）	14			※
	外国子会社から受ける剰余金の配当等の益金不算入額（別表八（二）「26」）	15			
	受贈益の益金不算入額	16			
	適格現物分配に係る益金不算入額	17			
	法人税等の中間納付額及び過誤納に係る還付金額	18			
	所得税額等及び欠損金の繰戻しによる還付金額等	19			
	通算法人に係る減算額（別表四付表「10」）	20			※
	賞与引当金繰入額認容	21	2,000,000	2,000,000	
	退職給付引当金取崩額認容		5,000,000	5,000,000	
	小計	22	7,670,000	7,670,000	外※
仮計 (1)+(11)−(22)		23	23,630,000	23,630,000	外※
対象純支払利子等の損金不算入額（別表十七（二の二）「29」又は「34」）		24			その他
残余財産の確定の日の属する事業年度に係る事業税及び特別法人事業税の損金算入額		51	△	△	
所得金額又は欠損金額		52	23,630,000	23,630,000	外※

別表四（簡易様式）　令五・四・一以後終了事業年度分

前期分も中間納期分も「未払法人税等」を使って納付（損金経理されずに納付）しているため加算調整は不要

「未払法人税等」を使って納付した前期の法人事業税450,000円＋当期中間分220,000円の合計＝損金算入するため、ここで減算調整

【図表4-40】のメモ「課税所得」とは一致（本題の例）

先の本題の例では、中間納付分を会計上すでに費用処理しているため、未払計上するためにメモをする税額は、その中間納付分を差し引いた金額としました。こうすることで、合計で年間分の法人税等の税額がT／B上の「法人税、住民税及び事業税」に計上されます。

これに対し、今回のケースでは、中間納付分はまだ「法人税、住民税及び事業税」には計上されていません。年間分の法人税等の税金をいわゆる税金費用としてT／B上で認識するためには中間納付分を差し引く前の年間分の確定税額を決算整

理仕訳で計上する必要があります。

【図表 4-39】の各種申告書に戻りながら、決算整理仕訳で計上すべき確定税額をメモすると、**【図表 4-46】**のようになります。

【図表 4-46 「未払法人税等」を計上するためのメモ（例）】

課税所得　23,630,000

法人税	4,826,100	7,711,900
地方法人税	497,000	
県民税	税割48,200＋均等割20,000＝68,200	
事業税	1,446,100＋535,000＝1,981,100	
市民税	税割289,500＋均等割50,000＝339,500	

このメモをもとに決算整理仕訳で未払法人税等を計上すると、次のようになります。

（C 社の決算整理仕訳（未払法人税等の計上））
（法人税、住民税及び事業税）7,711,900　／　（未払法人税等）7,711,900
：当期確定法人税等

そして、これを反映させた後 T／B は、当然**【図表 4-41】**と同じ形になりますが、この仕訳によって、税額確定前 T／B で△ 1,460,000 円のマイナス残になっていた「未払法人税等」の残高も 6,251,900 円（＝△ 1,460,000 円＋7,711,900 円）となり、先の本題の例の「未払法人税等」と一致します。

結局、後 T／B は先の本題の例と同じものが仕上がるため、中間納付の会計処理が先の例と異なっても、別表 4 の出発点である『当期利益又は当期欠損の額』と最終数値となる課税所得の金額には影響はありません。しかし、中間納付分の会計処理が先の本題の例とは異なるため、別表 4 と別表 5（2）においては、特に損金経理しているかどうかという税金処理の内容が**【図表 4-42】**とは異なってきます。**【図表 4-47】**で比べてみましょう。なお、別表 5（1）については、期中の税金の動きよって中身が変わることはないため、ここでは省略しておきます。

【図表 4-47-1　C 社の最終の別表 4 と別表 5（2)】

別表四（簡易様式）

令五・四・一以後終了事業年度分

所得の金額の計算に関する明細書（簡易様式）

事業年度	X5・4・1 X6・3・31	法人名	C社

区分			総額 ①			
当期利益又は当期欠損の額		1	18,088,100 円	18,088,100 円	配当	円
加算	損金経理をした法人税及び地方法人税（附帯税を除く。）	2				
	損金経理をした道府県民税及び市町村民税	3				
	損金経理をした納税充当金	4	7,711,900	7,711,900		
	損金経理をした附帯税（利子税を除く。）、加算金、延滞金（延納分を除く。）及び過怠税	5				
	減価償却の償却超過額	6				
	役員給与の損金不算入額	7			その他	
	交際費等の損金不算入額	8			その他	
	通算法人に係る加算額（別表四付表「5」）	9			外 ※	
	賞与引当金繰入額否認	10	3,000,000	3,000,000		
	退職給付引当金繰入否認		2,500,000	2,500,000		
	小計	11	13,211,900	13,211,900	外 ※	
減算	減価償却超過額の当期認容額	12				
	納税充当金から支出した事業税等の金額	13	670,000	670,000		
	受取配当等の益金不算入額（別表八（一）「5」）	14			※	
	外国子会社から受ける剰余金の配当等の益金不算入額（別表八（二）「26」）	15			※	
	受贈益の益金不算入額	16			※	
	適格現物分配に係る益金不算入額	17			※	
	法人税等の中間納付額及び過誤納に係る還付金額	18				
	所得税額等及び欠損金の繰戻しによる還付金額等	19			※	
	通算法人に係る減算額（別表四付表「10」）	20			※	
	賞与引当金繰入額認容	21	2,000,000	2,000,000		
	退職給付引当金取崩額容認		5,000,000	5,000,000		
	小計	22	7,670,000	7,670,000	外 ※	
仮計（1）＋（11）－（22）		23	23,630,000	23,630,000	外 ※	
対象純支払利子等の損金不算入額		24			その他	
（43）＋（44）						
残余財産の確定の日の属する事業年度に係る事業税及び特別法人事業税の損金算入額		51	△	△		
所得金額又は欠損金額		52	23,630,000	23,630,000	外 ※	

【図表4-41】後T／B「当期純利益」

後T／B「法人税、住民税及び事業税」

決算整理仕訳で計上した「未払法人税等」

課税所得は変動しない

【図表 4-47-2　C 社の最終の別表 4 と別表 5（2）】

租税公課の納付状況等に関する明細書

事業年度	X5· 4 · 1 X6· 3 ·31	法人名	C社

別表五㈡　令五・四・一以後終了事業年度分

税目及び事業年度				期首現在未納税額 ①	当期発生税額 ②	当期中の納付税額 充当金取崩しによる納付 ③	仮払経理による納付 ④	損金経理による納付 ⑤	期末現在未納税額 ①+②−③−④−⑤ ⑥
法人税及び地方法人税		・　・	1	円		円	円	円	円
		X4・4・1 X5・3・31	2	2,300,000		2,300,000			0
	当期分	中間	3		1,100,000円	1,100,000			0
		確定	4		4,223,100				4,223,100
	計		5	2,300,000	5,323,100	3,400,000			4,223,100
道府県民税		・　・	6						
		X4・4・1 X5・3・31	7	50,000		50,000			0
	当期分	中間	8		45,000	45,000			0
		確定	9		23,200				23,200
	計		10	50,000	68,200	95,000			23,200
市町村民税		・　・	11						
		X4・4・1 X5・3・31	12	200,000		200,000			0
	当期分	中間	13		95,000	95,000			0
		確定	14		244,500				244,500
	計		15	200,000	339,500	295,000			244,500
事業税及び特別法人事業税		・　・	16						
		X4・4・1 X5・3・31	17		450,000	450,000			0
	当期中間分		18		220,000	220,000			0
	計		19		670,000	670,000			0
	損	利子税	20						

【図表4-43】
税額確定前T／Bでは「法人税、住民税及び事業税」の残高はゼロであるためここでの処理はなし

別表4『損金経理をした納税充当金』と必ず一致
（決算整理仕訳で計上した「未払法人税等」）

他	もの				

納税充当金の計算

期首納税充当金	30	3,000,000円	取崩額	その他 損金算入のもの	36	円
繰入額 損金経理をした納税充当金	31	7,711,900		損金不算入のもの	37	
	32				38	
計 (31) + (32)	33	7,711,900		仮払税金消却	39	
取崩額 法人税額等 (5の③) + (10の③) + (15の③)	34	3,790,000		計 (34) + (35) + (36) + (37) + (38) + (39)	40	4,460,000
事業税及び特別法人事業税 (19の③)	35	670,000	期末納税充当金 (30) + (33) − (40)		41	6,251,900

【図表4-41】
後T／B
「未払法人税等」

通算法人の通算税効果額の発生状況等の明細

事業年度		期首現在未決済額 ①	当期発生額 ②	当期中の決済額 支払額 ③	受取額 ④	期末現在
・　・	42	円		円		
・　・	43					
当期分	44		中間 円 確定			
計	45					

事例 6

中間納付の一部が還付されるケース

D 有限会社（以下「D 社」といいます）は、資本金 3,000,000 円、従業員 10 名の小売業を営む中小企業です。

前期（X5 年 3 月期）は巣ごもり需要の恩恵を受けて売上が好調で大幅な黒字となりましたが、当期（X6 年 3 月期）はこうした消費行動も落ち着いて、例年どおりのやや黒字という結果になりました。

当期に入り、期中で納税した中間納付分の税金は、前期の納税実績によることとしたため、当期の利益を考えると還付になりそうです。ちなみに、中間納付した際の期中の仕訳は「法人税、住民税及び事業税」を使って費用処理しています。

こうした中間納付をした税金が還付される場合は実務ではあまり頻繁にあるケースではないと思いますが、このような場合の決算業務の手順はどのようになりますか。なお、税額確定前までの試算表は**【図表 4-48】**のとおりです。

解説

当期に中間納付した法人税等の税金が翌期に還付されるケースでは、その還付される金額を決算整理仕訳の中で「未収還付法人税等」などによって当期中に資産計上しておく方法と、当期には特に何も処理せずに、翌期になって還付されたときに「雑収入」や「法人税、住民税及び事業税」のマイナスで処理する方法の 2 つが考えられます。

事例 6 では、前者の方法による場合の申告書の作成方法について確認することにしますが、後者の場合、翌期に還付があった部分については、会計上収益（あるいは費用のマイナス）として認識することになり、法人事業税等に関する還付以外の部分は翌期の申告の中では益金不算入として減算調整します。

ただし、いずれの方法によるにしても、還付される法人税等の税金については、法人事業税等を除き、会計上それぞれ還付を反映させた事業年度の課税所得には影響しないことをしっかりと確認する必要があります。

【図表 4-48　D 社の税額確定前 T／B】

試　算　表

（期末）

D 社　　　　　　　　　　　　　　　　　　　自　X5 年 4 月 1 日　至　X6 年 3 月 31 日

勘定科目名	前月残	借方発生高	貸方発生高	当月残
普通預金	8,000,000	97,500,000	102,555,000	2,945,000
商品	2,000,000	2,500,000	2,000,000	2,500,000
流動資産	10,000,000	100,000,000	104,555,000	5,445,000
建物	12,000,000		1,000,000	11,000,000
建物付属設備	3,000,000		300,000	2,700,000
有形固定資産	15,000,000		1,300,000	13,700,000
固定資産	15,000,000		1,300,000	13,700,000
資産の部	25,000,000	100,000,000	105,855,000	19,145,000
買掛金	1,500,000	38,000,000	37,500,000	1,000,000
未払法人税等	4,370,000	4,370,000		0
流動負債	5,870,000	42,370,000	37,500,000	1,000,000
長期借入金	10,000,000	3,000,000		7,000,000
固定負債	10,000,000	3,000,000		7,000,000
負債の部	15,870,000	45,370,000	37,500,000	8,000,000
資本金	3,000,000			3,000,000
繰越利益剰余金	6,130,000		2,015,000	8,145,000
繰越利益剰余金	6,130,000			6,130,000
（うち当期純利益）	0		2,015,000	2,015,000
利益剰余金	6,130,000		2,015,000	8,145,000
純資産の部	9,130,000		2,015,000	11,145,000
負債・純資産の部	25,000,000	45,370,000	39,515,000	19,145,000
商品売上高	0		60,000,000	60,000,000
純売上高	0		60,000,000	60,000,000
期首棚卸高	0	2,000,000		2,000,000
商品仕入高	0	35,000,000		35,000,000
期末棚卸高	0		2,500,000	2,500,000
売上原価	0	37,000,000	2,500,000	34,500,000
売上総利益	0	25,500,000		25,500,000
給料手当	0	18,000,000		18,000,000
減価償却費	0	1,300,000		1,300,000
その他販管費	0	2,000,000		2,000,000
販売費及び一般管理費	0	21,300,000		21,300,000
営業利益	0	4,200,000		4,200,000
経常利益	0	4,200,000		4,200,000
税引前当期純利益	0	4,200,000		4,200,000
法人税、住民税及び事業税	0	2,185,000		2,185,000
当期純利益	0	2,015,000		2,015,000

≪手順1≫～≪手順3≫

事例6でも未払法人税等以外の決算整理仕訳がすでに処理されたものとして、**≪手順1≫**は省略します。また、**≪手順2≫～≪手順3≫**についても省略しますが、前期に確定税額が計上され、**【図表4-48】**のとおり「未払法人税等」はゼロとなっているため、これまでの事例の手順に従って別表5(2)に計上されている前期分の確定法人税等の相殺処理をしておきます。

≪手順4≫ 税額確定前T／B「法人税、住民税及び事業税」のチェック

事例6でも、預金利息などの受取りで源泉徴収される所得税については省略します。

また、**事例**6も中間納付があった**事例**5とケース同じように、別表5(2)の作成に取り掛かる前に、まずはT／B上の「法人税、住民税及び事業税」の動きを総勘定元帳で確認しておきます。この時点では、まだ当期の確定税額を未払計上していないため、**【図表4-49】**のとおり、中間納付した部分だけが「法人税、住民税及び事業税」に計上されています。

【図表4-49 「法人税、住民税及び事業税」の総勘定元帳】

総　勘　定　元　帳

X5年　D社　　　　　　法人税、住民税及び事業税

月日	伝票番号	摘　要	相手科目名	借　方	貸　方	残　高
11.15	1	法人税及び地方法人税中間納付	普通預金	1,500,000		
〃	2	法人県民税中間納付	普通預金	25,000		
〃	3	法人事業税等中間納付	普通預金	550,000		2,075,000
〃	4	法人市民税中間納付	普通預金	110,000		2,185,000
		※ 11月度計 ※		***2,185,000	**********0	
3.31		※ 次月繰越 ※				2,185,000
		以下余白				

そして、これらの動きを別表5(2)に反映させます。繰り返しになりますが、前期に確定した法人税等の税金は、当期に「未払法人税等」として負債科目をマイナ

ス処理しているため、別表5 (2) では『充当金取崩しによる納付』を使って相殺し、中間納付分は「法人税、住民税及び事業税」として費用処理しているため、別表5 (2) では『損金経理による納付』を使って相殺処理します。この時点での別表5 (2) は**【図表4-50】**のとおりとなります。

なお、別表5 (2)『期末納税充当金』が税額確定前T／B「未払法人税等」の残高とゼロで一致しています。ここで一旦チェックをしておきましょう。

【図表 4-50　D 社の別表 5（2）（作成途中の段階（1））】

租税公課の納付状況等に関する明細書

事業年度	X5・4・1 X6・3・31	法人名	D社

別表五(二)　令五・四・一以後終了事業年度分

税目及び事業年度			期首現在未納税額 ①	当期発生税額 ②	当期中の納付税額 充当金取崩しによる納付 ③	当期中の納付税額 仮払経理による納付 ④	当期中の納付税額 損金経理による納付 ⑤	期末現在未納税額 ①+②−③−④−⑤ ⑥
法人税及び地方法人税	・　・	1	円		円	円	円	円
	X4・4・1 X5・3・31	2	3,000,000		3,000,000			0
	当期分 中間	3		1,500,000円			1,500,000	0
	当期分 確定	4						
	計	5	3,000,000	1,500,000	3,000,000		1,500,000	
道府県民税	・　・	6						
	X4・4・1 X5・3・31	7	50,000		50,000			0
	当期分 中間	8		25,000			25,000	0
	当期分 確定	9						
	計	10	50,000	25,000	50,000		25,000	
市町村民税	・　・	11						
	X4・4・1 X5・3・31	12	220,000		220,000			0
	当期分 中間	13		110,000			110,000	0
	当期分 確定	14						
	計	15	220,000	110,000	220,000		110,000	
事業税及び特別法人事業税	・　・	16						
	X4・4・1 X5・3・31	17		1,100,000	1,100,000			0
	当期中間分	18		550,000			550,000	0
	計	19		1,650,000	1,100,000		550,000	0
その他 損金算入のもの	利子税	20						
	延滞金（延納に係るもの）	21						
		22						
		23						
その他 損金不算入のもの	加算税及び加算金	24						
	延滞税	25						
	延滞金（延納分を除く。）	26						
	過怠税	27						
		28						
		29						

前期未払計上分を取り崩した部分（③欄）

当期中間納付分を「法人税、住民税及び事業税」で損金処理した部分（⑤欄）

納税充当金の計算

期首納税充当金	30	4,370,000円	取崩額	その他 損金算入のもの	36	円
繰入額 損金経理をした納税充当金	31			その他 損金不算入のもの	37	
繰入額	32			その他	38	
繰入額 計 (31)＋(32)	33			その他 仮払税金消却	39	
取崩額 法人税額等 (5の③)＋(10の③)＋(15の③)	34	3,270,000		計 (34)＋(35)＋(36)＋(37)＋(38)＋(39)	40	4,370,000
取崩額 事業税及び特別法人事業税 (19の③)	35	1,100,000	期末納税充当金	(30)＋(33)−(40)	41	0

税額確定前T／B「未払法人税等」の残高ゼロと一致

通算法人の通算税効果額の発生状況等の明細

事業年度		期首現在未決済額 ①	当期発生額 ②	当期中の決… 支払額 ③	受…
・　・	42	円		円	
・　・	43				
当期分	44		中間 円 確定		
計	45				

≪手順5≫　「法人税、住民税及び事業税」を別表4に反映

税務ソフトを使っていれば、別表5（2）で処理された法人税等の税金関係のものについては、別表4に自動転記される仕組みになっているのがほとんどです。ただし、ソフトの機能に任せるだけではなく、自分の目でも別表5（2）の動きが別表4に反映されているか、きちんと確かめておきましょう。

それでは、**【図表4-51】**を使って確認していきます。すでに別表4『当期利益又は当期欠損の額』に税額確定前T／B「当期純利益」が計上されていますが、とりあえずここではあまり気にせずに進んでいきます。

【図表4-51　D社の別表4】

所得の金額の計算に関する明細書（簡易様式）

事業年度	X5・4・1 X6・3・31	法人名	D社

別表四（簡易様式）　令五・四・一以後終了事業年度分

区分			総額	処分 留保	社外流出	
			①	②	③	
	当期利益又は当期欠損の額	1	円 2,015,000	円 2,015,000	配当 その他	円
加算	損金経理をした法人税及び地方法人税（附帯税を除く。）	2	1,500,000	1,500,000		
	損金経理をした道府県民税及び市町村民税	3	135,000	135,000		
	損金経理をした納税充当金	4				
	損金経理をした附帯税（利子税を除く。）、加算金、延滞金（延納分を除く。）及び過怠税	5			その他	
	減価償却の償却超過額	6				
	役員給与の損金不算入額	7				
	交際費等の損金不算入額	8				
	通算法人に係る加算額（別表四付表「5」）	9				
		10				
	小計	11	1,635,000	1,635,000	外※	
減算	減価償却超過額の当期認容額	12				
	納税充当金から支出した事業税等の金額	13	1,100,000	1,100,000		
	受取配当等の益金不算入額（別表八（一）「5」）	14			※	
	外国子会社から受ける剰余金の配当等の益金不算入額（別表八（二）「26」）	15			※	
	受贈益の益金不算入額	16				
	適格現物分配に係る益金不算入額	17				
	法人税等の中間納付額及び過誤納に係る還付金額	18				
	所得税額等及び欠損金の繰戻しによる還付金額等	19			※	
	通算法人に係る減算額（別表四付表「10」）	20			※	
		21				
	小計	22	1,100,000	1,100,000	外※	
仮計（1）＋（11）－（22）		23	2,550,000	2,550,000	外※	
対象純支払利子等の損金不算入額（別表十七（二の二）「29」又は「34」）		24			その他	
超過利子額の損金算入額		25	△		※	△

法人事業税等以外で
「法人税、住民税及び事業税」
で処理した部分

「未払法人税等」を取り崩して
納付した法人事業税等

御注意
21　沖縄の認定法人の課税の特例等の規定の適用を受ける法人にあっては、別様式による別表四を御使用ください。
「52」の「①」欄の金額は、「②」欄の金額に「③」欄の本書の金額を加算し、これから「※」の金額を加減算した額と符合するこ

T／B上の「法人税、住民税及び事業税」の動きとその内訳は、**【図表4-49】**の総勘定元帳で確認することができますが、そのうち、法人事業税等以外の法人税等の税金は損金不算入になるため別表4で加算調整します。法人税及び地方法人税の中間納付分1,500,000円は、別表4『損金経理をした法人税及び地方法人税』で加算処理され、道府県民税と市町村民税の地方税の中間納付分の合計135,000円（＝法人県民税25,000円＋法人市民税110,000円）は、別表4『損金経理をした道府県民税及び市町村民税』で加算調整されていることがわかります。

なお、当期に入って納税が完了した前期の確定税額のうち、法人事業税等については損金算入することができますが、これらは前期に未払計上され、当期に「未払法人税等」を取り崩すことで納付されているため、T／B上では費用計上されていません。よって、前期に未払計上された法人事業税等は損金経理されておらず、当期の申告で損金算入させるために、別表4『納税充当金から支出した事業税等の金額』で減算調整します。

≪手順6≫～≪手順7≫

事例6では、前期も課税所得が生じているため、源泉所得税の還付はありません。また、D社では引当金などの計上もしていないシンプルな会計処理をしているため、法人税等の税金以外に申告調整する部分はなく、**≪手順6≫**と**≪手順7≫**は省略します。

≪手順8≫　確定法人税等の金額の確認

この時点で、申告のための加減算の調整項目がすべて別表4に反映されているため、別表4『当期利益又は当期欠損の額』に税額確定前T／B「当期純利益」を計上し、当期の確定法人税等の金額を計算します。

これまでの流れでは、ここで別表1や地方税の申告書を確認し、未払計上する税金の金額をメモしてこれを「未払法人税等」として決算整理仕訳に反映させてきました。しかし、**事例6**では、中間納付した法人税等の税金の一部が還付されることになります。

これまでも税務ソフトを使っていることを前提として、ソフト上において自動で計算される法人税等の税金の金額を未払計上してきましたが、**事例6**でもソフト上で自動計算される法人税等の還付金額を確認することにします。

これまでの事例と同じように、還付される金額についても別表1や地方税の申告書から拾っていくのも1つの方法ですが、還付される税金の金額については別表5(2)『期末現在未納税額』にマイナス表示されます。**事例6**ではこれを使って還付金額を「未収還付法人税額等」として決算整理仕訳に反映させることにします。

それでは、別表4『当期利益又は当期欠損の額』に税額確定前T/B「当期純利益」を転記した状態で、もう一度別表5(2)に戻ってみます。なお、このときの別表4は**【図表4-51】**で先に示したとおりのものになります。

【図表4-52】のとおり、別表5(2)『期末現在未納税額』にマイナス表示されているものがあります。これが還付される法人税等の税金の金額です。しかし、残念ながら法人事業税等の還付分はここには表示されません。ここは、地方税の申告書に表示されている法人事業税等の金額を確認(確認の結果、△427,800円)し、これまでと同様、**【図表4-53】**のように、やはり課税所得と還付される法人税等の税金のメモも取っておくようにします。道府県民税や市町村民税の場合、均等割を翌期に納税するかどうかによって還付される金額が変わりますが、**事例6**では均等割を還付金で充当したものとして、翌期には一切納付手続きは行わず、これに合わせて会計上も「未払法人税等」は計上しないことにします。

【図表 4-52　D 社の別表 5（2）（作成途中の段階（2））】

租税公課の納付状況等に関する明細書

事業年度	X5・4・1 X6・3・31	法人名	D社

別表五(二)　令五・四・一以後終了事業年度分

税目及び事業年度				期首現在未納税額	当期発生税額	当期中の納付税額			期末現在未納税額 ①+②−③−④−⑤
						充当金取崩しによる納付	仮払経理による納付	損金経理による納付	
				①	②	③	④	⑤	⑥
法人税及び地方法人税		・　・	1	円		円	円	円	円
		X4・4・1 X5・3・31	2	3,000,000		3,000,000			0
	当期分	中間	3		1,500,000円			1,500,000	0
		確定	4		△1,078,200				△1,078,200
	計		5	3,000,000	421,800	3,000,000		1,500,000	△1,078,200
道府県民税		・　・	6						
		X4・4・1 X5・3・31	7	50,000		50,000			0
	当期分	中間	8		25,000			25,000	0
		確定	9		△11,200 10,000				△11,200 10,000
	計		10	50,000	23,800	50,000		25,000	△1,200
市町村民税		・　・	11						
		X4・4・1 X5・3・31	12	220,000		220,000			0
	当期分	中間	13		110,000			110,000	0
		確定	14		△62,100 25,000				△62,100 25,000
	計		15	220,000	72,900	220,000		110,000	△37,100
事業税及び特別法人事業税		・　・	16						
		X4・4・1 X5・3・31	17		1,100,000	1,100,000			0
	当期中間分		18		550,000			550,000	0
	計		19		1,650,000	1,100,000		550,000	0
その他	損金算入のもの	利子税	20						
		延滞金（延納に係るもの）	21						
			22						
			23						
	損金不算入のもの	加算税及び加算金	24						
		延滞税	25						
		延滞金（延納分を除く。）	26						
		過怠税	27						
			28						
			29						

納税充当金の計算

期首納税充当金		30	4,370,000円	取崩額	その他 損金算入のもの	36	円
繰入額	損金経理をした納税充当金	31			その他 損金不算入のもの	37	
		32				38	
	計 (31)＋(32)	33			仮払税金消却	39	
取崩額	法人税額等 (5の③)＋(10の③)＋(15の③)	34	3,270,000		計 (34)＋(35)＋(36)＋(37)＋(38)＋(39)	40	4,370,000
	事業税及び特別法人事業税 (19の③)	35	1,100,000	期末納税充当金 (30)＋(33)－(40)		41	0

通算法人の通算税効果額の発生状況等の明細

税務ソフトではここで還付金額を把握できる。ただし、法人事業税等の還付金額は県民税の申告書で確認

還付金額は表示されない

≪手順 9≫　決算整理仕訳で「未収還付法人税等」を計上

【図表 4-53】のメモに従い、決算整理仕訳において還付される金額の合計を、次のとおり未収計上します。

【図表 4-53 「未収還付法人税等」を計上するためのメモ（例）】

課税所得　2,550,000

法人税＋地方法人税	△1,078,200	△1,544,300
県民税	△1,200	
事業税	△427,800	
市民税	△37,100	

（D 社の決算整理仕訳（未収還付法人税等の計上））
（未収還付法人税等）1,544,300　／　（法人税、住民税及び事業税）1,544,300
：当期確定法人税等

このとき、未収還付法人税等の相手勘定は「法人税、住民税及び事業税」になります。こうすることで、年間の法人税等の税金の額が T／B 上の「法人税、住民税及び事業税」に計上されることになります。

この決算整理仕訳が反映された後 T／B は**【図表 4-54】**のとおりとなり、これまでの流れだと、別表 4『当期利益又は当期欠損の額』を後 T／B「当期純利益」に入れ替え、「未払法人税等」の額を別表 4『損金経理をした納税充当金』に転記すれば、これで終了ということになります。

しかし、**事例 6** では、決算整理仕訳で法人税等の税金部分に新たな動きが出てきてしまったため、再び別表 5（2）に戻る必要があります。

【図表 4-54　D 社の後 T／B】

試　算　表

（期末）

D 社　　　　　　　　　　　　　自　X5 年 4 月 1 日　至　X6 年 3 月 31 日

勘定科目名	前月残	借方発生高	貸方発生高	当月残
普通預金	8,000,000	97,500,000	102,555,000	2,945,000
商品	2,000,000	2,500,000	2,000,000	2,500,000
未収還付法人税等	0	1,544,300		1,544,300
流動資産	10,000,000	101,544,300	104,555,000	6,989,300
建物	12,000,000		1,000,000	11,000,000
建物付属設備	3,000,000		300,000	2,700,000
有形固定資産	15,000,000		1,300,000	13,700,000
固定資産	15,000,000		1,300,000	13,700,000
資産の部	25,000,000	101,544,300	105,855,000	20,689,300
買掛金	1,500,000	38,000,000	37,500,000	1,000,000
未払法人税等	4,370,000	4,370,000		0
流動負債	5,870,000	42,370,000	37,500,000	1,000,000
長期借入金	10,000,000	3,000,000		7,000,000
固定負債	10,000,000	3,000,000		7,000,000
負債の部	15,870,000	45,370,000	37,500,000	8,000,000
資本金	3,000,000			3,000,000
繰越利益剰余金	6,130,000		3,559,300	9,689,300
繰越利益剰余金	6,130,000			6,130,000
(うち当期純利益)	0		3,559,300	3,559,300
利益剰余金	6,130,000		3,559,300	9,689,300
純資産の部	9,130,000		3,559,300	12,689,300
負債・純資産の部	25,000,000	45,370,000	41,059,300	20,689,300
商品売上高	0		60,000,000	60,000,000
純売上高	0		60,000,000	60,000,000
期首棚卸高	0	2,000,000		2,000,000
商品仕入高	0	35,000,000		35,000,000
期末棚卸高	0		2,500,000	2,500,000
売上原価	0	37,000,000	2,500,000	34,500,000
売上総利益	0	25,500,000		25,500,000
給料手当	0	18,000,000		18,000,000
減価償却費	0	1,300,000		1,300,000
その他販管費	0	2,000,000		2,000,000
販売費及び一般管理費	0	21,300,000		21,300,000
営業利益	0	4,200,000		4,200,000
経常利益	0	4,200,000		4,200,000
税引前当期純利益	0	4,200,000		4,200,000
法人税、住民税及び事業税	0	2,185,000	1,544,300	640,700
当期純利益	0	3,559,300		3,559,300

≪手順 10≫　別表 4『当期利益又は当期欠損の額』を後 T／B「当期純利益」に入替え

本来であれば、別表 4『当期利益又は当期欠損の額』を後 T／B「当期純利益」に入れ替える手順に入ります。しかし、「法人税、住民税及び事業税」に計上していた中間納付分を決算整理仕訳で「未収還付法人税等」という資産科目に振り替えているため、まずは会計処理に合わせ、別表 5 (2) についても、**【図表 4–55】**のように、ここまで『損金経理による納付』として処理していた中間納付分の一部をメモに従って税目ごとに『仮払経理による納付』へと振り替えます。

このとき、実際に中間納付をしたそれぞれの税目の金額とこれに対応して『仮払経理による納付』で処理した部分との差額、つまり、別表 5 (2) に計上された中間分の『当期発生税額』の金額を『仮払経理による納付』で相殺し切れなかった部分については、『損金経理による納付』部分で相殺処理をします。

そして、**【図表 4–55】**からもわかるように、別表 5 (2) に計上された中間分の税金のうち『仮払経理による納付』部分で相殺した金額の合計（= 1,078,200 円 + 1,200 円 + 37,100 円 + 427,800 円 = 1,544,300 円）は、後 T／B「未収還付法人税等」の残高と一致することになります。

また、『損金経理による納付』部分で相殺した金額の合計（= 421,800 円 + 23,800 円 + 72,900 円 + 122,200 円 = 640,700 円）は、後 T／B「法人税、住民税及び事業税」の残高と一致することになるため、ここで一旦チェックしておきます。

こうして、ようやく別表 4『当期利益又は当期欠損の額』を後 T／B「当期純利益」に入れ替える手順に入ります。振り替えた後、再度別表 5 (2) を見返してみると、**【図表 4–55】**にあるように、別表 5 (2)『期末現在未納税額』にマイナス表示されたそれぞれの税目の金額と『仮払経理による納付』として処理した金額とが一致しています。この部分も合わせてチェックしておくようにしましょう。

【図表 4-55　D 社の最終の別表 5 (2)】

別表五(二)　令五・四・一以後終了事業年度分

租税公課の納付状況等に関する明細書

事業年度	法人名
X5・4・1 X6・3・31	D社

税目	及び事業年度		期首現在未納税額 ①	当期発生税額 ②	当期中の納付税額 充当金取崩しによる納付 ③	当期中の納付税額 仮払経理による納付 ④	当期中の納付税額 損金経理による納付 ⑤	期末現在未納税額 ①+②−③−④−⑤ ⑥
法人税及び地方法人税	・　・	1	円		円	円	円	円
	X4・4・1 X5・3・31	2	3,000,000		3,000,000			0
	当期分 中間	3		1,500,000円		1,078,200	421,800	0
	当期分 確定	4		△1,078,200				△1,078,200
	計	5	3,000,000	421,800	3,000,000	1,078,200	421,800	△1,078,200
道府県民税	・　・	6						
	X4・4・1 X5・3・31	7	50,000		50,000			0
	当期分 中間	8		25,000		1,200	23,800	0
	当期分 確定	9		△11,200 10,000				△11,200 10,000
	計	10	50,000	23,800	50,000	1,200	23,800	△1,200
市町村民税	・　・	11						
	X4・4・1 X5・3・31	12	220,000		220,000			
	当期分 中間	13		110,000		37,100	72,900	
	当期分 確定	14		△62,100 25,000				△62,100 25,000
	計	15	220,000	72,900	220,000	37,100	72,900	△37,100
事業税及び特別法人事業税	・　・	16						
	X4・4・1 X5・3・31	17		1,100,000	1,100,000			0
	当期中間分	18		550,000		427,800	122,200	0
	計	19		1,650,000	1,100,000	427,800	122,200	0
その他 損金算入のもの	利子税	20						
	延滞金（延納に係るもの）	21						
		22						
		23						
その他 損金不算入のもの	加算税及び加算金	24						
	延滞税	25						
	延滞金（延納分を除く。）	26						
	過怠税	27						
		28						
		29						

一致（④欄 1,078,200 と ⑥欄 △1,078,200）

一致（④欄 1,200 と ⑥欄 △1,200）

一致（④欄 37,100 と ⑥欄 △37,100）

合計 1,544,300
後T／B「未収還付法人税等」と一致

合計 640,700
後T／B「法人税、住民税及び事業税」と一致

納税充当金の計算

期首納税充当金	30	4,370,000円	取崩額 その他 損金算入のもの	36	円
繰入額 損金経理をした納税充当金	31		取崩額 その他 損金不算入のもの	37	
繰入額	32		取崩額 その他	38	
繰入額 計 (31)＋(32)	33		取崩額 その他 仮払税金消却	39	
取崩額 法人税額等 (5の③)＋(10の③)＋(15の③)	34	3,270,000	取崩額 計 (34)＋(35)＋(36)＋(37)＋(38)＋(39)	40	4,370,000
取崩額 事業税及び特別法人事業税 (19の③)	35	1,100,000	期末納税充当金 (30)＋(33)−(40)	41	0

決算整理仕訳で未払計上していないのでゼロ
（＝後T／B「未払法人税等」）

通算法人の通算税効果額の発生状況等の明細

事業年度		期首現在未決済額 ①	当期発生額 ②	当期中の決済額 支…	
・　・	42	円			
・　・	43				
当期分	44		中間 円 確定		
計	45				

≪手順 11≫　「未払法人税等」を別表 4『損金経理をした納税充当金』へ

申告書作成の最後の作業として、決算整理仕訳で計上をした「未払法人税等」の部分を別表 4『損金経理をした納税充当金』へと転記します。ただし、**事例 6** では、すべての税目で還付となり、本来未払法人税等として残る地方税の均等割も還付金で充当することとしたため、未払いになる法人税等の税金はありません。

また、T／B 上でも未払法人税等の計上はありませんので、**≪手順 11≫**は処理なし、ということになります。**【図表 4-56】**で、最終の別表 4 を見ていきますが、課税所得が**【図表 4-53】**のメモの金額と変わっていないことが確認できます。

【図表 4-56-1　D 社の最終の別表 4 と別表 5（1）】

所得の金額の計算に関する明細書（簡易様式）

事業年度	X5・4・1 X6・3・31	法人名	D社

別表四（簡易様式）

区分			総額 ①	処分 留		出
当期利益又は当期欠損の額		1	円 3,559,300	円 3,559,300	配当 その他	円
加算	損金経理をした法人税及び地方法人税（附帯税を除く。）	2	1,500,000	1,500,000		
	損金経理をした道府県民税及び市町村民税	3	135,000	13		
	損金経理をした納税充当金	4				
	損金経理をした附帯税（利子税を除く。）、加算金、延滞金（延納分を除く。）及び過怠税	5				
	減価償却の償却超過額	6				
	役員給与の損金不算入額	7				
	交際費等の損金不算入額	8				
	通算法人に係る加算額（別表四付表「5」）	9				
		10				
	小計	11	1,635,000	1,6		
減算	減価償却超過額の当期認容額	12				
	納税充当金から支出した事業税等の金額	13	1,100,000	1,1		
	受取配当等の益金不算入額（別表八（一）「5」）	14				
	外国子会社から受ける剰余金の配当等の益金不算入額（別表八（二）「26」）	15			※	
	受贈益の益金不算入額	16			※	
	適格現物分配に係る益金不算入額	17			※	
	法人税等の中間納付額及び過誤納に係る還付金額	18				
	所得税額等及び欠損金の繰戻しによる還付金額等	19			※	
	通算法人に係る減算額（別表四付表「10」）	20			※	
	仮払税金認定損	21	1,544,300	1,544,300		
	小計	22	2,644,300	2,644,300	外 ※	
仮計 (1)＋(11)－(22)		23	2,550,000	2,550,000	外 ※	
対象純支払利子等の損金不算入額（別表十七（二の二）「29」又は「34」）		24			その他	
超過利子額の損金算入額（別表十七（二の三）「10」）		25	△		※	△
仮計 ((23)から(25)までの計)		26	2,550,000	2,550,000	外 ※	
寄附金の損金不算入額（別表十四（二）「24」又は「40」）		27			その他	
法人税額から控除される所得税額（別表六（一）「6の③」）		29			その他	
税額控除の対象となる外国法人税の額（別表六（二の二）「7」）		30			その他	
分配時調整外国税相当額及び外国関係会社等に係る控除対象所得税額等相当額（別表六（五の二）「5の②」）+（別表十七（三の六）「1」）		31			その他	
合計 (26)＋(27)＋(29)＋(30)＋(31)		34	2,550,000	2,550,000	外 ※	
中間申告における繰戻しによる還付に係る災害損失欠損金額の益金算入額		37			※	
非適格合併又は残余財産の全部分配等による移転資産等の譲渡利益額又は譲渡損失額		38			※	
差引計 (34)＋(37)＋(38)		39	2,550,000	2,550,000	外 ※	
更生欠損金又は民事再生等評価換えが行われる場合の再生等欠損金の損金算入額（別表七（三）「9」又は「21」）		40	△		※	△
通算対象欠損金額の損金算入額又は通算対象所得金額の益金算入額（別表七の二「5」又は「11」）		41			※	
差引計 (39)＋(40)±(41)		43	2,550,000	2,550,000	外 ※	
欠損金等の当期控除額（別表七（一）「4の計」）＋（別表七（四）「10」）		44	△		※	△
総計 (43)＋(44)		45	2,550,000	2,550,000	外 ※	
残余財産の確定の日の属する事業年度に係る事業税及び特別法人事業税の損金算入額		51	△	△		
所得金額又は欠損金額		52	2,550,000	2,550,000		

後T／B「当期純利益」

計1,635,000

後T／B「法人税、住民税及び事業税」
（△）　640,700円
（会計上で損金算入）
加算（＋）1,635,000円
減算（△）1,544,300円
（△）　550,000円
⇩
当期中に納付した中間分の法人事業税等の金額（＝損金算入）と一致

課税所得は変動しない

【図表 4-56-2　D 社の最終の別表 4 と別表 5（1）】

利益積立金額及び資本金等の額の計算に関する明細書

事業年度	X5・4・1 X6・3・31	法人名	D社	別表五(一) 令五・四・一以後終

Ⅰ　利益積立金額の計算に関する明細書

区分		期首現在利益積立金額 ①	当期の増減 減 ②	当期の増減 増 ③	差引翌期首現在利益積立金額 ①－②＋③ ④
利益準備金	1	円	円	円	円
積立金	2				
	3				
	4				
	19				
	20				
未収還付法人税額	21			1,078,200	1,078,200
未収還付道府県民税額	22			11,200	11,200
未収還付市町村民税額	23			62,100	62,100
仮払税金	24			△1,544,300	△1,544,300
繰越損益金（損は赤）	25	6,130,000	6,130,000	9,689,300	9,689,300
納税充当金	26	4,370,000	4,370,000		0
未納法人税等（退職年金等積立金に対するものを除く。） 未納法人税及び未納地方法人税（附帯税を除く。）	27	△　3,000,000	△　4,500,000	中間 △1,500,000 確定 △	△　0
未払通算税効果額（附帯税の額に係る部分の金額を除く。）	28			中間 確定	
未納道府県民税（均等割額を含む。）	29	△　50,000	△　75,000	中間 △　25,000 確定 △　10,000	△　10,000
未納市町村民税（均等割額を含む。）	30	△　220,000	△　330,000	中間 △110,000 確定 △　25,000	△　25,000
差引合計額	31	7,230,000	5,595,000	7,626,500	9,261,500

後T／B
「未払還付法人税等」
と一致

差額は法人事業税
等の還付分

Ⅱ　資本金等の額の計算に関する明細書

区分		期首現在資本金等の額 ①	当期の増減 減 ②	当期の増減 増 ③	差引翌期首現在資本金等の額 ①－②＋③ ④
資本金又は出資金	32	3,000,000 円	円	円	3,000,000 円
資本準備金	33				
	34				
	35				
差引合計額	36	3,000,000			3,000,000

≪手順 12≫　T／B と別表との整合性のチェック

そして、忘れてはならないのが、別表の各数値と後 T／B の残高との整合性のチェックになります。

まずは、別表 4 から見ていきましょう。

・別表4『当期利益又は当期欠損の額』＝後T／B「当期純利益」＝3,559,300円

・別表4『損金経理をした法人税及び地方法人税』＋『損金経理をした道府県民税及び市町村民税』＋別表5（2）『損金経理による納付』のうち、『事業税及び特別法人事業税』－（別表4『仮払税金認定損』－別表5（2）『仮払税金による納付』のうち、『事業税及び特別法人事業税』）
＝後T／B「法人税、住民税及び事業税」＝640,700円

2つ目の『仮払税金認定損』というのは、別表5（2）『仮払経理による納付』で処理した部分の合計が転記されてきています。別表4では、法人事業税等以外の中間納付分の全額が、一旦『損金経理をした法人税及び地方法人税』と『損金経理をした道府県民税及び市町村民税』で加算調整されています。そして、これらのうち会計上「未収還付法人税等」に振り替えられ、T／B上で費用処理されなかったものを、別表4の中で『仮払税金認定損』という項目で減算処理をしています。

なお、このうち「未収還付法人税等」に計上された法人事業税等は、この『仮払税金認定損』として減算処理されていますが、後T／Bに計上された「法人税、住民税及び事業税」との整合性をチェックするうえでは、もともと加算調整すべき税金として取り扱う必要がないため、ここからは除外します。

次に、別表5（1）のうち『差引翌期首現在利益積立金額』の部分と後T／Bとの整合性をチェックしますが、**事例6**の場合には、会計上で計上された「未収還付法人税等」の金額もここに表記されるため、そのチェックも行います。

・別表5（1）『納税充当金』＝後T／B「未払法人税等」＝0円

・別表5（1）『繰越損益金（損は赤）』＝後T／B「繰越利益剰余金」＝9,689,300円

・別表5（1）『仮払税金』＝後T／B「未収還付法人税等」＝（△）1,544,300円

そして、最後に別表5（2）と後T／Bとの整合性を確認します。中間納付したものが還付される場合の別表5（2）のチェック項目として、**≪手順10≫**ですでに挙げましたが、それ以外にも、いつものチェック項目として、次のチェックを忘れないようにしましょう。

・別表5（2）『期末納税充当金』＝後T／B「未払法人税等」＝0円

事例6は、中間納付分が還付されるケースになりますが、別表の作り方としてはこれまでの事例と比べると圧倒的にレベルが上がります。「仮払税金認定損」など、

普段ではあまり聞きなれない調整項目が登場してくるため、なかなか手強い感じにもなりますが、**事例6**だけではなく、税金関連の会計処理のどの部分が損金不算入となり、どの部分が損金算入できるのかをしっかり意識しながら別表を作成していくことが、別表4、別表5（1）そして別表5（2）のそれぞれのシートの理解につながっていくといえるでしょう。

【著者略歴】

田中　康雄（たなか　やすお）

税理士法人メディア・エス、社員税理士。
1973 年滋賀県彦根市生まれ、1997 年慶應義塾大学商学部卒業。
法人税、消費税を専門とし、上場企業から中小企業までの税務業務を担当。
「税経通信」等の税務専門誌にも多数執筆。

〈主要著書〉
『こんなに使える試験研究費の税額控除』（税務経理協会）
『設備投資優遇税制の上手な使い方［第 2 版］』（税務経理協会）
『ケース別「事業承継」関連書式集』共著（日本実業出版）

税理士法人メディア・エス

本部（千葉県市川市）、東京事務所（東京都中央区）。
『起業～法人運営～事業承継～相続』まで各分野の専門家である公認会計士 2 名、税理士 3 名を含め 25 名が在籍。中小企業を最先端の技術と豊かな心で応援し、多角的な視野でサービスを提供。
その他、医療法人や公益法人、NPO 法人、社会福祉法人などの非営利法人にも特化。

会計事務所職員のための
別表4・5のしくみと
決算書とのつながりがわかる本

2023年12月29日　初版発行

著　者　田中康雄

発行者　大坪克行

発行所　株式会社 税務経理協会
〒161-0033東京都新宿区下落合1丁目1番3号
http://www.zeikei.co.jp
03-6304-0505

印　刷　美研プリンティング株式会社

製　本　牧製本印刷株式会社

デザイン　中濱健治（カバー）

編　集　中村謙一

本書についての
ご意見・ご感想はコチラ

http://www.zeikei.co.jp/contact/

ISBN 978-4-419-06961-2　C3034